Reinhold Christiani/Klaus Metzger (Hrsg.)

Fundgrube Klassenführung

Das Nachschlagewerk für jeden Tag

SCRIPTOR

 http://www.cornelsen.de

Bibliografische Information: Die Deutsche Bibliothek verzeichnet diese Publikation in der Deutschen Nationalbibliografie; detaillierte bibliografische Daten sind im Internet über http://dnb.ddb.de abrufbar.

Dieser Band folgt den Regeln der deutschen Rechtschreibung, die seit August 2006 gelten.

5.   4.   3.   2.   1.   Die letzten Ziffern bezeichnen
11   10   09   08   07   Zahl und Jahr der Auflage.

Redaktion: Marion Clausen, Göttingen
Herstellung: Brigitte Bredow, Berlin
Satz und Layout: Julia Walch, Bad Soden
Umschlaggestaltung: Claudia Adam, Darmstadt
Illustrationen (Umschlag und Innentitel): Klaus Puth, Mühlheim
Druck und Bindearbeiten: Clausen & Bosse, Leck
Printed in Germany
ISBN: 978-3-589-05113-7

 Gedruckt auf säurefreiem Papier,
umweltschonend hergestellt aus chlorfrei gebleichten Faserstoffen.

Inhalt

Vorwort 9

1 **Ein Selbstverständnis entwickeln** 11

Einführung: Was ist ein guter Klassenlehrer
und eine gute Klassenlehrerin? 12

Die eigene Biografie 13
Persönliches Lehrerleitbild 15
Identifikation mit der Klasse 17
Selbstreflexion 19
Umgang mit Krisen 19
Klima und Atmosphäre 24
Der Wille zur Veränderung 25
Unterrichtsentwicklung durch Teamarbeit 26
Zusammenarbeit mit der Schulleitung 28
Umgang mit Vorschriften 28
Dienstpflichten 31
Anstöße von Reformern 32

2 **Ein Erziehungskonzept vereinbaren** 34

Einführung: Wie entsteht ein Erziehungskonzept? 35

Der Erziehungsauftrag 36
Abstimmung eines Erziehungskonzepts
  mit Kollegium und Eltern 39
Verhalten auf Gemeinschaftsflächen 41
Gemeinsame Verantwortungskultur 44
Ordnungsstrukturen 45
Ordnungsmaßnahmen 48
Lob und Tadel 50
Der regelmäßige Klassenrat 51
Der Nachdenkstuhl 53
Bewegungsübungen 54
Aufmerksamkeits- und Konzentrationsübungen 58
Entspannungsübungen 60
Stille und Meditation im Unterricht 62

3 Ein Unterrichtskonzept abstimmen   63

Einführung: Wie sieht guter Unterricht aus?   64

Lehrerkooperation in der Klasse   65
Effiziente Jahrgangsstufenkonferenzen   67
Jahrgangsstufenkonferenzen: gemeinsames Planen   69
Klassenführung   71
Fachunterricht   72
Differenzierte Hausaufgabenformate   74
Außerschulische Lernorte   76
Elternratgeber: Lesen   77
Elternratgeber: Mathematik   81
Elternratgeber: Rechtschreiben   84

4 Individualisierung ermöglichen   87

Einführung: Wie wird man jedem Kind gerecht?   88

Lehr- und Lernformen   89
Individuelle Förderung   91
Freie Arbeit und Förderplan   93
Stärken und Interessen fördern   95
Gute Aufgaben – allgemeine Standards   97
Lerntagebuch   102
Beteiligung der Kinder bei Themen und Inhalten   106
Hilfspartnerschaften   107
Förderkonzept: Abstimmung im Kollegium   108
Beratung über häusliche Förderung   111

5 Das soziale Miteinander fördern   113

Einführung: Wie entsteht ein gutes soziales Miteinander?   114

Klassengemeinschaft   115
Die Klasse als soziale Gruppe   118
Neue Mitschüler   120
Geborgenheit und Grenzen im Klassenraum   121
Raum und Unterricht – das Klassenforum   122
Klassenraum: Kleinbereiche und Nebenräume   125
Kinderinteressen – Schulinteressen: ein Balanceakt   126

Sieben Schritte auf dem Weg zum Klassenrat   129
Der Schülerrat: Pausenregeln   131
Klassendienste und Klassensprecher   132

6 Den Tagesablauf rhythmisieren   134

Einführung: Wie wird der Tag strukturiert?   135

Vorbereitung auf die Schulanfänger   136
Die ersten Schultage – Spiegel des pädagogischen Verständnisses   137
Wichtige Rituale   140
Rituale: ein Katalog   141
Schule neu sehen   143
Rhythmisierung des Tagesablaufs   144
Klassenfeste: Planung und Durchführung   145
Ein Klassenfest mit Motto   147

7 Mit Kolleginnen und Kollegen zusammenarbeiten   149

Einführung: Wie kooperiere ich mit meinen Kollegen?   150

Schulentwicklung und Schulprogramm   152
Fünf Schritte auf dem Weg zum Schulprogramm   154
Verantwortung für die Schule und das Schulleben   157
Klassenlehrerwechsel   159
Leistungsmessung   162
Beurteilungskonzept   166
Zeugnisse   169
Pausenregeln   170
Gespräche über Kinder   172
Klassenlehrer in einer jahrgangsübergreifenden Klasse   175
Klassenregeln: auch für Fachlehrer   178

8 Mit Eltern zusammenarbeiten   179

Einführung: Wie kooperiere ich mit den Eltern?   180

Elternhaus und Schule   181
Erwartungen an Eltern   183
Einladungen und Mitteilungen   186
Elternsprechtag mit Kindern   187

Telefongespräche und Elternsprechtermine 188
Sprechstunden und Sprechtage 190
Gespräche mit Eltern 192
Elterngespräche: Checkliste 194
Hausbesuche 195
Impulse zur Elternmitarbeit 197
Hospitationsmöglichkeiten für Eltern 199
Hospitieren 200

9 Übergänge organisieren 202

Einführung: Wie helfe ich den Kindern bei Übergängen? 203
Kooperation mit Kindergärten und Kindertagesstätten 204
Schuleingangsphase 206
Zurückstellen, Sitzenbleiben, Überspringen 208
Übergang in die Förderschule: Bericht über die bisherige Förderung 210
Übergang in die Förderschule: Elternberatung 213
Klassenlehrer im gemeinsamen Unterricht 215
Kooperation mit weiterführenden Schulen 217
Übergang in die weiterführende Schule 218
Übergangsberatung: bereits ab Klasse 1 220

Register 223

Vorwort

„Als Klassenlehrerin geht man endlich in die wirkliche Verantwortung für die Kinder. Ich freue mich auf diese Zeit, weil Erziehung und Unterricht dann zu einer Einheit verschmelzen können – wenn ich auch noch nicht genau weiß, was auf mich zukommt."

Eine Lehramtsanwärterin, den Blick nach vorn auf die Aufgabe gerichtet, die sie nach erfolgreicher Ausbildung und Prüfung erwartet, skizziert hier in ihrer Aussage kurz und knapp wesentliche pädagogische Aspekte des Klassenlehrerprinzips. Aber es wird auch ein verständliches Maß an Unsicherheit deutlich. Sie rührt daher, dass die spezifischen Anforderungen, die mit der Rolle der Klassenlehrerin oder des Klassenlehrers einhergehen, in der Ausbildung (und auch in der weiteren Fortbildung) nicht immer den nötigen Stellenwert haben.

Hier setzt diese „Fundgrube Klassenführung" an. Durch die Klärung offener Fragen und durch Orientierungshilfen in zentralen Punkten soll der pädagogische Enthusiasmus für die neue Aufgabe unterstützt, gar befördert werden.

Das Klassenlehrerprinzip gilt mit guten Gründen in den deutschen Grundschulen und in den entsprechenden Klassen der förderpädagogischen Einrichtungen. So ist einerseits ein Optimum an kontinuierlicher Bildungs- und Erziehungsarbeit in einer Phase gewährleistet, in der das Lernen des Kindes gerade auch vom persönlichen Bezug profitiert, sich darin und daraus entwickelt. Andererseits entsteht aus diesem Prinzip für die Klassenlehrerin und den Klassenlehrer eine besondere Verantwortung für die Lernentwicklung der Kinder.

Unterrichts- und Erziehungserfolg sind in der Grundschule in hohem Maße vom Vorbild und der Klassenführungskompetenz der Lehrperson mitbestimmt. Das verweist auf das Selbstverständnis und das Selbstkonzept, das jede Lehrerin und jeder Lehrer für sich ganz bewusst zu entwickeln hat. Dabei gilt es oft, die durch die eigene Schulzeit geprägten Erfahrungen und Annahmen mindestens zu modifizieren, wenn nicht gar zu überwinden.

Selbstverständlich tragen alle in einer Klasse unterrichtenden Lehrkräfte gemeinsam die Verantwortung. Indes, die Klassenlehrerin oder der Klassenlehrer koordiniert das gemeinsame, im Wohle des Kindes stehende Tun. Sie – oder er – verantwortet maßgeblich die Grundlinien des Unterrichts- und Erziehungskonzepts.

Neben diesen pädagogischen Herausforderungen gibt es noch eine Reihe anderer Aspekte, die man als Berufsanfängerin oder -anfänger berücksichtigen, Rechte und Pflichten, die man wissen, Situationen und Konstellationen, in die man sich hineinfinden muss.

Eingebunden ist man auch in das Kollegium und in den gemeinsamen Lebens- und Lernort Schule. Nur wenn man sich im Kollegium, im Team einbringt, kann sich ein „Schulethos" entwickeln. Daraus wiederum erwachsen Aufgaben, die nicht nur pädagogischer oder didaktisch-methodischer, sondern auch administrativer Natur und von rechtlichem Belang sind.

Nicht zuletzt sind der gute Kontakt und die vertrauensvolle Zusammenarbeit mit den Eltern der Kinder und mit anderen kooperierenden Bildungseinrichtungen zunehmend wichtige Aufgaben, gerade in Fragen von Übergängen und Übertritt.

Wie sich die verschiedenen Aufgabenfelder im Schulalltag bewältigen lassen, dazu gibt diese Fundgrube in den einzelnen Kapiteln eine Vielzahl von Anregungen und Hilfestellungen.

Das Buch muss man nicht von vorne nach hinten lesen. Die einzelnen Beiträge bilden in sich abgeschlossene Einheiten zum jeweiligen Thema, die sich nach Bedarf herauspicken lassen und Orientierung geben. Das Themenspektrum reicht dabei vom Allgemeinen bis zu speziellen Fragen und konkreten Problemen.

Die Fundgrube soll den Leserinnen und Lesern
- Denkanstöße über die eigene Klassenlehrerrolle geben,
- gute Beispiele und praktische Hinweise für den täglichen Unterrichtsalltag bieten
- und überzeugende Anregungen zusammenstellen, die zum Nachmachen auffordern.

Reinhold Christiani und Klaus Metzger

1 Ein Selbstverständnis entwickeln

Einführung:
Was ist ein guter Klassenlehrer und eine gute Klassenlehrerin?

Franz E. Weinert hat auf die Frage nach dem guten Lehrer u. a. geantwortet, dieser brauche echte Gefühle dafür, wie man sich Kindern zuwendet. Man sei kein guter Lehrer, wenn man nur oberflächlich lerne, Schülern zu begegnen. Positive zwischenmenschliche Beziehungen seien durch nichts zu ersetzen. Für die Klassenlehrertätigkeit gilt dies in besonderer Weise, denn:

Klassenlehrerin oder Klassenlehrer sein ist eine herausgehobene pädagogische Aufgabe. In dieser Funktion prägt man entscheidend das Klassenleben. Die Schülerinnen und Schüler wenden sich an ihren Klassenlehrer, wenn schulische Schwierigkeiten sie bedrücken; aber auch, wenn sie mit persönlichen Problemen zu kämpfen haben. Vom Klassenlehrer erwarten sie, dass er offen ist für persönliche Gespräche. Sie erwarten auch, dass er besonders gerecht und glaubwürdig ist, sich für seine Klasse engagiert zeigt – und zwar über den Fachunterricht hinaus – und sich schließlich für jeden Einzelnen einsetzt, auch bei den anderen Lehrerinnen und Lehrern, die in der Klasse unterrichten.

Ein guter Klassenlehrer erfüllt indes nicht nur diese (und andere) Erwartungen. Er ist zugleich auch Fachlehrer, und zum Selbstverständnis als Fachlehrer gehört, dass er sich zu gutem Unterricht verpflichtet fühlt und bereit ist, den professionellen Standards entsprechend an der Schule zu arbeiten. Dazu braucht er das Bewusstsein, dass er ganz unterschiedliche Situationen im Unterricht bewältigen kann. Außerdem muss er bereit sein, sich selbst zu verändern, sich weiterzuentwickeln oder sich selbst infrage zu stellen. Anders wird er kaum in der Lage sein, auch einmal Durststrecken zu überwinden, und nicht die Kraft aufbringen, Bremsklötze aus dem Wege zu räumen. Ob der Unterricht und ob die Schule sich weiterentwickelt, hängt entscheidend von den einzelnen handelnden Personen und deren Wirkungen ab.

Damit Sie nicht in Routine erstarren, sollten Sie kontinuierlich das eigene Selbstverständnis hinterfragen und Ihr eigenes Wertesystem überprüfen: Fragen Sie sich, was Sie verändern wollen und wie Sie mit der Umsetzung beginnen können. Dazu reflektieren Sie Ihre Arbeitsbedingungen an der Schule, die Schulkultur. Durch Selbstreflexion, Selbstbeobachtungen, Perspektivwechsel und Feedbackprozeduren ergibt sich die Möglichkeit, subjektive Theorien aufzubrechen. Bezüglich Ihres Unterrichts versuchen Sie die eigene Rolle differenziert wahrzunehmen: Wie steht es um Planung,

Organisation und Reflexion Ihres Unterrichts? Dies selbstkritisch zu hinterfragen, bedarf es – gleichsam als Rückmeldesystem – der Kolleginnen und Kollegen an der Schule, aber auch der Rückmeldungen durch die Schüler. Es gibt Schulen, die ein Konzept erarbeitet haben, nach dem sie ihre neuen Lehrer einführen, die zugleich Klassenlehrertätigkeit wahrnehmen müssen. Sie werden planvoll in die Regeln und Rituale der Schule eingewiesen, damit sie bald die weitere Entwicklung der Schule mitgestalten können. Zu solchen Konzepten gehören Ansprechpartner, die Betreuungsaufgaben übernehmen, ebenso wie die Ausgabe eines Schulhandbuchs, in dem alle wichtigen Informationen zum Schulalltag zusammengefasst sind. Solche Aktivitäten geben der oder dem Neuen das Gefühl, im Kollegium willkommen und von ihm auch akzeptiert zu sein.

Literatur

Bartnitzky, Horst/Christiani, Reinhold (Hrsg.) (2002). Berufseinstieg: Grundschule. Berlin: Cornelsen Scriptor
Für das Bestehen im Schulalltag liefert dieser Band fundierte Informationen zu allen grundschulpädagogischen Kernthemen, einschließlich der Aspekte der persönlichen Lernbiografie und des Berufsbildes.

Braun, Dorothee/Schmischke, Judith (2006). Mit Störungen umgehen. Berlin: Cornelsen Scriptor
Die Autorinnen haben vielseitige Handlungsmöglichkeiten für Lehrende ausgearbeitet, um Lärmbelästigung und Disziplinproblemen wirkungsvoll zu begegnen. Zur Vertiefung gibt es viele praxisorientierte Übungen.

Burkard, Christoph/Eikenbusch, Gerhard (2005). Praxishandbuch Evaluation in der Schule. 4. Aufl. Berlin: Cornelsen Scriptor
Hier findet man überschaubare und praktische Konzepte, mit deren Hilfe man die eigene Unterrichtstätigkeit unter die Lupe nehmen kann.

Weinert, Franz E. (1996). „Der gute Lehrer", „die gute Lehrerin" im Spiegel der Wissenschaft. In: Beiträge zur Lehrerbildung, Heft 2. CH-Großhöchstetten
In diesem Aufsatz zeigt Weinert, dass man auf sehr unterschiedliche, aber nicht beliebige Weise eine gute Lehrerin und ein guter Lehrer sein kann, und – überraschend? – dass man dazu echte Gefühle der persönlichen Zuwendung und der Zufriedenheit mit Kindern braucht.

Die eigene Biografie
Judith Schmischke

Als Klassenlehrerin ist es wichtig, einen sicheren Standpunkt als Ausgangsbasis für das berufliche Handeln zu haben. Dieser persönliche Standpunkt sollte fest, aber dennoch flexibel sein. Er entwickelt sich während der individuellen Lebensgeschichte aus verschiedenen Komponenten. Die Erfah-

rungen während der eigenen Schulzeit, während der Ausbildung sowie aus
der aktuellen Lebenssituation beeinflussen das Verhalten im Beruf. Eine
Reflexion dieser Begegnungen, Erlebnisse und Eindrücke hilft, mir auch die
unbewussten Aspekte bewusst zu machen. Damit werden sie zugänglich
und für das aktuelle Handeln nutzbar. So komme ich den Hintergründen des
eigenen Verhaltens und meiner Wirkung auf Schülerinnen und Schüler auf
die Spur.

Dem eigenen Verhalten auf der Spur

Wenn ich mir darüber im Klaren werde, dass ich den Sportunterricht auch
deswegen eher ungern erteile, weil ich während meiner Schulzeit als un-
sportlich galt, kann ich diese (vielleicht nur damals richtige oder auch immer schon falsche) Einschätzung oder Zuschreibung mit berücksichtigen
oder sogar revidieren.

Ich kann mich fragen, wofür ich mich selbst heute beim Sport begeistern
kann, was mir am meisten Spaß macht. Das ist notwendig für die Gestaltung
meines Sportunterrichts, denn „nur wo es brennt, können Funken fliegen",
und mangelnde eigene Begeisterung kann den Kindern die Freude an der
Tätigkeit nehmen.

Hingegen lässt meine Leidenschaft für Sprache und Literatur, die aus
dem Umstand resultiert, dass mir Erfolge in diesen Bereichen immer „zu-
flogen", mich manchmal vergessen, dass es nicht allen Menschen (eben
auch meinen Schülerinnen und Schülern) so ergeht.

Berufsbiografische Muster

Zudem neigen Menschen dazu, selbst erlebte Muster intuitiv zu wiederholen. Eines der eindrucksvollsten berufsbiografischen Muster ist das subjektive Bild von Schule, das wir durch unsere Schulzeit entwickelt haben. Wie
ein Lehrer zu sein hat, wie guter Unterricht aussieht, haben wir als Ergebnis
unserer Erfahrungen abgespeichert. Selbst unter anderen äußeren Bedingungen (z. B. größeren oder kleineren Klassen) oder trotz des Wissens um
neue wissenschaftliche Erkenntnisse (z. B., dass Lesen nicht nur Sinnent-
nahme, sondern Sinnkonstruktion ist) halten wir bisweilen an diesen alten
Mustern fest. Indem wir darüber nachdenken, können wir unser Verhalten
ändern und weiterentwickeln.

Der folgende Bogen dient dazu, Ihre Gedanken während der Reflexion zu
leiten und zu strukturieren. Nehmen Sie auch Ihre Gefühle wahr und ernst.
Machen Sie sich Notizen, lassen Sie sich für den Gedankenprozess Zeit, arbeiten Sie in Ruhe. Ein Austausch mit einer vertrauten Person vertieft die
Auseinandersetzung mit Ihrer beruflichen Geschichte.

Reflexionsbogen zur eigenen beruflichen Biografie
Aspekt: schulische Biografie
Wenn ich an meine Schulzeit denke:
* Woran erinnere mich?
* Welche Lehrerinnen und Lehrer kommen mir in den Sinn?
* Wie erging es mir im Hinblick auf Bewertungen, auf Lob und Noten? Wie ging man in meinem Elternhaus damit um?
* Welches waren meine Lieblingsfächer? Warum?
* Welche Fächer mochte ich nicht? Warum?
* Gab es Methoden, mit denen ich besonders gern oder besonders effektiv gelernt habe?

Aspekt: Berufswahl
* Welche Gründe haben dazu geführt, dass ich Lehrerin/Lehrer geworden bin?
* Habe ich positive Vorbilder?
* Habe ich negative Vorbilder?
* Warum habe ich mich gerade für diese Schulform entschieden?
* Was hat zu meiner Fächerwahl beigetragen?
* Welche Berufe waren außerdem denkbar? Was sprach dagegen?

Aspekt: Ausbildung
* Was fällt mir als Erstes ein, wenn ich an meine Studienzeit denke?
* An welche Lerninhalte erinnere ich mich besonders?
* Welche Erkenntnis hat mich beeindruckt oder überrascht?
* Welches Gefühl löst die Erinnerung an mein Referendariat in mir aus?
* Welche anderen Erfahrungen habe ich gemacht (Jugendarbeit, Jobs, Sport, Kunst)?
* Ist mir ein Rollenwechsel vom Lernen (Schülerin/Schüler, Studentin/Student, Referendarin/Referendar zum Lehren (Lehrerin/Lehrer) schon geglückt?

Aspekt: aktuelle Situation
* Welche Umstände haben mich an diese Schule geführt?
* Wie geht es mir mit diesem Standort?
* Wie habe ich meinen Platz im Kollegium gestaltet?
* Welche Assoziationen habe ich in Bezug auf die Schülerinnen und Schüler meiner Klasse?

Persönliches Lehrerleitbild
Judith Schmischke

Jeder Mensch entwickelt Leitbilder für sein privates und berufliches Leben, denn jeder hat etwas, was ihn trägt und ihn bewegt. Ein persönliches Leitbild ist wie ein Stern im Ozean: Es zeigt mir den Weg und verhilft mir im Alltag bei unterschiedlicher „Wetter- und Straßenlage" zu sicherer Bodenhaftung. So muss ich nicht in jeder Situation neu überdenken und abwägen, was zu tun ist, sondern kann auf bereits durchdachte Vor- und Einstellungen zurückgreifen.

Dabei wird ein Leitbild einerseits aus individuellen Aspekten gebildet:
• Werten (z. B. Gleichwertigkeit aller Menschen, gegenseitige Achtung und Respekt)
• Fähigkeiten (z. B. Geduld, Musikalität, Empathie, Spontaneität)
• Persönliche Verhaltensmuster (z. B. jeden Menschen ganzheitlich betrachten, mit Stärken und Schwächen; nicht über, sondern mit Schülerinnen und Schülern sprechen)

Andererseits ist das Leitbild auch ein handlungsleitendes Ziel: In meiner Klasse sollen die Schülerinnen und Schüler eine positive, d. h. angstfreie und fröhliche Schulzeit erleben. Beide Komponenten sind dynamisch, sie können sich im Verlauf des Berufslebens weiterentwickeln und verändern.

Darüber hinaus spielen neben den subjektiven Gesichtspunkten äußere Faktoren mit hinein: z. B. die Orientierung der Schule (Konfessionsschule, besondere pädagogische Prägung wie Montessori oder das jeweilige Schulprogramm).

Prägende Einflüsse
Leitbilder können durch die Orientierung an Vorbildern geprägt werden: „Hilf mir, es selbst zu tun" (Montessori), „Lernen mit Kopf, Herz und Hand" (Pestalozzi) oder auch „die Sachen klären, den Menschen stärken" (von Hentig). Sie können Ihre Basis in bestimmten pädagogischen Haltungen finden: in der Freinet-Pädagogik, im „offenen Unterricht" oder im Konstruktivismus. Außerdem spielt die individuelle Gestaltung der Lehrerrolle mit hinein:
• Welchen Erwartungen will ich auf welche Weise genügen?
• Will ich meinen Schülerinnen Vorbild, Freund, Lernbegleiterin sein?
• Wie gehe ich mit den vielfältigen Anforderungen der Eltern um?
• Auf welche Weise fülle ich die mir gesetzten Vorgaben und Richtlinien aus?

Identifikation mit der Klasse
Judith Schmischke

Klassenlehrerinnen und -lehrer identifizieren sich zumeist in besonderer Weise mit „ihrer" Klasse, „ihren" Schülerinnen und Schülern und „ihren" Eltern. Dies ist im Rahmen einer professionellen pädagogischen Beziehung sinnvoll und effektiv. Es ermöglicht eine arbeitsfähige Basis, birgt aber auch einige Schwierigkeiten. Es gilt zunächst, aus einer willkürlich zusammengesetzten Gruppe eine Gemeinschaft zu formen, die ein pädagogisches Profil erkennen lässt.

Eine Gemeinschaft bilden und pflegen
Das pädagogische Profil einer Klasse ist mehr als das Aneinanderreihen von Maßnahmen und Aktionen. Wenn es in sich stimmig und tragfähig ist, ergänzen sich die verschiedenen Elemente wie Klassenraumgestaltung, Rituale und Regeln sowie die allgemeine Atmosphäre. Diese Atmosphäre wird besonders von Gefühlen der Zusammengehörigkeit und der Gemeinschaft bestimmt. Eine Gemeinschaft bildet sich dann, wenn untereinander Beziehungen entstehen und kultiviert werden. Es ist die Aufgabe der Klassenleitung, auf mehreren Ebenen Kontakte zu unterstützen:

Die *Schülerinnen und Schüler* sollten gerade zu Beginn des Gruppenprozesses viele Gelegenheiten erhalten, einander näher zu kommen – z. B. durch einen Spielnachmittag oder eine Kennenlernfahrt. Bekanntes weckt Vertrauen und nimmt Ängste. Das gilt insbesondere auch für Sie als Leiterin dieser Gruppe: Beteiligen Sie sich am Kennenlernen und lassen Sie die Kinder auch an Ihrem Leben teilhaben. Sorgen Sie insbesondere dafür, dass es keine Außenseiter in Ihrer Klasse gibt, dass alle ihren Platz finden.

Einfache Formen von Soziogrammen können Ihnen dabei helfen, die Strukturen Ihrer Klasse zu durchschauen und zu beeinflussen: Alle Kinder malen die Klasse als Korb. Sie schneiden Äpfel mit allen Namen – auch Ihrem – aus und arrangieren diese nach Vorlieben im Korb. So können Sie erkennen, wer wem nahesteht, welche Gruppen sich gebildet haben, ob es Außenseiter gibt.

Die *Eltern* tragen von außen sehr viel zum Gelingen einer guten Klassenatmosphäre bei. Ermöglichen Sie ihnen Einblicke in Ihre Arbeit mit den Kindern und in das Klassengeschehen; dadurch schaffen Sie Vertrauen. Klassenfeste, Frühlings-/Adventscafés, ein gemeinsamer Schuljahresbeginn oder -ausklang, das Führen eines Klassentagebuches gemeinsam mit den Kindern lassen Eltern neben den offiziellen Begegnungen an der Klassenkultur teilhaben.

Die *Kolleginnen und Kollegen* sollten in pädagogischen Teambesprechungen und durch organisatorische Absprachen in das Klassengeschehen
eingebunden sein. Beziehen Sie sie in Feste und besondere Aktionen (Waf-
feln backen, Basteln) ein, besprechen Sie Probleme innerhalb der Klasse
ebenso gemeinsam wie die gelungene Arbeit mit den Schülerinnen und
Schülern.

Sich abgrenzen
Zu einer tragfähigen Gemeinschaft gehört es auch, notwendige Grenzen zu
sehen und zu akzeptieren.
* Eigene Grenzen setzen und gestalten
  Besonders in der Funktion der Klassenleitung sind Sie sehr dicht an Ihren Schülerinnen und Schülern. Bewahren Sie die notwendige professionelle Distanz. Sie verschafft Ihnen Handlungsfähigkeit, besonders in Krisen
  und bei Konflikten. Mit-Leiden erschwert es, adäquat zu handeln.
* Delegieren und Abgeben
  Als Klassenleitung haben Sie viele Aufgaben und Funktionen zu erfüllen:
  unterrichten, initiieren, organisieren, beraten, verwalten. Dazu kommen
  vermutlich noch viele weitere Anforderungen. Um sich vor Aktionismus und
  besonders vor Überforderung zu schützen, überlegen Sie zunächst:
  Muss diese Angelegenheit *wirklich* veranlasst/erledigt werden?
  Muss *ich* das unbedingt selbst tun?
  Wer kann mir dabei *helfen*?
  Wer kann das komplett *übernehmen*?
  Muss das *jetzt* geschehen?
  Ein solches Abwägen verhindert, dass Sie sich unersetzbar machen und
  fühlen. Es verschafft Ihnen Freiräume: Sie halten die wirklich wichtigen
  Fäden in der Hand und können auch einmal „Gast im eigenen Hause" sein
  (z. B. bei einem von den Eltern organisierten Grillfest im Park oder wenn die
  Kinder einen Spielvormittag gestalten).
* Loslassen ermöglichen
  Eine Klasse ist eine Gemeinschaft auf Zeit. Diese Zeit ist für die Entwick-
  lung der Schülerinnen und Schüler von großer Bedeutung und wird besonders von persönlichen Bindungen getragen. Knüpfen Sie diese Bindungen
  tragfähig, aber lose genug, damit den Kindern auch gute Beziehungen zu
  weiteren Menschen gelingen. Lösen Sie die Bindungen behutsam und feiern
  Sie anstehende Abschiede, um Ablösungsprozesse zu erleichtern.

Selbstreflexion
Dorothee Braun

Die Überprüfung des eigenen Selbstverständnisses und des eigenen Handelns ist Voraussetzung für und ein Zeichen von Professionalität. Sie dient der Qualitätsüberprüfung, denn Handeln in pädagogischen Arbeitsfeldern heißt, (oft blitzschnell) höchst komplexe Interaktionen und Geschehnisse wahrzunehmen, zu deuten, zu verstehen und darauf zu reagieren, ohne dass es eine prinzipielle Handlungssicherheit gibt. Schließlich ist menschliches Miteinander offen, einzigartig und von Situation zu Situation verschieden und somit auch nicht vollständig vorauszubestimmen oder zu planen.

Wenn Eigenüberprüfung gelingen soll
Gerade wenn sich Routine und Alltagshandeln einschleichen, sind Sie als Klassenlehrerin stets zur Eigenüberprüfung aufgerufen, da in erster Linie Sie für das vielschichtige Geschehen der Klasse verantwortlich sind und dessen Koordination übernehmen (pädagogische Leitlinien, fachliches Arbeiten, Erziehungsarbeit, Gesprächskultur usw.). Die Eigenüberprüfung gelingt dann, wenn Sie systematisch und lösungsorientiert vorgehen. Ersteres heißt, dass die Überprüfung unter bestimmten Fragestellungen geschieht. Letzteres heißt, den Blick nach vorn zu richten, um Notwendiges zu verändern.

Der Fragebogen auf den Seiten 18 und 19 hilft bei der Qualitätsüberprüfung – vor allem, wenn Teambesprechungen, kollegiale Fallberatungen oder ähnliche Unterstützungssysteme noch nicht in der Schule installiert sind.

Umgang mit Krisen
Dorothee Braun

Situationen können sich krisenhaft enorm zuspitzen, weil ein Konflikt eskaliert, weil es einen Unfall mit anschließender Hysterie gibt oder weil eine Gefahr von außen einwirkt: Im schlimmsten Fall haben Sie es mit einer Katastrophe oder Amoklage zu tun. Ab und zu lesen Sie von solchen Fällen in der Zeitung und hoffen (zu Recht), dass dies seltene Ausnahmesituationen sind, deren Krisenszenarien man sich nicht unnötig ausmalen muss. Dennoch brauchen Sie einen Notfallplan für Situationen, in denen Sie schnell und gezielt eingreifen müssen, ohne dass Zeit zum Nachdenken bleibt. Überlegen Sie sich ein Repertoire an Verhaltensstrategien für verschiedene Katastrophenfälle und üben Sie auch zwischendurch, sich selbst zu instruieren: ▶S.22

Fragebogen: Methodisches Vorgehen

Kreuzen Sie an: Das will ich langfristig ändern.
Kreisen Sie ein (maximal 2 Punkte): Morgen fange ich konkret an mit …
Notieren Sie erste Ideen und überlegen Sie, was Ihnen dabei helfen kann.

+ + auf jeden Fall + ja * mal so, mal so – eher nicht – – gar nicht

Einstellungen und Wertehaltungen					
	+ +	+	*	–	– –
Bin ich mir meiner Einstellungen und Werte bewusst?					
Bin ich mir meiner Interessen bewusst?					
Weiß ich um die daraus resultierenden Erwartungen?					
Kennen die Kinder meine Erwartungen?					
Kennt das Kollegium meine Erwartungen?					
Kennen die Eltern meine Erwartungen?					
Ich als Lehrerin/als Lehrer					
Erkenne ich die Bedürfnisse der Kinder genügend an?					
Bleibe ich dabei „Chef", d. h., leite ich deutlich?					
Vermittle ich genügend Wertschätzung?					
Bin ich Vorbild durch mein eigenes Verhalten?					
Kommuniziere ich eindeutig und altersangemessen?					
Verhaltenssteuerung					
Gibt es Regeln und vorhersehbare Konsequenzen?					
Beachte ich die Gruppe, auch wenn ich bei Einzelnen bin?					
Arbeite ich bewusst mit Körpersprache?					
Gebe ich klares Feedback? Lobe ich genug?					
Erkenne ich Anzeichen von Konflikten im Vorfeld?					

	++	+	*	–	– –
Kenne ich genügend Strategien, um vorzubeugen?					
Kenne ich genügend Strategien, um Konflikte zu lösen?					
Arbeite ich kleinere Konflikte genügend auf?					
Kann ich die Steuerung allmählich an die Kinder abgeben?					
Unterricht					
Bin ich gut organisiert und vorbereitet?					
Ist die Lernumgebung adäquat gestaltet?					
Stelle ich Transparenz über Inhalt/Ablauf/Ziele her?					
Strukturiere ich den Unterricht deutlich wahrnehmbar?					
Knüpfe ich an den Interessen der Kinder an?					
Ermögliche ich genügend Eigenaktivität der Kinder?					
Beteilige ich die Kinder systematisch an der Planung?					
Verwende ich variationsreiche Methoden?					
Rege ich entdeckendes/problemorientiertes Lernen an?					
Initiiere ich abwechslungsreiches Üben?					
Schaffe ich Situationen für kooperatives Lernen?					
Entlastung und Hilfe					
Finde ich genügend Entlastung nach der Schule?					
Frage ich um Hilfe, wenn ich nicht weiterweiß?					
Kann ich Rat annehmen und in mein Tun integrieren?					
Rege ich Unterstützungssysteme in der Schule an?					

- Ich behalte einen kühlen Kopf.
- Ich atme tief durch.
- Ich bin ganz da, ohne dass mich die Situation überrollt.
- Wenn alles überstanden ist, bekomme ich Unterstützung.
- Jetzt werde ich funktionieren.

Je mehr Sie gedanklich vorbereitet sind, umso besser können Sie die Situation bewältigen.

Vorgehen bei einer Eskalation

Akzeptieren: Vergegenwärtigen Sie sich die Lage des „Angreifers": Er steht mit dem Rücken zur Wand. Seine Gefühle von Ohnmacht sind so überwältigend, dass er keinen anderen Ausweg als Gewaltandrohung oder Gewaltausübung sieht. Wenn Sie etwas anderes dagegensetzen, stärken Sie ihn als Person, nehmen Sie ihn und seine Gefühle ernst. Signalisieren Sie: „Du bist in Ordnung. Aber lass uns einen anderen Weg suchen!"

Deeskalieren: Bei einer sich anbahnenden oder stattfindenden Eskalation senden Sie Signale des Verstehens aus: Dies geschieht verbal: „Was ist passiert ... darüber können wir ausführlich reden ... ich verstehe dich ... ich helfe dir ..." und nonverbal: durch Nicken, ein verstehendes Lächeln, eine beschwichtigende Handbewegung, eine beruhigende Stimme. Damit nehmen Sie den „Angreifer" ernst und nutzen gleichzeitig die Chance, die Situation zu entschärfen.

Energien ableiten: Lässt sich jemand dadurch noch nicht stoppen, lassen Sie sich nicht einschüchtern: Reden Sie weiterhin möglichst ruhig und viel auf den „Angreifer" ein, verwickeln Sie ihn in ein Gespräch. Manchmal spielt es fast keine Rolle, was Sie sagen (z. B. können Sie an vorangegangene Begegnungen anknüpfen). Wichtig ist es, durch das Sprechen beim Gegenüber Energien zu binden und möglichst so zu verbrauchen, dass Aggressionen reduziert werden.

Präsenz ausstrahlen: Nehmen Sie ganz viel Raum ein, seien Sie vollkommen DA, ohne bedrohlich zu wirken. Dies hat viel mit Ihrer inneren Einstellung zu tun, die sich durch Ihre Atmung, Stimme und Körpersprache ausdrückt. Auf einer unbewussten Ebene senden Sie damit wichtige regulierende Signale aus. Üben Sie dies ruhig vor dem Spiegel.

Die Hilfe der Gruppe nutzen: Manche Situationen können Sie allein nicht bewältigen. Binden Sie die Umstehenden ein, indem Sie einige Hilfe holen lassen oder indem Sie Anweisungen geben, z. b. dass einige jemanden beruhigen oder Wunden kühlen sollen. Sie regen damit Aktivitäten an, die helfen, die Stimmung in der Gruppe positiv zu beeinflussen und eine Hysterie oder Panik zu verhindern.

Falls es sich um Kinder Ihrer Klasse handelt:
Rituale nutzen: Arbeiten Sie Konflikte mithilfe bekannter Strukturen auf. Automatisierung erleichtert die Eigensteuerung und unterstützt es, dass Konflikte zunehmend verbal ausgetragen werden. Ein ritualisiertes Konfliktgespräch kann folgendes Muster haben: Die Klasse setzt sich in den Stuhlkreis. Ein Leitfaden mit einigen wenigen Gesprächsregeln liegt bereit. Die Kontrahenten erzählen abwechselnd ihre Sicht des Konfliktes. Die Gruppe wird um Vorschläge gebeten, wie der Konflikt zu beheben ist. Die Kontrahenten einigen sich auf etwas oder verpflichten sich zunächst zu einem Waffenstillstand.

Wiedereingliedern: Auch nach massiven Vorfällen (die wieder gutzumachen sind) ist es unerlässlich, den „Angreifer" wieder in die Gruppe zu integrieren. Geben Sie modellhaft Beispiele vor und regen Sie die Gruppe zu positiven Kontakten und Interaktionen an.

Krisenmanagement
Es gilt der Dreischritt: Vorsorge – Akute Situation – Nachsorge (V A N). Hier finden Sie Vorschläge. Regen Sie deren Akzeptanz oder Ergänzung in Ihrer Schule an:

Vorsorge: Konflikten jeder Art vorbeugen, Krisenpläne, Check- und Telefonlisten aufstellen, Krisenteams mit festen Aufgaben bilden, Verhaltensmuster (z. B. im Rahmen von Fortbildungen) einüben.

Akute Situation: sich der Pläne und Checklisten vergegenwärtigen, sich selbst instruieren, oben stehende Verhaltensstrategien beachten.

Nachsorge: ein Kind wiedereingliedern, erste Hilfe bei traumatischen Situationen annehmen, das Geschehen durch Unterstützungssysteme aufarbeiten, im Kollegium und mit der Klasse sprechen, Gedenkfeiern initiieren.

Klima und Atmosphäre
Hans Hänisch

Lehrerinnen und Lehrer müssen die Veränderungen ihres Unterrichts zwar selbst bewältigen, doch die individuellen Veränderungen lassen sich nicht losgelöst von den jeweiligen institutionellen Bedingungen betrachten, unter denen man arbeitet. Gemeint sind hier vor allem das Klima und die Atmosphäre, in denen sich die Entwicklung des Unterrichts vollzieht. Die für individuelle Veränderungen benötigte Emotionalität wird von der kollektiven Atmosphäre und dem sozialen Kontext der Schule beeinflusst. Nur wenn dieser ‚funktioniert' und auf die Veränderungsbedürfnisse abgestimmt ist – d. h., wenn Anerkennung, Akzeptanz, Rückhalt und Unterstützung im Spiel sind –, haben Veränderungen eine Chance. Die Wahrscheinlichkeit für Veränderungen einzelner Lehrpersonen erhöht sich, wenn die Kolleginnen und Kollegen in der Schule

- die Unterrichtsentwicklung als ihre gemeinsame Aufgabe verstehen,
- in ihrer kontinuierlichen Zusammenarbeit unterstützt werden,
- Strukturen aufbauen, die ein Lernen in kollegialen Zusammenhängen ermöglichen und
- den fachlichen Diskurs über Unterrichtsentwicklung systematisch in ihre Gremienarbeit integrieren.

Der schulische Kontext ist vor allem deshalb wichtig, weil es bei der Unterrichtsentwicklung u. a. darum gehen muss, auch kulturelle Routinen infrage zu stellen und zu verändern. Dies bedarf offensichtlich eines ‚Kraftfeldes', das durch die einzelne Lehrkraft nicht aufgebaut werden kann. Die atmosphärischen Bedingungen sind dabei sicherlich entscheidend. Außerdem ist es nötig, in der Schule eine Infrastruktur für die Entwicklung und das Lernen der Lehrkräfte zu schaffen. Die Schulleitung sollte diesem Bereich große Aufmerksamkeit schenken, ihn koordinieren und gestalten, damit nachhaltige Wirkungen erreicht werden können.

Sogenannte „Steuergruppen", die aus mehreren Kolleginnen und Kollegen bestehen, können dafür sorgen, dass eine organisatorische Infrastruktur geschaffen wird, die die regelmäßige Unterrichtsentwicklung am Arbeitsplatz unterstützt (z. B. durch Aktivierung der Konferenzen oder durch flexible Stundenpläne). Außerdem koordinieren sie Zielvereinbarungen und tragen zu einer größeren Kontinuität der Aktivitäten bei.

Der Wille zur Veränderung
Hans Hänisch

Sicher ist es eine Voraussetzung, dass man vom Sinn der Veränderung überzeugt sein muss, um Entwicklungen anzugehen. Wenn Sie also im Kollegium eine neue Idee durchsetzen möchten, bereiten Sie sich auf folgende Fragen der Lehrerinnen und Lehrer vor:

• Welche Vorteile bringt es?
• Passt es in das Umfeld meines Unterrichts?
• Ist es gut verständlich und kann ich es mir leicht aneignen?
• Lohnt sich der Aufwand?
• Lassen sich schnell Ergebnisse damit erreichen?
• Wie stehen die anderen Kolleginnen und Kollegen dazu?

Orientieren Sie sich auch an den Interessen im Kollegium, versuchen Sie an frühere Arbeiten oder an solche Belange anzuknüpfen, die schon seit längerer Zeit im Gespräch sind.

Doch das allein ist offensichtlich noch nicht ausreichend, um damit Veränderungswillen zu mobilisieren. Eine entscheidende Bedingung, die hinzukommen muss, ist die emotionale Seite: Es müssen bei den Lehrpersonen emotionale Prozesse des Erlebens aktiviert werden. Dies hat auch damit zu tun, dass die subjektiven Theorien eine enge Verflochtenheit mit der persönlichen Biografie aufweisen, die natürlich sehr stark durch emotionale Bedingungen gezeichnet ist.

Eine starke emotionale Betroffenheit wird vor allem durch die Kraft und Inspiration von Bildern ausgesandt. Bilder, die ungewöhnliche Unterrichtsszenen, auch an anderen Schulen, zeigen, sind Ansatzpunkte, die zu Entdeckungen verleiten und Faszination ausüben. Lehrpersonen wollen angeregt und durch positive Bilder angezogen werden – und nicht ständig nur Defizite erleben.

Die Bilder können als Einstieg dienen, um bestimmte Eindrücke zu vermitteln. Dann müssen die Bilder interpretiert und mit eigenen Erfahrungen verbunden werden, bis schließlich konkrete Lösungsschritte ins Auge gefasst und konzipiert werden. Veränderung ist also immer auch

• ein Prozess der Annäherung,
• ein Prozess mit Höhen und Tiefen,
• ein Prozess der Auseinandersetzung mit Selbstverständlichkeiten,
• ein Prozess, der positiv beginnt, anschließend ein ‚Tal der Tränen‘ durchschreitet (mit Verdrängung, Aggression und Resignation), um schließlich zur Neuorientierung zu gelangen.

Wichtig scheint vor allem der Beginn des Prozesses, durch den letztlich die Induktionsmechanismen für die Veränderung ausgelöst werden. Man könnte diese Phase mit den positiven Bildern und den Angeboten auch als eine Art ‚Schnupperphase' bezeichnen. Entscheidend ist, dass dabei nicht etwas übergestülpt wird, sondern dass die Lehrkräfte sich selbst in eigenem Tempo annähern und die Möglichkeit haben, sich Transparenz zu verschaffen, Hintergründe zu verstehen und Veranschaulichungen zu erhalten. Es muss dabei auch das Gefühl grundgelegt werden, dass sie mit ihrer Praxis anknüpfen und auch eigene Kompetenzen einsetzen können.

Unterrichtsentwicklung durch Teamarbeit
Hans Hänisch

Will man etwas im Unterricht oder an der Schule ändern und will man sich selbst als Lehrerin oder Lehrer verändern, ist man auf die Mithilfe der Kolleginnen und Kollegen angewiesen. Die Gruppe unterstützt und fördert die Lernprozesse des Einzelnen,
• weil man gegenseitig Tipps und Anregungen weitergibt,
• weil die Umsetzung der anderen ein Ansporn ist und
• weil es wichtig ist zu erfahren, dass andere ähnliche Probleme haben.

Lerngemeinschaften
Sehr effektiv sind Tandems von Lehrpersonen oder Zusammenschlüsse Einzelner zu kleinen Lerngemeinschaften, die sich regelmäßig treffen und dabei gemeinsam Unterrichtseinheiten entwickeln, durchführen und auswerten. Innerhalb eines Kollegiums angesiedelt, haben solche Gruppen den Vorteil, dass sie diese Arbeit direkt an den Unterricht anbinden und auf Kontinuität anlegen können. Damit entsteht eine dauerhafte arbeitsplatzbezogene Fortbildung, die nachhaltiges Lernen ermöglicht. Solche Gruppen benötigen allerdings eine vertrauensvolle Arbeitsatmosphäre. Sie ist die Grundlage dafür, dass eine kritische Analyse des Unterrichts überhaupt akzeptiert und positiv bewertet werden kann.

Dass solche Lerngemeinschaften tatsächlich den Unterricht voranbringen können, zeigen Untersuchungen aus den USA. Hier beschäftigen sich Lehrerteams auf der Grundlage von konkreten Schülerarbeiten mit dem Lernen der Kinder, aber auch mit den durchgeführten Lehrpraktiken. Der Dialog wird mit Fragen strukturiert und ist in folgende Phasen aufgeteilt:
1. Vorstellung der Schülerarbeit
2. Beschreibung der Arbeit aus den unterschiedlichen Perspektiven der Lehrkräfte

3. Fragen an die Schülerarbeit
4. Interpretationen über das Lernen des Schülers/der Schülerin und über die dahinterstehenden Lehrprozesse
5. Diskussion von Folgerungen und Konsequenzen

Schülerarbeiten als Fenster
Hintergrund dieses Ansatzes ist die Vorstellung, dass Schülerarbeiten eine Art „Fenster" in die Köpfe der Kinder darstellen, durch die man ihr Denken und Lernen und die damit in Verbindung stehenden Lernprozesse erkennen kann. Die Schülerinnen und Schüler selbst gewinnen dadurch ein stärkeres Gewicht bei den Überlegungen der Lehrpersonen. Die Kommunikation im Team richtet sich gezielt auf die Verbesserung des Lehrens und Lernens.

Als Grundlagen für die Reflexion dienen neues Wissen, Anregungen aus anderem Unterricht oder die Evaluation des eigenen Unterrichts sowie des Lernprozesses und der Ergebnisse der Schülerinnen und Schüler. Diese neuen Erkenntnisse werden mit dem eigenen Erfahrungswissen konfrontiert und vor diesem Hintergrund interpretiert. Schließlich müssen Konsequenzen daraus abgeleitet werden, die möglichst konkrete Handlungsanweisungen für den weiteren Unterricht umfassen sollten.

Das Lernen der Schüler in den Mittelpunkt der Erkundung und Analyse des Unterrichts zu stellen und deren Konzepte beim Lernen zu erforschen, scheint eine wirksame Methode für die Veränderung des Unterrichts zu sein. Die Lehrkräfte erfahren dadurch, wie ihr Unterricht das Lernen beeinflusst und was sie tun können, um auf dem Wissen der Schülerinnen und Schüler aufzubauen.

Externes Netzwerk
In vielen Projekten hat es sich als günstig erwiesen, die schulinternen Aktivitäten zur Unterrichtsentwicklung mit einem externen Netzwerk zu verknüpfen, in dem möglichst mehrere Personen aus verschiedenen Schulen zusammenarbeiten. Die Lehrkräfte erhalten auf diese Weise eine zusätzliche Dynamik für ihre Entwicklung. Der Vorteil schulübergreifender Netze liegt vor allem darin, dass man alternative Umsetzungsmöglichkeiten, unterschiedliche Bearbeitungswege und Lösungsansätze kennenlernt. Solche Netze ermöglichen eine Einordnung und Vergleiche, sind eine Plattform für gemeinsame Fortbildungen und schaffen Entlastung.

Impulse von externen Personen, die auf gleicher Augenhöhe kommunizieren, werden darüber hinaus eher angenommen, weil sie zunächst einmal neuartiger erscheinen als diejenigen der ‚Propheten' in der eigenen Schule. Angebunden an ein äußeres Netz gewinnen die Angelegenheiten der Unterrichtsentwicklung mehr Bedeutung, wodurch auch die eigenen Ansätze aufgewertet werden. Umgekehrt entstehen durch das äußere Netz häufig auch Zwänge nach innen, sodass die inneren Netze unter stärkeren Handlungsdruck geraten. Dies wirkt sich im besten Fall so aus, dass die Arbeit mit größerer Kontinuität und Nachhaltigkeit erledigt wird.

Wichtig ist, dass im Netzwerk nicht nur koordiniert, sondern auch ganz praktisch im Unterricht gearbeitet wird.

Zusammenarbeit mit der Schulleitung
Hans Hänisch

Die Schulleitungen können die Unterrichtsentwicklung vor allem dadurch unterstützen, dass sie die Kooperation der Lehrerinnen und Lehrer fördern und damit Teamentwicklung anbahnen und aufbauen. Gemeint sind damit insbesondere Jahrgangs- und Klassenteams, die als Lernteams konstituiert werden. So wird die Unterrichtsentwicklung in den Alltag der Schule gebracht und ist nicht nur etwas, was nebenbei geschehen soll. Schulleitungen haben hier also vor allem die Funktion von Initiatoren. Sie benötigen dafür ein Programm oder eine Vision, das bzw. die sie beständig mit Aktivitäten vorantreiben und so der Entwicklung eine Richtung geben.

Sie schaffen ein möglichst harmonisches und vertrauensvolles Arbeitsklima. Unterrichtsentwicklung benötigt nämlich eine Atmosphäre von Wertschätzung, Vertrauen und Partizipation, in der man die Möglichkeit hat, seine Arbeiten und Ideen zu präsentieren. Wichtig ist dabei, dass ehrlich kommuniziert wird, d.h., dass Schwierigkeiten benannt und Belastungen nicht verschwiegen werden.

Umgang mit Vorschriften
Judith Schmischke

Besonders die Klassenlehrerinnen und -lehrer sind verpflichtet, die wesentlichen Rechtsvorschriften zu kennen. Bei bestimmten Sachverhalten sollte man sehr genau informiert sein (z. B. bei der Aufsichtspflicht). Bei anderen mag es ausreichen zu wissen, wo man gegebenenfalls nachschlagen kann (z. B. die Zulassungsvoraussetzungen für Lernmittel). In einem Urteil des Bundesgerichtshofs heißt es: „Die Unkenntnis der beruflichen Rechtsvorschriften stellt ein Verschulden dar."

Die folgende Übersicht gibt die Rangordnung der verschiedenen Rechtsnormen – auf das Schulrecht angewandt – wieder. Untergeordnete Vorschriften präzisieren, indem sie z. B. die konkrete Durchführung regeln.

Allgemeine Übersicht	Auf die Schulebene bezogen
Verfassungen • übergeordnet und vorrangig als höchste Stufe der innerstaatlichen Normenhierarchie • auf Bundesebene (Grundgesetz) oder Landesebene (Landesverfassungen) verabschiedet	**Grundgesetz (GG)** gibt generelle Vorgaben für die Schulgesetze aller Länder *Beispiele:* ↗ Art. 6 GG regelt Elternrecht und -pflicht ↗ Art. 7 GG formuliert staatliche Schulaufsicht
Gesetze • vom Bundes- oder Landesparlament verabschiedet • regeln wesentliche Dinge	**das Schulwesen betr. Gesetze** • werden von den jeweiligen Bundesländern verabschiedet • regeln die wesentlichen Dinge des Schulwesens *Beispiele:* ↗ Lehrerausbildungsgesetz ↗ Schulentwicklungsgesetz ↗ Schulgesetz
Rechtsverordnungen • allgemeine Regelungen, von der Regierung oder einem einzelnen Ministerium aufgrund einer ausdrücklichen Ermächtigung des Parlaments erlassen • in der Regel in Zusammenarbeit mit dem Parlament verabschiedet	**das Schulwesen betr. Verordnungen** • werden vom jeweiligen Kultusministerium erlassen *Beispiele:* ↗ Ausbildungsordnungen ↗ Prüfungsordnungen
Verwaltungsvorschriften • allgemeine Regelungen, von einer staatlichen Stelle an nachgeordnete Behörden gerichtet • betreffen meist die Organisation der Behörden oder die Art und Weise des Verwaltungshandelns • müssen mit den Gesetzen oder Rechtsverordnungen im Einklang stehen	**das Schulwesen betr. Verwaltungsvorschriften** • werden z.B. von den Kultusministerien an Bezirksregierungen oder Schulen gerichtet *Beispiele:* ↗ Erlasse ↗ Verfügungen ↗ Schriftliche Anordnungen

Zum Abwägen des Vorgehens bei schwerwiegenden rechtlichen Entscheidungen bietet Günther Hoegg folgende Checkliste an; für die Beantwortung einiger Fragen ist ein rechtlicher Beistand sinnvoll.

Vorüberlegungen	Bin ich für dieses Problem überhaupt zuständig?
	Ist es ein rechtliches Problem?
	Kann man das Problem auf andere Weise lösen?
Sachverhalt	Ist der Sachverhalt vollständig geklärt?
	Von wem stammen die Informationen?
	Wie ist die zeitliche Reihenfolge der rechtserheblichen Fakten?
	Macht ein Betroffener oder ein Unbeteiligter etwas geltend?
	Worin besteht das Hauptproblem?
Prüfung der Rechtsnormen	In welchen juristischen Bereich gehört das Problem?
	Welche Rechtsnorm ist einschlägig?
	Was sagt die Kommentierung?
	Sind eventuell Grundrechte betroffen?
	Ist ein (strafrechtlicher) Tatbestand erfüllt?
	Hat der Betreffende rechtswidrig gehandelt?
	Hat der Betreffende schuldhaft gehandelt?
	Ist womöglich eine schulische Ordnungsmaßnahme erforderlich?
	Wen müssen Sie informieren?
	Haben Sie einen Ermessensspielraum?
	Ist die Maßnahme geeignet und verhältnismäßig?
Entscheidung	Muss die Entscheidung sofort gefällt werden?
	Sind Fristen oder Termine zu beachten?
	Können bzw. wollen Sie alleine entscheiden?
	Haben Sie in der Sache einen Fehler gemacht?
	Wollen Sie sich absichern?
	Fragen Sie vor Ihrer Entscheidung einen unbeteiligten Dritten.
	Reicht es, dass Sie Ihre Entscheidung mündlich bekanntgeben?
	Ist es ein Verwaltungsakt, der eine Rechtsbehelfsbelehrung erfordert?

Dienstpflichten
Judith Schmischke

Zu den Dienstpflichten der Lehrerinnen und Lehrer gehören den länderspezifischen Gesetzen und Verordnungen entsprechend insbesondere die folgenden:

- *Unterrichtspflicht:* In der Regel unterrichten Lehrerinnen und Lehrer in den Fächern, in denen sie eine Lehrbefähigung haben. Der Unterricht muss ausgerichtet sein an den jeweiligen Rahmenrichtlinien. Auch zum Vertretungsunterricht kann verpflichtet werden.
- *Erziehungspflicht:* Gemäß des Bildungs- und Erziehungsauftrags der Schule sollen Lehrpersonen auch erziehen. Dies kann mit dem „natürlichen Recht der Eltern auf Pflege und Erziehung der Kinder" kollidieren. Absprachen und Beratung sind hier sinnvoll und notwendig.
- *Fürsorgepflicht* für Schülerinnen und Schüler,
- *Informationspflicht* gegenüber der Schulleitung und den Eltern,
- *verpflichtende Teilnahme* an Konferenzen, Dienstbesprechungen und Schulveranstaltungen.

Besondere Aufgaben der Klassenleitung
- Die Aufgaben werden im Benehmen mit der jeweiligen Lehrkraft von der Schulleitung bestimmt.
- Die Klassenleitung wirkt in besonderem Maße auf die fachliche sowie erzieherische Förderung der Klasse hin,
- sorgt für ausgewogene und angemessene Belastung der Klasse, z. B. im Hinblick auf den Umfang der Hausaufgaben und die Verteilung der Klassenarbeiten,
- informiert und berät die Klasse (Schülerinnen und Schüler sowie deren Erziehungsberechtigte) bei Bedarf in allen schulischen Angelegenheiten,
- informiert sich in Gesprächen und im Rahmen von Klassenkonferenzen über das Verhalten und die Leistungen der Schülerinnen und Schüler bei den anderen Unterrichtenden der Klasse,
- führt den Vorsitz der Klassenkonferenzen, ist mit beratender Stimme Mitglied der Klassenpflegschaft, bereitet Versetzungskonferenzen vor,
- fördert und koordiniert die Kontakte zu den Erziehungsberechtigten,
- benachrichtigt die Erziehungsberechtigten bei besonderen Anlässen,
- trägt Sorge für das ordnungsgemäße Erstellen und Führen entsprechender Unterlagen der Klasse (Schülerstammblatt, Klassenbuch, Zeugnisse, Anwesenheitsliste, Entschuldigungen),

- sorgt für die Fertigung von Gutachten zu Übergangsverfahren und für die Durchführung vorgeschriebener ärztlicher Untersuchungen,
- begleitet die Klasse in der Regel bei Schulwanderungen und Schulfahrten.

Anstöße von Reformern
Manfred Pollert

Welche Art von Lehrer möchte ich „meinen" Kindern sein? Oder besser: Was für einen Lehrer brauchen sie? Diese Fragen habe ich mir bei jeder neuen Klasse gestellt und immer wieder anders beantworten müssen, weil sich die Gegebenheiten verändert hatten. Antworten ließen sich immer schon von Pädagogen finden, die uns heute noch etwas zu sagen haben. Sicher, sie haben für ihre Zeit in bestimmten gesellschaftlichen Situationen gedacht und geschrieben. Doch wir können uns noch von einigen ihrer Gedanken und Erfahrungen leiten lassen. Sie sind so richtig und wichtig wie eh und je.

„Die Personen, die das Kind umgeben, sollen ihm Liebe und Wohlwollen bezeugen."
Von Pestalozzi habe ich gelernt, dass wir die uns anvertrauten Kinder lieben müssen, wie sie sind, und dass wir ihnen helfen müssen, sich selbst zu finden. Sie brauchen Spielräume, um ihre individuellen Kräfte anzuwenden und zu entwickeln, eigene Erfahrungen zu machen und – falls nötig – auch zu korrigieren. Darum dürfen wir ihnen nicht den Kopf mit unwichtigen Dingen vollstopfen, nur weil sie vielleicht in einem Lehrplan oder Buch stehen, sondern weil wir sie auf das Leben in der heutigen Zeit vorbereiten müssen. Ziel und Methode zugleich muss es dabei sein, für ein *„Gleichgewicht einer Bildung von Herz, Kopf und Hand"* zu sorgen.

„Das Kind wird nicht erst ein Mensch, es ist schon einer."
Meine Einstellung zu den Kindern prägte auch Janusz Korczak mit diesem schlichten Satz. Ein Kind hat das Recht, so zu sein, wie es ist. Das Recht auf seine Achtung durch uns Erwachsene. Das Recht auf Fehler und Versagen und das Recht darauf, dass seine Angelegenheiten *„ernsthaft behandelt und gebührend bedacht"* werden. Und Korczak hat uns immer wieder bei den Kindern den *„langen Atem und geduldiges Beobachten des Wachsens und Reifens"* abverlangt.

„Eine moderne demokratische Erziehung muss auf die Individualität des Kindes Rücksicht nehmen."
Dass meine Klassen schon sehr früh „frei" arbeiten konnten, daran ist Céléstin Freinet schuld. Ich selbst entdeckte darin die ideale Möglichkeit für Differenzierung und Individualisierung – so konnte ich mich in den immer länger werdenden Phasen der Freiarbeit sinnvoll da einbringen, wo Kinder mich wirklich brauchten. Freinet vertrat überzeugend die Selbstentfaltung der Kinder durch Selbsttätigkeit, durch aktive Auseinandersetzung mit der Umwelt. Er veranlasste mich, Spielräume zu schaffen: Die Kinder sollen bei gelebten demokratischen Strukturen Selbstverantwortung und selbst gesteuertes Lernen entwickeln können. Das gelingt nur, wenn sie in der Schule Erfahrungen machen und durch ihre sinnvolle Arbeit Bestätigung erfahren, um so ein gesundes Selbstbewusstsein zu erwerben.

„Hilf mir, es selbst zu tun!" und „Lass mir die Zeit, die ich brauche."
Diese Forderungen von Maria Montessori habe ich mir zu eigen gemacht. Geduld ist mir oft schwergefallen, vor allem ein Kind nicht zu unterbrechen oder sofort zu korrigieren, wenn es beim Arbeiten Fehler machte oder sich auf einem falschen Lösungsweg befand. Auch für das Herrichten der förderlichen materiellen Ordnung und der Umgebung habe ich bei Montessori manches abgucken können, allerdings mochte ich dabei ihrer Strenge und Konsequenz nicht folgen. Für mich war entscheidend: Kinder müssen sich in der Schule wohlfühlen können, in ihrem Klassenraum mit den Ecken für Anregungen und viele unterschiedliche Aktivitäten. Die Schule muss für sie geeignet sein, nicht die Kinder für die Schule.

Soziales Lernen, Gesprächskultur, Handlungsorientierung – eine Fülle von Begriffen und Namen weiterer Pädagogen fallen mir ein. Wer kennt noch Berthold Otto, Adolf Reichwein, W. Odenbach? Vieles von ihnen habe ich in meinen Schulalltag übernommen, wofür ich ihnen danke. Es lohnt sich, bei ihnen in die Schule zu gehen. Aber was für mich als Klassenlehrer noch wichtiger war: Ich konnte viele dieser Ideen mit meinen Kolleginnen und Kollegen bei allen Gesprächen über Schwerpunkte unseres Schulprogramms diskutieren und herüberbringen, sodass das pädagogische Profil unserer Schule von den Reformern mitgeprägt wurde.

2 Ein Erziehungskonzept vereinbaren

Einführung:
Wie entsteht ein Erziehungskonzept?

Auch als Klassenlehrerin oder Klassenlehrer erzieht man immer gemäß eines Konzeptes – wenn auch allzu häufig nach einem impliziten, sich nicht bewusst gemachten Konzept. Dieses Konzept ist zum einen erfahrungsbasiert und speist sich zum anderen aus alltagstheoretischen, allgemeinen Vorstellungen darüber, wie Erziehung auf den drei Hauptfeldern der Leistungserziehung, der Sozialerziehung und der Werteerziehung auszusehen hat.

Um tatsächlich professionell zu handeln, sind, in enger Verknüpfung mit dem je individuellen Selbstverständnis, die Module des eigenen Erziehungskonzeptes zu reflektieren. Das beginnt bei relativ einfachen Bausteinen, etwa bezogen auf die pädagogische Ritualisierung oder auf konsequentes Handeln, und reicht bis zu gewichtigen, fundamentalen Aspekten wie der Hierarchisierung von Werten oder unverzichtbaren Normen.

Gibt man sich selbst Rechenschaft über die eigenen Handlungsmaximen, wird bislang unreflektiertes Handeln zu reflektiertem Handeln, zeigt sich, wo mit Blick auf die Kinder Änderungen oder Modifikationen im Unterrichtsalltag gegebenenfalls dringend nötig scheinen. Das Ergebnis der Reflexionen muss also tatsächlich nachhaltig und verändernd Eingang in den eigenen Berufsalltag finden.

Das ist ein erster, eminent wichtiger Schritt, dem allerdings ein zweiter folgen muss: die Beziehung des eigenen Konzeptes zum Umfeld. Wie sehen und bewerten meine Kolleginnen und Kollegen aus dieser Jahrgangsstufe, wie sieht das ganze Kollegium der Schule meine Bausteine, mein Konzept? Die Lehrkräfte der Schulen müssen in einen kollegialen, behutsamen Austausch darüber eintreten, Strittiges miteinander erörtern und letztendlich Vereinbarungen treffen, soweit möglich und gewünscht. So kann ein Erziehungskonzept entstehen, das sich nicht nur auf die kleine Welt des eigenen Klassenzimmers beschränkt, sondern buchstäblich weiter Raum greifen kann.

Ein dritter Schritt ist, die Eltern als die primär für die Erziehung Zuständigen einzubeziehen. Deren häusliche Erziehung basiert in der Regel ebenfalls auf „gesundem Menschenverstand". Kann man Eltern ein klares, nachvollziehbares und professionelles Erziehungskonzept, etwa wenn es um Lob und Tadel geht, präsentieren, ist die Chance, sie einzubinden, ungleich höher.

Systematisch betrachtet nimmt ein Erziehungskonzept Bezug auf fünf Felder:

- die Lerninhalte,
- die Lehrerin, der Lehrer als Vorbild und Verhaltensmodell,
- Lernatmosphäre und Schulklima,
- Unterrichtsmethoden und
- Haltungen und Werte.

Der Begriff *Erziehungskonzept* beinhaltet die Chance der Veränderung. Ein einmal erarbeitetes Konzept hat keine immerwährende Gültigkeit. Vielmehr muss eine Klassenlehrerin, ein Klassenlehrer permanent darüber nachdenken, ob Teile des Konzeptes den veränderten Gegebenheiten anzupassen sind. Gleiches gilt selbstverständlich auch für das gesamte Kollegium und die Schule.

Wenn man neu an eine Schule kommt oder eine neue Klasse übernimmt, sollte man selbstbewusst genug sein, ein bestehendes Konzept nicht von vornherein unkritisch zu akzeptieren, sondern zu prüfen und die eigene, eventuell andere Meinung zu vertreten. Alles andere würde den Prozess der Weiterentwicklung eines Erziehungskonzeptes hemmen und so Chancen verbauen.

Literatur

Bauer, Roland (Hrsg.)(2006). Kindgerechte Grundschule gestalten. Grundlagen, Rahmenbedingungen, Gestaltungsvorschläge. Berlin: Cornelsen Scriptor
Der Band enthält konkrete Vorschläge, wie durch Zusammenarbeit aller Beteiligten eine Grundschule zu einem zeitgemäßen Lern- und Lebensort werden kann.

Braun, Dorothee/Schmischke, Judith (2006). Mit Störungen umgehen. Verhalten verstehen und beeinflussen – Übungen und Materialien. Berlin: Cornelsen Scriptor
Der Umgang mit Störungen ist wesentlicher Teil eines Erziehungskonzeptes. Die beiden Autorinnen zeigen verschiedene Ansätze und konkrete Handlungsmöglichkeiten für den Unterricht und die Schule als Ganzes.

Topsch, Wilhelm (2004). Einführung in die Grundschulpädagogik. Berlin: Cornelsen Scriptor
Obwohl in der Reihe „studium kompakt" erschienen, hilft das Buch auch dem Praktiker. Knapp erläuterte Konzepte und aktuelle Tendenzen klären die pädagogischen Grundlagen und helfen so bei den Überlegungen auf dem Weg zu einem Erziehungskonzept.

Der Erziehungsauftrag
Klaus Metzger

Fokussiert formuliert hat die Grundschule zwei Aufgaben: Erziehung und Bildung. Dies ist unstrittig, mögen sich auch die Waagschalen mal eher dem einen oder dem anderen Begriff zuneigen.

Erziehung als gemeinsame Aufgabe

Vorrangig verantworten die Eltern die Erziehung ihrer Kinder. Damit sind auf der einen Seite für den Lehrer in seiner erziehlichen Reichweite ganz deutlich Grenzen gesetzt. Auf der anderen Seite aber ist tendenziell zunehmend mehr Erziehungsarbeit zu leisten, weil die Familie als primäre Instanz mitunter manches schuldig bleibt. Trotz der einen, aber gerade wegen der anderen Seite muss jeder Lehrer seinen Erziehungsauftrag ernst nehmen, vor allem aber diejenigen, die das Erziehungskonzept in einer Klasse maßgeblich zu verantworten haben: die Klassenlehrer.

Ihren Erziehungsauftrag nimmt die Grundschule im Zusammenwirken mit anderen Einrichtungen wahr. Diese fast verpflichtend zu verstehende Aussage ist umso wichtiger in einer Zeit sich rapide verändernder gesellschaftlicher Gegebenheiten in allen Bereichen. Auf sich alleine gestellt wäre die Grundschule, wären die Lehrer fraglos überfordert. Es ist also eine zentrale Aufgabe des Klassenleiters, Verknüpfungen herzustellen nicht nur mit dem Elternhaus, sondern auch mit Kirchen, Verbänden, Vereinen, Kindertagesstätten, Horten, sozialen Einrichtungen, Beratungsstellen usw.

Erziehungsauftrag

Fragt man Lehrerinnen und Lehrer, wie sie ihren „Erziehungsauftrag" interpretieren und welche Schwerpunkte sie setzen, erhält man völlig unterschiedliche Antworten. Noch disparater – das ist keine Überraschung – fallen die Antworten aus, wenn man Kinder und Jugendliche fragt, was sie in der Erziehung für wichtig halten.

In der Tat ist die Frage, wie die Erziehungsziele der Grundschule konkret und fassbar auszusehen haben, nicht bis in letzte Verästelungen hinein einvernehmlich klärbar. Erziehung ist, um mit Jürgen Oelkers zu sprechen, diffuser, wechselseitiger und aufwändiger geworden, zugleich der Ertrag unabsehbarer und unsicherer. Das hat natürlich mit den gesellschaftlichen, politischen und wirtschaftlichen Veränderungen zu tun.

Konsens immerhin gibt es darin, Erziehung prinzipiell kommunikativ, dialogisch und argumentativ anzulegen, nicht mehr den Blick auf abzustellende Defizite hin zu lenken, sondern sie als das Ausschöpfen von Potenzialen zu begreifen. Dabei ist bewusst zweierlei zu wahren: die Ansprüche der Gemeinschaft und die des Einzelnen.

In den letzten Jahren wurde zudem deutlich spürbar: Neben den unstrittigen Komponenten, die in der Verfassung der Bundesrepublik und in den Länderverfassungen niedergelegt sind (Menschenrechte, Demokratie ...), gibt es eine Rückbesinnung auf oft selbstverständlich scheinende, auf manchen überkommen wirkende Ziele („Sekundärtugenden").

Normen und Werte

Untrennbar verknüpft ist Erziehung mit gesellschaftlich akzeptierten und gewollten Normen und Werten. Die Lehrerinnen und Lehrer in der Schule sind nicht nur zu wertorientiertem Handeln verpflichtet, sondern es gehört auch zu ihrem Erziehungsauftrag, die Notwendigkeit ihres Handelns nachvollziehbar zu machen und so bei den Schülerinnen und Schülern selbst anzubahnen. Neben den in der Verfassung verankerten Rechten, Werten und Werthaltungen – etwa Achtung vor der Würde des Menschen, Gleichheit, Demokratie, Humanität – sind für den Schulalltag vor allem wichtig: Friedfertigkeit, Ehrlichkeit, Gerechtigkeit, Hilfsbereitschaft, Rücksichtnahme, Toleranz, Solidarität und Verantwortung für den Mitmenschen, für das Gemeinwohl, für Natur und Umwelt ...

Oft werden auch Kompetenzen wie Teamfähigkeit, Kreativität usw. unter den Erziehungsauftrag gestellt, weil man im Alltag davon spricht, dass Kinder „zur Teamfähigkeit erzogen werden müssen". Zu fragen ist, ob diese Kompetenzen nicht eher dem Bildungsauftrag zuzuschreiben sind, bewegen sich die Kompetenzen doch auf einer anderen Ebene als etwa „Friedfertigkeit". Vielleicht zeigt diese Unschärfe aber auch, wie umfassend der Erziehungsauftrag verstanden werden kann.

Alltag

Die unten stehenden, zu ergänzenden Punkte gelten zwar im Prinzip für alle Lehrkräfte, in besonderem Maße aber für Klassenleiter:

• als Klassenleiter den Erziehungsauftrag offensiv verantworten – dazu bedarf es einer genauen Vorstellung davon, was man darunter versteht, denn nur dann kann man konsequent handeln;

• die Schüler, wann immer möglich, bei Erziehungsfragen „mit ins Boot nehmen";

• den Dialog suchen;

• gemeinsam ein Erziehungskonzept erarbeiten, nicht nur auf der Schulebene, sondern auch gemeinsam mit den Schülerinnen und Schülern, den Eltern, Betreuerinnen aus Kindergärten usw.;

• an der Schule Räume schaffen, in denen intensiv an der Erziehung „gearbeitet" werden kann;

• bei der Gestaltung des Schullebens so viele Menschen wie möglich mitwirken lassen;

• für alle (auch unterrichtlichen) Bereiche Partner suchen;

• kooperative (damit ist vor allem an die Schülerinnen und Schüler gedacht) Festlegung von Regeln (Hausordnungen) bis hin zu „Schulverfassungen".

Abstimmung eines Erziehungskonzepts mit Kollegium und Eltern
Dorothee Braun

Ein Erziehungskonzept ist die Summe von Leitlinien, Handlungszielen und den daraus resultierenden Konsequenzen. Die Ergebnisse einer Wertediskussion fließen ebenso ein wie Rahmenvorgaben, pädagogische Erkenntnisse und die Analyse schulischer Bedingungen, einschließlich des familiären Umfeldes und der Besonderheiten der Kinder. Ein Konzept sollte so allgemein sein, dass es Grundvorstellungen berücksichtigt, und gleichzeitig so konkret, dass reale Konsequenzen für eine reale Schule daraus erwachsen. Das Konzept sollte konsensfähig sein und von vielen Personen getragen werden: von der Schulleitung, dem Kollegium, den Eltern. Auch die Kinder gehören dazu, zumindest muss ihnen das Konzept transparent gemacht werden.

Den Klassenlehrerinnen und Klassenlehrern kommt bei der Umsetzung eine Schüsselfunktion zu, da sie sich an der Schaltstelle zwischen Klassen- und Schulebene befinden. Vereinbarungen auf Schulebene fließen in die Klassenführung ein und umgekehrt. Außerdem besteht auf Klassenebene die größte Chance, Eltern einzubinden.

Vereinbarungen treffen
Leitfragen: Klären Sie folgende Fragen innerhalb des Kollegiums und innerhalb der Elterngremien:
- Welche Werte sind uns für das Erziehungskonzept wichtig?
- Welche Leitlinien erwachsen daraus?
- Welche Handlungsziele setzen wir uns?
- Welche Konsequenzen beschließen wir, um die Ziele zu erreichen?
- Wie sieht die Zeitplanung aus: Was setzen wir sofort um, was planen wir für das nächste und übernächste Halbjahr?
- Wann evaluieren wir das Konzept?

Methodisches Vorgehen: Diskutieren Sie die Fragen zunächst ergebnisoffen im Kollegium. Stellen Sie in einem nächsten Schritt die Schnittmenge der Antworten fest. Dies kann für jede Frage einzeln im Schneeballverfahren geschehen:
1. Frage für sich beantworten
2. Antworten mit einem Partner abgleichen und Konsens herstellen
3. Konsens in einer Vierergruppe herstellen
4. Konsens in einer Achtergruppe herstellen
5. Konsens im Kollegium herstellen

6. Eine Gruppe bestimmen, die die redaktionelle Arbeit übernimmt und das Ganze wieder mit dem Kollegium abgleicht
7. Diese Vorschläge mit den Elterngremien abgleichen: Was wird ergänzt, was muss noch einmal diskutiert werden, was findet keinen Konsens?

Vorschlag für eine erzieherische Leitlinie

Wir möchten die Kinder in der Entwicklung ihrer Persönlichkeit und Sozialisation umfassend unterstützen. Erziehung heißt für uns, eine Balance zwischen Anerkennen, Anleiten und Anregen zu finden.

Anerkennen: Wir begegnen den Kinder mit Akzeptanz und Zuwendung.

Anregen: Wir schaffen eine förderliche Lernumgebung und gestalten den Unterricht und das Schulleben so, dass vielfältiges und individuelles Lernen möglich ist. Lernen meint neben der Vermittlung von fachlichen Inhalten auch die Weiterentwicklung der Persönlichkeit und des Sozialverhaltens.

Anleiten: Wir schaffen einen klaren Orientierungsrahmen für das Verhalten der Kinder.

Vorschläge für Handlungsziele

Wir möchten eine Schule,
• in der alle einander respektieren,
• in der jeder seine Stärken einbringen kann,
• in der eine gelassene und fröhliche Atmosphäre herrscht,
• in der Konflikte konstruktiv geregelt werden,
• in der die Lernumgebung freundlich gestaltet ist und gepflegt wird,
• in der Schülerinnen und Schüler ungestört lernen und die Lehrpersonen ungestört unterrichten können,
• in der die Eltern aktiv in die Erziehung eingebunden sind.

Vorschläge für Konsequenzen und konkrete Umsetzung

Anerkennen: Wir stellen unter Mitarbeit der Eltern unsere Nationalitäten und Religionen vor. Wir gestalten Ausstellungen von Schülerarbeiten. Wir machen Kinder stark in … Wir veranstalten eine Expertenrallye für …

Anregen: Wir führen einen Spieltag mit kooperativen Spielen durch. Wir gestalten Projekttage zur Gewaltprävention. Wir bieten Unterrichtseinheiten zum Umgang mit Gefühlen an. Wir bieten regelmäßig einen Kindersprechtag an.

Anleiten: Wir geben uns eine Hausordnung. Wir haben Schul- und Klassenregeln. Wir bieten Streitschlichtung an. Wir installieren klassenübergreifende Patenschaften. Wir bieten Elternabende zu wichtigen Erziehungsfragen an.

Verhalten auf Gemeinschaftsflächen
Manfred Hahn

Der Aufbau eines konstruktiven Klassenklimas ist fraglos ein zentrales Anliegen. Doch über den *Klassenraum* hinaus gibt es zahlreiche Flächen, Räume und Begebenheiten, die das gemeinschaftliche Anliegen der ganzen Schule sind. Sie fordern Verhaltenspräsentationen der Schülerinnen und Schüler, die – über die einzelne Klasse hinaus – in ihrem wünschenswerten Zusammenspiel die Qualität von Schul- und Lernkultur der jeweiligen *Schule* ausmachen. Die konstruktive Belebung derartiger Flächen und Räume fordert die Zusammen- und Mitarbeit aller an der Schule Beteiligter.

Auf den Gängen
Hier lässt sich beim Stundenwechsel die Wanderung von Schülerinnen und Schülern nicht vermeiden. Der Wechsel sollte aber möglichst ruhig und leise vollzogen werden, um die in den Klassen lernenden Schülerinnen und Schüler nicht unnötig zu stören. *Rücksichtnahme* ist hier besonders gefragt, zu der die Kinder angeleitet werden können.

Bisweilen liegen hier Papierfetzen und manch fallen gelassenes Pausenbrot, oder die Aushänge an den Pinnwänden haben sich selbstständig gemacht. Dann ist Abhilfe gefragt. Meist kommt als Rechtfertigung: „Das stammt nicht von mir! Das habe ich nicht heruntergerissen!" Doch keinem der Schülerinnen und Schüler fällt ein Zacken aus der Krone, wenn er sich auch für nicht selbst verschuldete Mängel einsetzt und *Verantwortung* zeigt.

Im Treppenhaus
Auf den Stufen sollte nicht gerannt und geschubst werden. Schülerinnen und Schüler müssen dazu angeleitet werden, sich als ein Teil der Gemeinschaft zu begreifen und sich nicht egoistisch und rücksichtslos gegenüber anderen durchzusetzen. Die *Vorbildfunktion* sollte bei den größeren Schülerinnen und Schülern angemahnt werden, indem sie sich z.B. gegenüber Erstklässlern rücksichtsvoll und hilfsbereit verhalten.

Der Schulhof
Auf dieser Gemeinschaftsfläche schlechthin treffen in der großen Pause *alle* Schülerinnen und Schüler aufeinander. Dabei kommt es erfahrungsgemäß immer wieder zu Störungen, die in grundsätzlichen Konflikten, in Streitereien und auch in Prügeleien ihren Niederschlag finden. Gelegentlich wird hier das friedliche und konstruktive Zusammenleben auf eine harte

Probe gestellt. Damit die Pause im Schulhof nicht zur Zeit für Konflikte und Stress wird, muss bei den Schülerinnen und Schüler die Einsicht angebahnt werden, dass der eigene Freiraum nur so weit gehen kann, wie die Freiräume der anderen nicht in unzumutbarer Weise beschnitten werden.

Die Lehrkräfte müssen ihre Schülerinnen und Schüler demnach auch über den Klassenrahmen hinaus für das adäquate Verhalten in Gemeinschaftsflächen fit machen. Dazu gehören unter anderem:

- das rücksichtsvolle Verhalten gegenüber den anderen, die sich alle mit demselben Recht im Schulhof aufhalten (nicht herumsausen, andere nicht absichtsvoll stören ...);
- das friedfertige Miteinander, wenn man sich z. B. einer spielenden Gruppe anschließt (Klettergerüst, Hüpfspiele ...);
- das demokratische und faire Verhalten, wenn man auf bereits besetzte Spielzonen trifft und nicht sofort zum Zug kommt;
- das freundschaftliche und tolerante Verhalten, indem man bestimmte Kinder bei den Aktivitäten nicht ausgrenzt;
- der pflegliche Umgang mit der von allen be- und genützten Gemeinschaftsfläche: Abfälle in die dafür aufgestellten Abfallkörbe werfen, Aufräumen des verwendeten Spielmaterials, Nichtbetreten der Wiese bei starkem Regen usw.
- das pünktliche und zuverlässige Anstellen der Klassen bei Pausenende an einem dafür bestimmten Platz, durch den die Gemeinschaftsfläche zum vertrauten und verlässlichen Areal wird.

Die gelungene und möglichst konfliktfreie Gestaltung der Pausenaktivitäten im Schulhof steht und fällt mit dem engagierten und situationsadäquaten Verhalten der Pausenaufsichten. Sie ziehen im Hintergrund die Fäden und managen mit wachsamem Auge ohne den erhobenen Zeigefinger das Geschehen in dieser Gemeinschaftsfläche. Bei Störungen reagieren sie sofort und mit deutlicher Klarheit, wobei sie auch darauf achten, wie sich die Situation weiterhin entwickelt.

Der Schulgarten (mit Schulteich)

Ein Schulgarten oder die Gartenanlage mit einem Schulteich gehört zum Stolz der gesamten Schule. Meist kümmert sich hauptsächlich eine Arbeitsgemeinschaft um die Anlage. Trotzdem sollen alle Kinder – auch im Klassenrahmen – zum rücksichtsvollen Betreten der Anlage und zum sachgemäßen Umgang (kein Zertrampeln der Beete, kein Abreißen von Blumen, Früchten oder Gemüse ...) angehalten werden. Auf dieser Grundlage können sich dann weitere Beziehungen zum Garten aufbauen:

- Freude an der Schönheit des Biotops,
- Einsicht in die Notwendigkeit von Hege und Pflege,
- Bereitschaft zum sorgsamen Umgang mit dem selbst geschaffenen Areal,
- Nachdenken über die Vielfalt und den Reichtum der Natur,
- Dankbarkeit für die Möglichkeit, eine derartige Gemeinschaftsfläche gestalten zu dürfen.

Das Sekretariat

Es ist Anlaufstelle von Schülerinnen und Schülern des gesamten Schulhauses. Vornehmlich die Sekretärin wird im Laufe eines Vormittages mit ganz verschiedenen Anliegen konfrontiert, die von den Kindern nicht immer höflich vorgetragen werden:

„Sie sollen das zwanzigmal kopieren!" hört man vielfach die knappe, aber wenig feine Formulierung des jeweiligen Klassenvertreters. Dabei stieße diese Form sicher auf weit mehr Entgegenkommen:

„Guten Morgen, Frau Müller. Ich bin Lea aus der 3c. Meine Lehrerin, Frau Kaiser, schickt mich und lässt fragen, ob Sie dieses Blatt zwanzigmal für uns kopieren könnten ..."

Höfliches Verhalten und höfliche Ausdrucksweise sind heute nicht mehr selbstverständliche Mitgift aller Elternhäuser. Sprachverarmung und Sprachverrohung in den Medien lassen die Suche nach anwendbaren Mustern ins Leere laufen. Höflichkeit muss in vielen Fällen gelehrt und gelernt werden. Die Lehrkräfte sollten dafür erste Garanten sein. Mit Höflichkeit wird das Leben angenehmer, und die schulische Gemeinschaft hält vielfältige Trainingsmöglichkeiten hierfür bereit.

Bänke (und Bücher)

Der pflegliche Umgang mit Mobiliar und Büchern sollte gemeinschaftliches Anliegen aller sein. Denn die Missachtung bekommen die Schülerinnen und Schüler der gesamten Schule zu spüren.

Stühle und Schulbänke sind nicht dazu da, dass man Logos und Namen in sie hineinritzt. Das Mobiliar muss viele Jahre halten und sollte auch den nachfolgenden Schülerinnen und Schülern in einem ordentlichen und zumutbaren Zustand übergeben werden. Hier gilt es, nicht nur an sich, sondern auch an die anderen zu denken.

Niemand möchte ein zerfleddertes Schulbuch, in das hineingeschrieben wurde und bei dem sich die einzelnen Blätter ablösen. Der pflegliche Umgang mit den geliehenen Büchern setzt voraus, dass sie zu Anfang des Schuljahres eingebunden werden.

Gemeinsame Verantwortungskultur
Petra Braach

Wer einen großen Teil seiner Lebenszeit in der Schule verbringt, soll sich dort auch wohlfühlen. Nur in einer Umgebung, die klare Strukturen aufweist und in der sich jeder angenommen fühlt, lassen sich optimale Leistungen erzielen. Um dies zu erreichen, ist eine gemeinsame Verantwortungskultur wichtig.

Als Klassenlehrerin oder Klassenlehrer sorgt man dafür, dass die Kinder Verantwortung übernehmen

- in Form von Klassendiensten (Tafel-, Blumen-, Computerdienste);
- als Gruppentischsprecher, die für ihren Gruppentisch zuständig sind (Hefte verteilen/einsammeln, Ordnung am Gruppentisch beachten);
- als Experten und Helfer beim Unterricht.

Über solche Dienste hinaus ist es grundsätzlich wichtig, dass Kinder Verantwortung für sich und andere übernehmen lernen. Dazu gehört zunächst, dass Kinder ihre eigenen Bedürfnisse und Stimmungen erkennen und verbalisieren können. Dies kann man einfach und effektiv üben, wenn das Verbalisieren eigener Gefühle als Ritual in den täglichen Morgenkreis aufgenommen ist. „Mir geht es gut/schlecht, weil ..." Die Lehrerin beginnt. Kinder, die möchten, können ebenso von sich erzählen.

Anfangs reden Sie als Lehrerin vermutlich als Einzige, weil kaum ein Kind sich etwas zu sagen traut (oft auch gar nicht weiß, wie es sich fühlt). Es folgt dann eine Phase, in der die Kinder das aufnehmen, was andere geäußert haben. Geben Sie an diesem Punkt nicht auf. Es kann Monate dauern, bis viele bereit und in der Lage sind, sich über ihre eigenen Befindlichkeiten zu äußern. Mit diesem Ritual sollten Sie schon in der ersten Klasse beginnen und es über die gesamte Grundschulzeit beibehalten. Jedes Kind lernt so, sich die eigenen Gefühle bewusst zu machen und darüber zu reden.

Im nächsten Schritt lernen die Kinder das genaue Zuhören, indem sie die Äußerungen ihrer Klassenkameraden widerspiegeln. Hier muss jedes Kind die Aussagen eines anderen mit eigenen Worten wiederholen („Frank hat gesagt, es geht ihm schlecht, weil sein Fußballverein verloren hat"). Wichtig ist, dass die Aussagen jedes einzelnen Kindes widergespiegelt werden. Wenn die Äußerungen einzelner Kinder nicht mehr präsent sind, werden diese gebeten, sie zu wiederholen.

Auch der einmal wöchentlich durchgeführte Klassenrat ist ein wichtiges Instrument, mit dem Kinder lernen, Verantwortung für sich und andere zu übernehmen. Sie stellen fest, dass ihr eigenes Verhalten Auslöser für Konflikte sein kann, und lernen durch die Mithilfe der anderen, ihr Verhalten zu verändern. Es findet nach und nach automatisch auch eine Übertragung auf das Lernverhalten des einzelnen Kindes statt: Ich bin verantwortlich für mich und mein Tun – also auch dafür, was und wie ich lerne.

Als Lehrperson sind Sie mit Ihrem Verhalten ein wichtiger Anhaltspunkt für die Kinder. Deshalb:

- darauf achten, dass die eingeführten Rituale konsequent und zu festgelegten Zeiten durchgeführt werden,
- den Unterrichtsvormittag so strukturieren, dass er für die Kinder nachvollziehbar ist,
- die Unterrichtsinhalte so vorbereiten, dass die Kinder sie weitgehend selbstständig erarbeiten können,
- gleich zu Beginn eines neuen Themas die grundlegenden Anforderungen und auch den Zeitrahmen nennen, der den Kindern für diese Arbeit zur Verfügung steht,
- den Kindern als Berater zur Seite stehen, wenn sie Probleme haben.

So übernehmen Sie die Verantwortung für den Rahmen, in dem die Kinder eigenverantwortlich leben und lernen. Die gemeinsame Verantwortungskultur ist ein Ziel, das nur in einem längeren Prozess erlangt werden kann. Man braucht viel Geduld und darf sich auch von Rückschlägen nicht entmutigen lassen. Es lohnt sich.

Ordnungsstrukturen
Manfred Hahn

Eine Klasse ist zunächst eine Zweckeinrichtung, in der Schülerinnen und Schüler gleichen Alters, desselben Schulsprengels usw. ihre schulische Bildung bekommen sollen. Dieser von außen bestimmte Klassenverband ist kein statisches Gebilde, sondern in vielfacher Weise in Bewegung: Emotionale Wechselbeziehungen, gemeinsame Interessen und Bedürfnisse, Konfliktquellen oder Rollenerwartungen müssen neben der unterrichtlichen Aufgabe zusammengeführt werden.

Die herausragende Rolle der Lehrerpersönlichkeit kommt ins Spiel, wenn aus der vorläufigen Zweckeinrichtung durch die didaktisch-methodische Aufbereitung der Inhalte und durch eine schülerorientierte Gestaltung der Lern- und Lebensbereiche ein lebendiges Interaktionsgefüge werden soll, das als Klassengemeinschaft das Wohl aller im Auge hat.

Kinder brauchen Ordnungen, denn nur in einer strukturierten Umwelt kann sich ein Heranwachsender orientieren, festhalten und ein soziales

Wertesystem entwickeln. In einer Zeit der Werteunsicherheit und eines weitgehenden Orientierungsverlustes kommen den Ordnungsstrukturen in der Klassengemeinschaft eine Schlüsselstellung zu.

Die Ordnungen beginnen bei den festgelegten Räumen, in denen die Schülerinnen und Schüler täglich leben und arbeiten.

Der Arbeitsplatz

Er ist fester Bezugspunkt innerhalb des Klassenraumes; ein beständiger, dem jeweiligen Schüler auf Zeit zugewiesener Platz, für den er auch Verantwortung trägt, z. b. indem er den Platz ordentlich hält, das Fach unter dem Tisch entsprechend einräumt usw.

Die Sitzordnung

Obgleich sie während des Schuljahrs aus vielfältigen Gründen verändert werden kann, sorgt eine für längere Zeit beibehaltene Sitzordnung dafür, dass ein Teilgefüge der Klassengemeinschaft zusammenwachsen kann. Hier werden Kommunikations- und Interaktionsstrukturen aufgebaut und das Gemeinsamkeitsgefühl (bei der Gruppenarbeit, bei der Präsentation von Ergebnissen usw.) gefördert.

Das persönliche Fach

Meist hat jede Schülerin und jeder Schüler für Zeichenblock, Malkasten, Ordner und persönliche Dinge ein eigenes Fach. Dies schafft nicht nur Ordnung im organisatorischen Sinne, sondern leitet die Kinder dazu an, pfleglich mit ihren (oft teuren) Unterrichtsmaterialien umzugehen.

Die Klassenzimmergestaltung

Eine gelungene Klassenatmosphäre setzt voraus, dass man sich in der Gemeinschaft wohlfühlen kann. Die Ausgestaltung des Lebens- und Lernraumes „Klassenzimmer" ist von erheblicher Bedeutung. Extreme sind dabei zu vermeiden: Der kahle Raum trägt ebenso wenig zu einer gelungenen Arbeitsatmosphäre bei wie die aufdringliche Wohnzimmergestaltung mit Kuschelecke und reizüberflutendem Schnickschnack. Der pädagogisch orientierte Lern- und Lebensraum liegt dazwischen. Ausformung und Ausstattung sind von der Didaktik mitgeprägt. Noch so reizvoll von Lehrkräften ausgeschmückte Klassenzimmer dienen diesem Ziel nicht, wenn die Schülerinnen und Schüler nicht selbst daran beteiligt werden. Wir würden als Pädagogen der oft gescholtenen Instant-Mentalität der Konsumgesellschaft das Wort reden und die Schülerinnen und Schüler passiv und rezeptiv in vorgefertigten Lebens- und „Erfahrungs"-räumen halten.

Räume spiegeln die Gewohnheiten einer Klasse wider. Ordnungskomponenten zeigen, was sich in ihnen positiv ereignen kann und worauf Wert gelegt wird. Dabei kann an Kleinigkeiten deutlich werden, ob die Beziehungen zwischen den Menschen stimmen und die Schülerinnen und Schüler einschließlich ihrer Lehrkräfte gerne in den Räumen zusammen tätig sind. Aufgehobensein und Anregungsreichtum sind nicht ausschließlich vom Ausstattungskomfort abhängig.

Zusätzliche Räume wie eine Infoecke, eine Lesezone oder Nischen für freies Arbeiten lassen gerade wegen ihrer festen und verlässlichen Einrichtung die Öffnung und Vielfalt der individuellen Interessen zu und machen das Klassenzimmer zum Lern- und Lebensraum.

Gemeinschaftsorientierende Ordnungsmaßnahmen

Der Abbau von Egozentrismen: Die Schülerinnen und Schüler müssen lernen, dass der Einzelne nicht ausschließlich Mittelpunkt, sondern vor allem Teil der Klassengemeinschaft ist. Die eigene Freiheit endet dort, wo sie die Freiheit der anderen in unzumutbarer Weise beeinträchtigt.

Das Tilgen von Petzertum: Nicht immer alles auf die anderen schieben, auch überlegen, wo man selbst der Anlass für Konflikte sein könnte!

Das Anbahnen von Verantwortungskultur: Jedes Kind lernt allmählich, immer mehr Verantwortung für das gesamte Geschehen in der Klasse zu übernehmen. An banalen Dingen des Alltags kann das geübt werden:

* Auf dem Boden liegt ein Salamibrot, das nicht von mir stammt.
* Neben den Papierkorb hat jemand Blätter geworfen, die nicht mir gehören.

Sozialformen als Mosaiksteine der Gemeinschaftsordnung

Vordergründig betrachtet scheinen *bei der Einzelarbeit* soziale Ordnungszusammenhänge zu fehlen. Doch der Beitrag des Einzelnen liegt neben dem effektiven individuellen Lernen in gemeinschaftsförderlichen Qualifikationen wie

* Vermeiden von Störungen,
* Pünktlichkeit durch souveränes Timing im Hinblick auf die Aufgabe,
* Bereitstellen geordneter und durchdachter Arbeitsergebnisse für die Klassengemeinschaft.

Die Partnerarbeit ist dadurch gekennzeichnet, dass neben der sachlichen Ebene des Arbeitsauftrags eine zwischenmenschliche Beziehung aufgebaut wird. Ein gut balanciertes Verhältnis von Kognition, Emotion und Kooperation macht die Partnerarbeit erfolgreich.

Bei der *Gruppenarbeit* sind die gruppeninternen Wechselwirkungen komplex, weil mindestens drei Kinder zusammenarbeiten. Vonnöten ist die Förderung des allgemeinen Sozialverhaltens, vor allem in den Punkten Kooperation, Regeleinhaltung, Toleranz oder Hilfsbereitschaft.

Der *Ordnungsrahmen* für die oben beschriebenen Interaktionsgefüge benötigt demokratische *Gesprächsformen* in kommunikativer Qualität. Dazu gehören:

- sich im Gespräch durchaus auch zur Wehr setzen, ohne aber den anderen zu verletzen,
- sich beschweren, wenn sachliche Gründe dafür vorliegen und sie ohne sprachliche Entgleisungen einsichtig gemacht werden können,
- etwas zurücknehmen, wenn es gerechtfertigt ist,
- andere überzeugen und bereit sein, Stellung zu beziehen, ohne zu indoktrinieren,
- Feedback geben und empfangen.

Ordnungen machen einsichtig für die Zwecke und Grenzen des Zusammenseins in einer Klasse. Gemeinschaftsaufgaben, die als *Klassendienste* verteilt und geregelt sind, führen zu der Erfahrung, dass gemeinsame Anstrengung und Pflichterfüllung dem Wohle des Ganzen dienen. Wir spuren als Pädagogen damit nicht nur eine unmittelbare Verantwortungskultur im Klassenzimmer vor, sondern legen auch die Grundlage für den nachschulischen Bereich, damit sich die späteren Erwachsenen ehrenamtlich in Vereinen, bei der Freiwilligen Feuerwehr oder in der Altenpflege dem Gemeinwesen verpflichtet fühlen.

Mit *Klassenämtern* wie Kreidedienst, Grüßdienst, Filmdienst, Heftedienst, Blumendienst usw. lernen die Schülerinnen und Schüler, für die Gemeinschaft Verantwortung zu übernehmen, und entwickeln ihren Gemeinschaftssinn.

Ordnungsmaßnahmen
Judith Schmischke

Als Klassenlehrerin muss man darüber informiert sein, in welcher Form unangemessenes Verhalten von Schülerinnen und Schülern belangt werden kann.

Erziehungsmittel
Erziehungsmittel sind leichte Steuerungsmittel gegen Verstöße (in Erlassform geregelt, keine Verwaltungsakte; Erziehungsberechtigte informieren).

Dazu gehören:
- zeitweiliger Verweis aus dem Klassenraum (Problem: Aufsichtspflicht),
- Abnahme von Gegenständen, mit denen gestört wurde, und Verwahrung bis zum Schulende (Rückgabe dann an Schüler oder Eltern),
- Verordnung besonderer Zusatzaufgaben, um dadurch das Nichtaufpassen fachlich zu kompensieren,
- Auferlegung besonderer Pflichten (z. B. eine Verschmutzung beseitigen).

Ordnungsmaßnahmen

Bei schwerwiegenden Regelverletzungen sehen die Schulgesetze Ordnungsmaßnahmen vor, die wegen ihres Eingriffs in die Rechtsposition des Schülers Verwaltungsakte darstellen (mit Widerspruch und Klage anfechtbar, hat dann aufschiebende Wirkung).

Die Ordnungsmaßnahmen sind im Gesetz abschließend aufgeführt, andere Maßnahmen sind nicht zulässig. Ordnungsmaßnahmen müssen in der Regel vor ihrem Ausspruch angekundigt werden. Sie werden meist von der Klassenleitung angestoßen – durch eine Konferenz beschlossen. Zu den Ordnungsmaßnahmen gehören u. a.:
- schriftlicher Verweis,
- Überweisung in eine Parallelklasse,
- zeitweiliger Ausschluss vom Unterricht (bis zu vier Wochen im Schuljahr).

Formal korrektes Vorgehen ist hier unabdingbar, da die Maßnahme bei Formfehlern verhindert werden kann:
1. Beachtung des *Grundsatzes der Verhältnismäßigkeit:*
Die Maßnahme muss
- geeignet sein (Kann das unangemessene Verhalten dadurch verhindert werden?),
- erforderlich sein (Wird hier „mit Kanonen auf Spatzen geschossen"?),
- zumutbar sein (Stehen Maßnahme und Zweck in adäquatem Zusammenhang?).

2. Beachtung der Verfahrensvorschriften:
- Das ausführende Gremium muss zuständig sein.
- Der Schülerin oder dem Schüler bzw. seinen Erziehungsberechtigten muss eine umfassende Anhörung vor dem zuständigen Gremium ermöglicht werden.
- Die Ordnungsmaßnahme muss als belastender Verwaltungsakt im Bescheid an die Eltern kurz begründet werden.

Lob und Tadel
Reinhold Heimer

Als Klassenlehrer weiß ich, dass erfolgreiches Lernen auch von den Formen der Interaktion zwischen mir und den Schülern und Schülerinnen abhängt. Ein wichtiger Bestandteil dieser Interaktion sind meine Rückmeldungen zu den Leistungen und zum Verhalten – vor allem dann, wenn sie bewertend sind. Ich mache mir gerade als Klassenlehrer bewusst, dass Lob und Tadel als Komponenten der Leistungsbeurteilung soweit wie möglich objektivierbar und transparent gemacht werden müssen. Ich unterscheide – bezogen auf den Einsatz von Lob und Tadel – drei Formen der Interaktion:

- die dirigistische Interaktion: Lob und Tadel in Bezug auf die Person,
- die „Laissez-faire-Interaktion": kein oder kaum Lob und Tadel,
- die sozial-integrative Interaktion: Lob und Tadel in Bezug auf die Sache.

Letztere entspricht am ehesten der Forderung, dass die Schüler im Unterricht immer stärker zu einer realistischen Selbsteinschätzung befähigt werden sollen. Wenn sich Lob und Tadel nicht auf die Person, sondern ausschließlich auf die Sache richten, ist es nur konsequent, dies für die gesamte Klasse nachvollziehbar zu gestalten.

Gelegenheit zur Rückmeldung geben
Aufgrund eigener Erfahrungen plädiere ich für einen regelmäßigen Termin, der den Kindern und mir als Klassenlehrer Gelegenheit gibt, Rückmeldungen auszutauschen über das, was im fraglichen Zeitraum geschehen ist und die Klasse oder einzelne Kinder besonders beschäftigt. Dies kann während der Sitzung des Klassenrats geschehen. Allerdings sollte dann der Punkt „Lob und Tadel" als fester und eigener Bestandteil des Klassenrats verstanden werden. Wie oft dieser Termin stattfinden sollte, muss man ausprobieren. Ich selbst habe gute Erfahrungen damit gemacht, alle vier Wochen die letzte Unterrichtsstunde am Freitag dafür zu nutzen.

Dabei ist es wichtig, dass ich mir als Klassenlehrer in der Zwischenzeit Notizen mache über relevante Beobachtungen:

- Was hat gut geklappt?
- Wo hat sich jemand besonders engagiert gezeigt?
- Was hat zu Frust und Unlust geführt?
- Wann und worüber haben sich Kinder bei mir beklagt?

Diese Notizen sind die Voraussetzung dafür, dass ich selbst Dinge ansprechen kann, die mir aufgefallen und wichtig sind.

Behutsamer Umgang mit Lob und Tadel

Natürlich agieren Kinder im Grundschulalter zunächst noch sehr personen-bezogen. Ich achte aber darauf, dass der konkrete Anlass für Lob und Tadel im Mittelpunkt steht. Das macht vor allem Kritik erträglicher. Aus „Maxi hat öfter meinen Tornister versteckt" wird so nach einiger Zeit: „Ich finde es nicht schön, dass öfter mein Tornister versteckt wurde."

Ein behutsam aufgebauter Umgang mit Lob und Tadel – der im Übrigen individuelles Lob und Tadel auf keinen Fall überflüssig machen darf – führt im Ergebnis vor allem dazu, dass Unterricht zum gemeinsamen Ort des Lebens und Lernens wird, wobei jeder (Schüler wie Lehrkräfte) in seiner authentischen Rolle aktiv werden kann. Das ist es doch oft, was man gerade als junge Klassenlehrerin oder als junger Klassenlehrer lernen muss: man selbst zu sein und nicht die Kopie von jemand.

Kinder brauchen Verlässlichkeit. Deshalb ist es wichtig, dass ich die anderen Lehrerinnen und Lehrer, die in meiner Klasse unterrichten, in dieses Konzept einbeziehe. Ich bitte auch sie um Hinweise und Rückmeldungen, die ich – stellvertretend für sie – in die Freitagsrunde einbringe. Wenn eine Situation es erforderlich macht, spreche ich mit den Kindern darüber, ob Frau X oder Herr Y zum nächsten Klassenrat eingeladen werden soll.

Der regelmäßige Klassenrat
Manfred Pollert

Wir müssen mit den Kindern einüben, wie sie Streit und Probleme lösen können:

„Eigene Anliegen vortragen, anderen zuhören, Gefühle aussprechen, selbst Lösungen für Probleme suchen, Toleranz gegenüber anderen Menschen. Im wöchentlichen Klassenrat diskutieren Kinder ihre Wünsche und Probleme." So heißt es im Schulprogramm der Grundschule Berg Fidel in Münster. Ein Klassenrat macht nur Sinn, wenn sich alle an einer Schule auf ein solches Konzept einlassen. Demokratisches Handeln muss das gesamte Schulleben und alle hier Tätigen einbeziehen.

Der Weg dorthin beginnt mit dem ersten Gesprächskreis am ersten Schultag, wenn die Kinder erfahren: Hier darf jeder sprechen; aber es spricht immer nur einer oder eine und die anderen hören zu. Nach meinen Erfahrungen empfehle ich folgende Regeln:

- Der Klassenrat findet verlässlich einmal pro Woche, möglichst zur gleichen Zeit statt (z. B. freitags, vierte Stunde). Als Sitzordnung hat sich ein Stuhlkreis bewährt. Das Gespräch leitet im ersten Schuljahr die Klassenlehrerin, sie hält sich jedoch mit Meinungsäußerungen zurück.

- Vom zweiten Schuljahr an sollten Kinder an der Gesprächsführung beteiligt werden. Die gemeinsam erstellten Gesprächsregeln lauten:
  - in Ich-Botschaften sprechen,
  - niemanden auslachen,
  - Sprecherinnen und Sprecher anschauen;
  - nur sprechen, wenn man den Gesprächsstein hat;
  - alle hören zu;
  - wer unterbrechend fragen will, meldet sich und zeigt mit der anderen Hand auf den Sprecher.

Bei Abstimmungen hat auch die Lehrerin nur eine Stimme, sie besitzt jedoch ein Veto-Recht bei Verstößen gegen bestehende Regelungen der gesamten Schule.

- Die Tagesordnung wird durch die in der Woche gesammelten Eintragungen in das Klassenratsbuch (einfache Kladde) bestimmt. Jedes Anliegen eines Kindes, der Klassen- oder der Fachlehrerin wird aufgenommen (Streitigkeiten, Pausenprobleme, Wünsche, Beschwerden (z.B. auch über Erwachsene), Vorschläge für Spiel, Unterricht und Wandern. Das Klassenratsbuch stellt für akute Konflikte eine Art Ventil dar, weil die Kinder wissen: Wir werden mit unseren Problemen ernst genommen.
- Die Lehrerin muss deutlich unverzichtbare Werte vermitteln, z.B.: Jedes Kind hat gleichrangige Rechte, Schwache werden durch die Gemeinschaft geschützt und unterstützt. Nicht Kinder werden bewertet, sondern ihr Verhalten.
- Nichteinhalten von Absprachen muss Konsequenzen haben; diese sollten etwas mit der Sache zu tun haben: Wer andere beim Spiel stört, kann eben selbst eine oder mehrere Pausen nicht spielen. Wer freiwillig übernommene Aufgaben nicht verantwortlich ausführt, wird beim nächsten Mal bei den beliebten Diensten übergangen.
- Die Kinder erfahren: Nicht immer findet sich eine Lösung. Manchmal bleiben auch die Erwachsenen ratlos. Das gehört zum Leben in einer Gemeinschaft dazu.

Wir sollen „den Kindern das Wort geben" (Freinet). Aber wir ermöglichen zugleich, dass sie sich nach ihren Fähigkeiten in ihrer Gemeinschaft verantwortlich einbringen lernen. Nur verlässliche Strukturen verhindern eine Pseudomitbestimmung. Kinder müssen mindestens die folgenden Aufgaben selbstverantwortlich lösen können:

- Regeln für das Zusammenleben und -arbeiten diskutieren, erarbeiten, verbindlich festlegen und Konsequenzen überlegen,

- das Lernen (z. B. Projekte) und die Lernumwelt mitgestalten,
- emotionsgeladene Spannungen abbauen und Konflikte zwischen Schülern und zwischen Lehrer(n) und Schüler(n) besprechen und lösen,
- Dienste schaffen und konsequent in Eigenverantwortung handhaben.

Klassenführung wird so nicht zur alleinigen Aufgabe der Klassenlehrerin, sondern zu einem guten Teil – von Jahr zu Jahr mehr – führt die Klasse sich selbst. Dabei entwickeln sich individuell Selbst- und Verantwortungsbewusstsein sowie Selbstvertrauen. Auch Fachkollegen können dies nutzen und Probleme im Klassenrat regeln.

Der Nachdenkstuhl
Manfred Pollert

Eigentlich ist stilles Arbeiten angesagt und nur Flüstern erlaubt. Aber Mirco streitet ständig mit Ufuk. Außerdem ist sein Stuhl nun schon ein zweites Mal mit Getöse, begleitet von seinem Lachen, umgekippt. Die Kinder fühlen sich gestört. – Ich bin immer froh, wenn ich genügend Geduld habe zu warten, bis Kinder sich entsprechend äußern. Gemeinsam haben wir eingeübt, Ich-Botschaften zu senden, also nicht „Mirco, du störst …", sondern „Ich kann nicht arbeiten, wenn es so laut ist." Ruhig, aber fest erhält Mirco die Lehrerweisung: „Geh bitte raus und setz dich auf den Nachdenkstuhl. Wenn du meinst, du kannst wieder mitarbeiten, komm wieder herein."

Das hat fast immer gut geklappt. Vor der Klasse steht das große Aquarium, davor der Stuhl. Nicht alle Kinder setzen sich darauf, manche bleiben lieber stehen und kommen schon nach knapp einer Minute wieder in die Klasse. Andere brauchen viel länger. Und ich bin gar nicht sicher, ob sie überhaupt nachgedacht haben. Aber sie müssen selbst entscheiden, wann sie wieder ruhig mitarbeiten möchten. Die Kinder in der Klasse nehmen kaum zur Kenntnis, wenn das Kind den Raum wieder betritt.

Das Risiko, Kinder für eine gewisse Zeit ohne Aufsicht zu lassen, bin ich eingegangen. Ein einziges Mal in über 20 Jahren gab es ein Problem. Ein Kind hatte sich nicht auf unseren Stuhl gesetzt, sondern war nach Hause gelaufen. Ich konnte jedoch die Eltern vom erzieherischen Sinn der Maßnahme überzeugen. Einmal habe ich nicht gemerkt, dass ein Kind gar nicht wieder hereingekommen war. Es saß noch nach 30 Minuten munter vor dem Aquarium; die Kinder und auch ich hatten es einfach vergessen.

Wer Angst vor dem Risiko hat, sollte einen solchen Stuhl an einer Stelle in der Klasse platzieren – so, dass das betreffende Kind nicht im Blickwinkel anderer Kinder sitzt; es muss allein nachdenken können.

Nicht alle Kolleginnen werden diese Maßnahme mittragen oder ebenfalls anwenden. Aber alle sollten informiert sein. Auch ein Gespräch im Rahmen einer Konferenz über erzieherische Maßnahmen kann ein sinnvoller Ort der Diskussion darüber sein.

Bewegungsübungen
Christa Lindner/Maria Stelzer

Bewegung ist für die ganzheitliche Entwicklung von Kindern unabdingbar. Trotzdem dies landläufig bekannt ist, wird dem Bewegungsbedürfnis der Kinder nicht immer adäquat Rechnung getragen, dominiert das Stillsitzen nach wie vor den Unterrichtstag.

Bewegungsübungen sind eine Möglichkeit, dem abzuhelfen. Sie regen den Kreislauf an, unterstützen Reaktion, Koordination und Wahrnehmungsfähigkeit und tragen zur Entspannung bei, sodass die Arbeit danach wieder leichter von der Hand geht. Bewegungsspiele im Unterricht sind demnach keine Zeitverschwendung, sondern stellen einen Gegenpol zu Unterrichtsphasen dar, die notwendigerweise längeres Sitzen erfordern. Sie helfen, den Kopf freizumachen, sich in seinem Körper wohlzufühlen und die Konzentrationsfähigkeit wiederherzustellen.

Entscheidend für den Einsatz von Bewegungsspielen ist, dass sie ohne großen Aufwand praktizierbar sind und möglichst bruchlos in die nachfolgenden unterrichtlichen Aktivitäten münden können.

Bewegungsspiele
Vorturner: Der Lehrer (oder auch einzelne Schüler) betätigen sich als Vorturner, die Schüler ahmen alle Bewegungen spiegelbildlich nach.

* Auf dem Stuhl sitzend: Füße kreisen einzeln, gemeinsam, gegengleich, im Wechsel; mit den Füßen eine Acht in die Luft malen; Schultern nach vorne kreisen, nach hinten kreisen, heben (dabei tief einatmen) und senken (tief ausatmen)
* Im Stehen: Arme kreisen in großen oder kleinen Kreisen; sich strecken, auf Zehenspitzen stehen, etwas mit den Händen „pflücken"; Kniebeugen machen; auf dem Platz hüpfen, auf einem Bein, auf zwei Beinen; Schlusssprünge (mit geschlossenen Beinen nach vorne und nach hinten springen); Grätschsprung; auf Zehenspitzen gehen, auf den Fersen gehen; Hampelmann
* Ebenso können – fächerverbindend zum Fach Musik – einzelne Rhythmen mit Körperinstrumenten (schnalzen, klatschen, stampfen, patschen) vor- und nachgemacht werden.

Bewegungsstopp: Kinder bewegen sich zur Musik im Klassenzimmer. Stoppt der Lehrer die Musik, müssen die Kinder wie versteinert stehenbleiben. In jeder Musikpause kann der Lehrer/ein Schüler nach kurzer Versteinerung entweder eine Anweisung für eine Bewegung geben, die in der Musikpause ausgeführt werden soll, oder eine Bewegungsanweisung, wenn erneuter Musikeinsatz erfolgt.

Abgestimmte Bewegung zu einem Thema, etwa Wald, Wasser, Radfahren, Wetter … oder das Darstellen von Kerzenflammen beim Thema „Licht" machen Spaß: Zuerst ist die Flamme noch klein (sich so klein zusammenkauern wie möglich), dann wird sie langsam immer größer und größer (langsam strecken), bis sie ganz lang ist (auf Zehenspitzen stehen und Arme nach oben strecken). Dann kommt Wind auf, und die Flamme weht hin und her (Arme über dem Kopf hin und her bewegen), und irgendjemand versucht, die Flamme zuerst ganz vorsichtig und langsam auszublasen (Schüler atmen langsam aus), und bläst sie dann ganz schnell und heftig aus (heftiges Ausatmen führt zur Aktivierung des Zwerchfells).

Waldspiel: Jedes Kind erhält im Sitzkreis einen Baumnamen (genauso möglich: Name eines Waldtieres, einer Pflanze der Hecke usw.). Der Lehrer/ein Schüler nennt einen Baumnamen. Alle Kinder mit diesem Namen wechseln die Plätze. Mehr Turbulenz bringt die Variante, wenn immer ein Stuhl zu wenig im Sitzkreis steht, sodass das Kind, das am längsten zum Platzwechsel braucht, übrigbleibt und so den nächsten Baumnamen ruft.

Gut aufgepasst!: Die Kinder sitzen auf den Plätzen. Die Lehrkraft liest einen Text, z. B. aus dem Sachkundebereich, vor, in dem Falschaussagen eingebaut sind. Die Kinder hören genau zu. Wenn sie eine falsche Aussage bemerken, führen sie eine vorher genau abgesprochene Bewegungsübung durch (z. B. Mäppchen hochheben …).

„Listen and move": Im Fremdsprachenunterricht werden die Befehle für eine bestimmte Bewegung in der jeweiligen Sprache erteilt: z. B. Touch your nose, touch your knee, jump, put your hands in the air … Erweitert werden können Attraktivität und Schwierigkeitsgrad, wenn die Anweisungen nur an einen bestimmten Teil der Klasse gerichtet werden.

Bewegte Farben: Papierkärtchen in unterschiedlichen Farben liegen bereit, denen nach und nach eine Bewegung zugeordnet wird (z. B. Blau bedeutet hüpfen, Rot bedeutet auf dem Platz laufen). Beim Hochhalten eines Kärtchens führen die Kinder die entsprechende Bewegung aus. Ein weißes Papierkärtchen könnte übrigens „Setz dich auf deinen Stuhl" bedeuten, sodass der Übergang vom Spiel zum normalen Unterricht ohne Bruch erfolgt.

Zirkusnummer: Die Schüler verwenden dabei einfache Materialien wie Radiergummi, Zeitungsbällchen oder Lineal für die „Zirkusnummer". So balancieren sie den Radiergummi auf dem Kopf, der Nase, der Hand, dem Arm, der Schulter und gehen dabei durch das Klassenzimmer. Großen Spaß macht es auch, ein Zeitungsbällchen hochzuwerfen und es mit der gleichen oder der anderen Hand wieder zu fangen, das Zeitungsbällchen „in einer Achterbahn" um die eigenen Beine weiterzugeben, oder dem Partner zuzuwerfen.

Das Lineal eignet sich hervorragend zum Balancieren mit verschiedenen Körperteilen. Eine beliebte Übung ist ferner, es waagrecht mit einer Hand oder beiden Händen vor sich zu halten und vorwärts und rückwärts darüber zu steigen. Außerdem kann man es gut zwischen die beiden Knie einklemmen und so durch das Klassenzimmer hüpfen.

Bewegung zu zweit
Einfache Partnerübungen
* Die Partner stehen Rücken an Rücken. Auf Anweisung gehen sie in die Hocke, stehen gemeinsam auf, gehen in den Zehenstand, stehen auf einem Bein, gehen drei Schritte vorwärts oder rückwärts (Richtung muss vorher geklärt werden) usw.
* Die Partner stehen einander gegenüber. Sie gehen entweder wieder gemeinsam in die Hocke, in den Zehenstand, stehen auf einem Bein oder die Übung wird so abgewandelt, dass ein Partner stehenbleibt und der andere die Bewegung ausführt.
* Blindes Führen: Ein Partner hält die Augen geschlossen; der andere Partner führt ihn vorsichtig durch den Raum. Spielregel: Wir stoßen nirgendwo an und tun uns nicht weh!

Kleberspiel: Die Schüler bewegen sich zur Musik im Raum. Bei Musikstopp weist der Lehrer/ein Schüler die Partner genau an: „Ihr klebt mit einer Schulter, einem Ellbogen, den Fingern usw. zusammen."

Schnappschuss: Je zwei Schüler stehen Rücken an Rücken. Auf ein Signal hin (z. B. Trommelschlag) nennt der eine Partner ein geeignetes zusammengesetztes Namenwort (z. B. Glockenblume), das der andere Partner schnell darstellen und wobei er in diesem Bewegungsbild – gleich einem Schnappschuss – verharren muss.

Denkmalbauer: Ein Schüler ist der Denkmalbauer, der einzelne Körperteile seines Partners in die entsprechende Endposition bringt. Dieser muss wie ein Denkmal in dieser Stellung verharren, z. B. auf einem Bein stehend, die Arme nach oben gestreckt, den Kopf auf eine Seite geneigt usw.

Marionette: Ein Schüler versucht, seinen Partner gleichsam an einzelnen Fäden hochzuziehen und wieder langsam zusammensinken zu lassen. Nun erfolgt das Gleiche im Wechsel.

Schlangenspiel: Die Kinder bewegen sich zur Musik im Klassenzimmer (schleichen, stampfen, auf Zehenspitzen usw.). Drei Schüler werden am Anfang als „Schlangenköpfe" bestimmt. Bei Musikstopp suchen sie je ein Kind, das sich anhängen darf. Das Spiel dauert so lange, bis kein Schüler mehr übrigbleibt.

Jogurtfit: Verschiedene Bewegungsaufgaben (z. B.. Mache drei Kniebeugen, strecke dich so hoch du kannst, springe fünfmal in die Höhe, laufe auf Zehenspitzen usw.) werden auf Karten geschrieben und in Jogurtbecher gelegt. Diese verteilt man im Klassenzimmer. Die Kinder gehen zur Musik im Raum herum. Bei Musikstopp nehmen sie sich ein Kärtchen mit der Bewegungsaufgabe aus dem Jogurtbecher und führen sie durch, bis wieder die Musik ertönt.

Bewegungslieder
Lieder, die Anreiz zur Bewegung geben, sind als Auflockerung zwischendurch besonders geeignet, denn durch die Verbindung von Bewegung und Gesang wird auch die Atmung tiefer und intensiver und die Stimmbänder geraten in angenehmer Weise in Schwingung. Bewegungslieder regen meist durch ihren Text schon zur Bewegung an.

Die Tante aus Marokko: Ein bei den Kindern beliebtes Bewegungslied ist „Die Tante aus Marokko". Gesungen wird der Text zur bekannten Melodie „Von den blauen Bergen kommen wir". Eine der vielen Textvarianten dazu findet man auf der Internetseite www.singenundspielen.de/id242.htm. Bei diesem Lied werden die besungenen Handlungen (z. B. auf Kamelen reiten, Torte essen usw.) pantomimisch am Ende der jeweiligen Strophe ausgeführt. Da die Bewegungen der vorigen Strophen wiederholt werden, macht dieses Kettenlied nicht nur große Freude, sondern fördert auch besonders die Merkfähigkeit.

Pinguin-Lied: Vor allem für die 1. und 2. Jahrgangsstufe eignet sich das Pinguin-Lied, dessen Text und Melodie zum Anhören im Internet unter der Adresse www.ingeb.org/Lieder/einkleip.html zu finden ist. Bei diesem Spiellied ahmen die Kinder die jeweiligen Fortbewegungsarten und Aktionen von Pinguinen nach.

Ich kenne einen Cowboy: Bei diesem Lied (Text unter www.singenundspielen.de/id254.htm) darf ein Schüler passende Bewegungen zum Lied vormachen, die die anderen Kinder nachmachen. Es ist dabei auch möglich, selbst neue Strophen und Bewegungen zu erfinden.

Aufmerksamkeits- und Konzentrationsübungen
Dorothee Braun

Um lernen zu können, bedarf es grundlegender Voraussetzungen wie Aufmerksamkeit und Konzentration. Nur wer auf-merkt und aufmerksam ist, kann Informationen gezielt aufnehmen und diese mittels konzentrierter Leistungen verarbeiten. Aufmerksamkeits- und Konzentrationsstörungen beeinträchtigen nicht nur das individuelle Lernen, sondern führen auch auf der Verhaltensseite zu Störungen, die sich auf den gesamten Unterrichtsverlauf auswirken können.

Allerdings ist konzentriertes Arbeiten nicht zu verwechseln mit kollektivem Stillsitzen und passivem Aufnehmen des Lernstoffes. Anzustreben ist eine konstruktive und lebendige Arbeitsatmosphäre, bei der ein gedämpfter Geräuschpegel während der Gruppenarbeit bzw. bei Forscheraufgaben normal ist, wo gelacht wird und die Arbeit nach Bedarf unterbrochen werden kann, um eine gezielte Pause zu machen. Jedes Kind hat seine individuellen Besonderheiten, die es zu berücksichtigen gilt.

Da Konzentration die willentliche Hinwendung zu bestimmten Tätigkeiten unter Ausblendung anderer Reize ist, kommt der bewussten Steuerung der Kinder eine besondere Rolle zu. Leiten Sie zur Eigensteuerung an und greifen Sie Vorschläge der Kinder auf.

Wichtig ist es, dass diese Gedanken mit allen anderen in der Klasse unterrichtenden Lehrpersonen abgestimmt werden, sodass der „Geist der Klasse" auch erkennbar ist, wenn Sie als Klassenleitung nicht da sind.

Voraussetzungen für Aufmerksamkeit und Konzentration
* die Lernumgebung klar strukturieren, z. B. durch Funktionsbereiche (Arbeitsbereich, Materialbereich, Ruhebereich, Bereich für den Sitzkreis),

- Störfaktoren antizipieren und mit der Klasse überlegen, wie man sie verhindern oder beseitigen kann,
- Rituale verwenden: zur Begrüßung, zum Unterrichtsbeginn; zur Gestaltung von Phasenübergängen, bei Bewegungspausen, zur Wiederaufnahme der Arbeit,
- Lernstrategien vermitteln; als Selbstinstruktion: „Ich bereite den Arbeitsplatz vor, ich besorge das Material, ich beginne mit x, ich arbeite y Minuten, bevor ich eine Pause mache, ich überprüfe, was alles geklappt hat"; als Selbstüberprüfung: „Wie sieht mein Arbeitsplatz/die Schultasche/das Mäppchen aus?"

Aufmerksamkeit zentrieren
- das Thema und die Lernziele nennen und erläutern,
- einen Überblick über den Weg dahin geben (einen Tagesplan aufstellen; eine Übersicht über den Ablauf einer Unterrichtsstunde geben; Kommendes langfristig bekanntgeben, Veränderungen rechtzeitig mitteilen und daran erinnern),
- das Material bereitlegen und den Arbeitsplatz vorbereiten lassen,
- das Arbeitspensum festlegen (das kann für jedes Kind verschieden sein),
- die Arbeitsdauer bis zur nächsten Pause festlegen,
- das erwartete Verhalten konkret benennen, eventuell mit vorher besprochenen Regeln arbeiten.

Sinne schärfen
- basale Sinne ansprechen (etwas fühlen, sich bewegen, sich spüren, genau zuhören),
- verschiedene Sinne ansprechen (also nicht nur Arbeitsblätter anbieten),
- Übungen anbieten, bei denen die Körpermittellinie gekreuzt wird (dies integriert die Tätigkeiten der rechten und linken Gehirnhälfte),
- nichtrelevante Reize reduzieren und relevante Reize hervorheben,
- Sprache reduzieren; stattdessen optische oder akustische Zeichen geben, die allen bekannt sind.

Hilfen zur Eigensteuerung geben
Hängen Sie ein Plakat in die Klasse oder legen Sie laminierte Karten bereit, die Sie einzelnen Kindern nach Bedarf auf den Tisch legen. Die Vorschläge auf der nächsten Seite sind so angelegt, dass entweder das Umfeld geändert wird, damit ein Kind weiterarbeiten kann, oder dass es eine bewusste (individuelle) Pause einlegt, um anschließend wieder arbeitsfähig zu sein.

Ich suche nach Abhilfe, wenn ich mich nicht mehr konzentrieren kann.
✓ Ich suche mir einen ruhigen Arbeitsplatz (z.B. hinter dem Regal).
✓ Ich stelle einen Sichtschutz zu meinem Nachbarn auf.
✓ Ich trage während der Arbeit einen Bauarbeiterkopfhörer.
✓ Ich setze mich während des Arbeitens auf den Sitzball.
✓ Ich beobachte, wie der Sand in einer Sanduhr durchläuft.
✓ Ich stelle mich für einige Minuten ans Fenster.
✓ Ich lasse mich einige Minuten mit dem Igelball massieren.
✓ Ich trinke ein großes Glas Wasser.
✓ Ich höre fünf Minuten über Kopfhörer Entspannungsmusik.
✓ Ich laufe eine Runde über den Schulhof (Regel beachten)

Entspannungsübungen
Dorothee Braun

Bei der Entspannung geht es darum, sich von konzentrierter Anstrengung zu lösen. So soll Ermüdung vorgebeugt oder neue Energie getankt werden. Anspannung und Entspannung unterliegen einem biologischen Rhythmus: Erstklässler brauchen nach ca. 15 Minuten eine Pause, ältere Grundschulkinder spätestens nach 25 bis 30 Minuten. Damit die Pause ihren Zweck erfüllt, sollte sie sinnvoll gestaltet sein: Zielloses Herumrennen oder Herumtoben sind nicht hilfreich. Gerade Kinder mit Aufmerksamkeitsschwierigkeiten können so überdrehen, dass sie nur schwer wieder umschalten können. Entspannung bedeutet, eine Balance zu finden und bei sich zu sein. Dies ist auch eine Folge abgestimmter Bewegungen.

Folgende Ideen helfen dabei, für jede Klasse das passende Repertoire zu entwickeln, das mit den anderen Lehrpersonen abgesprochen sein sollte. Achten Sie auf Altersangemessenheit, Vorlieben und auf das Temperament der Kinder. Jede Klasse ist anders! Verdeutlichen Sie den Sinn der Übungen und überprüfen Sie von Zeit zu Zeit, ob etwas geändert werden muss.

Ruhegelegenheiten schaffen und Ruhe genießen
Die Schülerinnen und Schüler dürfen
• sich an einen blickgeschützten Platz zurückziehen,
• zu einem eigens eingerichteten Erfrischungstisch gehen,
• sich eine Auszeit nehmen und Meditationsmusik mit Kopfhörern hören.

Entspannungsphasen in den Unterricht integrieren
Planen Sie regelmäßig kurze Entspannungsphasen in den Unterricht ein. Sie können mit den Schülerinnen und Schülern

- eine Fantasiereise machen (diese kann thematisch eingebunden sein),
- dem Klang einer Klangschale oder einer Triangel lauschen; erst dann, wenn nichts mehr zu hören ist, langsam den Kopf heben,
- die Augen schließen und eine Minute still sein, die Kinder können danach aufschreiben, was sie gehört haben: Geräusche draußen/in der Klasse.

Neue Energie tanken lassen
Wenn Sie merken, dass die Aufmerksamkeit nachlässt (spätestens nach 25 bis 30 Minuten), bieten Sie den Kindern eine kleine Auszeit an. Führen Sie ihnen Sauerstoff zu, indem sie z. B. Bewegungsübungen bei geöffnetem Fenster machen. Mineralstoffe und Vitamine beleben die Kinder: Lassen Sie sie ein Glas Wasser trinken oder Obst essen. Sorgen Sie für eine fröhliche Stimmung, denn positive Gefühle mobilisieren Energie.

Beispiel für eine entspannende Lernpause
- Stell dich hinter deinen Stuhl. Stell dich gerade und aufrecht hin. Bleib so und zähle langsam bis fünf.
- Atme tief ein und halte dann die Luft an. Bleib so und zähl bis fünf.
- Atme tief aus und werde ganz schlapp. Hock dich dabei hin. Stell dir vor, dass du ein schlapper Luftballon bist.
- Du bist so schlapp, dass du fast auf der Erde liegst. Und du beginnst zu pusten: pffhhh pffhh. Du füllst dich mit Luft. Der Luftballon wird größer und größer.
- Der Luftballon wird noch größer. Steh langsam auf. Mach dich groß und dick.
- Bleib so und zähle bis fünf. Eine Nadel kommt. Sie sticht in den dicken Luftballon: pffhh … die Luft geht langsam wieder raus. Setze dich nun wieder hin.

Bewegungsübungen
Wenn die Kinder sich wieder spüren, können sie auch entspannen. Dazu eignen sich Bewegungsübungen, die Sie je nach Bedarf anbieten können. Hier Ideen für Übungen *mit fein abgestimmten Bewegungen*:
- Mandalas, Kritzelbilder oder Spiralbilder mit Musikbegleitung malen;
- sich gegenseitig zur ruhigen Musikbegleitung durch den Raum führen;
- sich gegenseitig mit Igelbällen massieren;
- langsame Klopfmassagen und Streichelgeschichten anbieten;
- mit der Nase Buchstaben, Zahlen oder Wörter in die Luft schreiben;
- rittlings auf dem Stuhl oder auf einem Sitzball oder einem luftgefüllten Kissen sitzen.

Übungen mit kräftigen und groß angelegten Bewegungen:
- Zwei Kinder stellen sich gegenüber, fassen sich bei den Händen und ziehen sich über eine Tesa-Krepp-Linie (alternativ: schieben sich mit aneinandergelegten Handflächen oder Rücken an Rücken darüber), ein Kind balanciert als Seiltänzer darüber (mit Riesen- oder Zwergenschritten).
- Mit Sand gefüllte Plastikflaschen werden mit ausgestrecktem Arm so lange wie möglich gehalten.
- Auf einen großen Papierbogen, der auf einem Tisch fixiert ist, malen die Kinder mit zwei Wachsmalstiften beidhändig zu Musik.

Stille und Meditation im Unterricht
Manfred Pollert

Kinder lieben es, wenn sie bewusst Stille erleben und praktizieren. Stille ist etwas anderes als die bei der Arbeit geforderte Ruhe und Konzentration. Oft gelingt es, eine sehr unruhige Klasse mit einer Stille- oder Meditationsübung zu wohltuender Konzentration zu führen.
Stille erfahren und aushalten: Spüren, wie lang Stille ist: zwei, drei Minuten in absoluter Stille einer schönen Musik lauschen. Meine Klassen liebten dabei besonders Albinoni und Bach.

Stille erfahren und sich selbst oder einen Gegenstand dabei beobachten: Leise zur Musik im Raum bewegen und auf ruhige Atmung achten. Oder im Bänkchenkreis die herumwandernde Muschel oder Blüte, einen Stein oder ein Bild in konzentrierter Stille betrachten.

Schweigend eine Mitte gestalten: Ein Tuch, eine Kerze, ein Naturgegenstand bildet die Mitte. Wir sitzen schweigend im Kreis. Die Klangschale ertönt. Jeweils ein Kind darf aufstehen und – wie zuvor besprochen – einen der ausliegenden Gegenstände (Federn, Steine, Gräser, Blätter) um die Mitte anordnen. In absoluter Stille entsteht auf dem Boden ein Mandala, eine Blütenform in wohltuender Symmetrie.

Meditative Gedankenreisen: Die Arme und der Kopf liegen auf dem Tisch. Die Kinder entscheiden selbst, ob sie die Augen schließen wollen. Zu leiser Musik leitet die Lehrerin eine Gedankenreise ein, innere Bilder entstehen: „ Atme ganz ruhig, ein – aus, ein – aus. Ein schöner Sommertag, Sonne wärmt dich, du sitzt am Ufer eines kleinen Baches ..." Am Anfang ist das für die Kinder ungewohnt, manche lachen. Aber alle meine Klassen liebten und forderten sehr bald diese Form des Zur-Ruhe-Kommens.

3 Ein Unterrichtskonzept abstimmen

Einführung:
Wie sieht guter Unterricht aus?

Die Planung und Durchführung „guten Unterrichts" ist eine Kernkompetenz von Lehrerinnen und Lehrern. In der Folge der allseits bekannten Studien wurde in den letzten Jahren wieder verstärkt der Blick auf diese Kernaufgabe von Schule gelenkt.

Im Unterricht eignen sich Schüler die Grundlagen für selbstständiges, eigenverantwortliches Lernen an, erwerben Erfahrungen im sozialen Miteinander. Unterricht fängt beim Kind an, bei dessen Erlebnis- und Erfahrungswelt. Nur dann werden Inhalte zu einer aktiven Auseinandersetzung genutzt, erfolgt Lernen. Unterricht muss die Chance eröffnen, eigenständig Lernwege erproben zu können – auch fehlgehende. Eine zentrale Bedeutung für den Schüler und seine Schulfreude kommt dabei der Klassenlehrerin, dem Klassenlehrer zu.

Unterricht ist, folgt man einem Denkmodell von Helmut Fend, zunächst einmal ein Angebot an eine Zielgruppe bezogen auf Bildung und Persönlichkeitsentwicklung. Wie die Gruppe das Angebot annimmt, liegt an kaum zu beeinflussenden Faktoren wie den kognitiven Potenzialen der Schülerinnen und Schüler sowie an weiteren Lernvoraussetzungen, die stark durch das häusliche und soziale Umfeld geprägt sind.

Trotzdem oder gerade deshalb haben Klassenlehrerinnen und Klassenlehrer dafür zu sorgen, dass der Unterricht differenzierenden und individualisierenden Ansprüchen genügt. Neuere Methoden und Unterrichtsformen müssen unabdingbar Teil des Konzeptes sein. Jedoch darf man nicht einem Methodenfetischismus anheimfallen, denn noch immer ist es die *Sache*, die das methodische Vorgehen im Unterricht bestimmt. Noch vor jeder Methode gilt es zu verinnerlichen, dass die Achtung vor dem Kind, seiner Mündigkeit und Selbstständigkeit und die Achtsamkeit für dessen individuellen Ausdruck die Grundlagen unterrichtlichen Tuns sein müssen.

Unterricht ist mehr als nur der Transport von Kenntnissen, Fertigkeiten und Lösungsstrategien; Unterricht soll individuelles Lernen anstoßen und aktiv begleiten. Besonderes Augenmerk gilt dabei den anregenden und effektiven Lernsituationen, in denen zudem allgemeine und individualisierende Hilfestellungen anzubieten sind.

Den Unterrichtsprozess mit seinen Handlungssituationen versucht die Lehrkraft vorzuplanen. Dabei gibt es eine lange – ungebrochene – Tradition von sogenannten *Stufen- und Phasenschemata*, die in verfestigten Spaltenschemata geronnen sind. Diese Tradition scheint nicht mehr hinterfragt, das „macht man doch so". Fragt man aber nach dem Grund dafür, sind die

Antworten oft unbefriedigend. Als Klassenführung hat man auch hier eine Vorbildfunktion für die anderen in der Klasse unterrichtenden Lehrkräfte. Nach Hilbert Meyer vollzieht sich Unterricht in Handlungssituationen. Das methodische Handeln entfaltet sich in drei Dimensionen: Sozialformen, Handlungsmuster und Unterrichtsschritte. Diese wiederum verfestigen sich in Differenzierungs- und Integrationsformen, Verlaufs- und methodischen Großformen. Damit wären schon die wesentlichen Punkte gegeben, über die bei der Entwicklung eines eigenen oder eines klassenübergreifenden Unterrichtskonzepts nachzudenken wäre.

Der eigene Unterricht kann deutlich verbessert werden, wenn an einer Schule ein Netz von kollegialer Beratung und gegenseitiger Hospitation besteht, um sich über Unterricht auszutauschen.

Literatur

Lernmethoden – Lehrmethoden. Wege zur Selbstständigkeit. Seelze: Friedrich 1997 (Jahresheft)
Kurze, gehaltvolle und aspektreiche Beiträge zum Lernen außerhalb der Schule und zum Lernen und Lehren als Zentrum des Unterrichts.

Helmke, Andreas (2004). Unterrichtsqualität. Erfassen, bewerten, verbessern. Seelze: Kallmeyer
Auf hohem Niveau, aber verständlich und lesbar, verdeutlicht Helmke, was Unterrichtsqualität ausmacht und wie sie zu verbessern ist. Der Rahmen der empirischen Forschung wird dabei nie verlassen.

Meyer, Hilbert (2004). Was ist guter Unterricht? Berlin: Cornelsen Scriptor
Auf die empirisch abgesicherten, überfachlichen Gütekriterien „Zehn Merkmale guten Unterrichts" bezieht sich inzwischen jeder Beitrag zum Thema Unterricht.

Wiater, Werner (1999). Vom Schüler her unterrichten. Eine neue Didaktik für eine veränderte Schule. Donauwörth: Auer
Ein äußerst gut lesbares Kompendium zum Unterricht, das behutsam theoretische Erklärungen in praktische Hinweise integriert.

Lehrerkooperation in der Klasse
Helga Kleingeist-Poensgen

Die Gestaltung und die Organisation des Unterrichts werden um vieles leichter, wenn sich zwei Lehrerinnen die Arbeit in einer Klasse teilen. Dabei hat eine die Funktion der Klassenlehrerin, die andere ist ihre Stellvertreterin und übernimmt diese Funktion, wenn die Kollegin krank ist oder aus anderen Gründen nicht anwesend sein kann.

Die Verteilung der Unterrichtsfächer ist für beide dann angenehm und auch pädagogisch sinnvoll, wenn jeweils eine Lehrerin ein Kernfach übernimmt und das eine oder andere Fach dazu. Elterngespräche führen beide Lehrkräfte, anlassbedingt natürlich auch nur die eine oder die andere. An Elternabenden sind in der Regel beide Lehrerinnen anwesend.

Die gemeinsame Verantwortung zweier Lehrerinnen für die Kinder einer Klasse wirkt sich auch schon in der Schuleingangsphase positiv aus, unabhängig davon, ob sie jahrgangsbezogen oder jahrgangsübergreifend organisiert wird.

Für die *Kinder* hat dieses Modell verschiedene Vorteile:

* Sie lernen von Anfang an, sich auf unterschiedliche Lehrkräfte als Bezugspersonen einzustellen.
* Sie erfahren die Zusammenarbeit der Lehrerinnen als Vorbild für die von ihnen eingeforderte Kooperation mit anderen Kindern.
* Im Fall der Abwesenheit einer Lehrerin bleibt die zweite als vertraute und verlässliche Ansprechpartnerin erhalten.
* Sie können sich in Vertretungssituationen oder bei einem notwendigen Lehrerwechsel leichter auf weitere Lehrkräfte einstellen.

Möglicherweise sehen die *Lehrerinnen* ihre Vorteile zunächst nicht, sondern begegnen dieser Art von Zusammenarbeit mit Bedenken, Sorgen und Abwehr. Eine intensive Kooperation stellt sich in der Fantasie als belastend dar. Die entlastenden Momente einer gemeinsamen Verantwortung für eine Klasse werden dann überlagert. Lehrerinnen und Lehrer, die Erfahrungen mit der Zusammenarbeit in einer Klasse – auch im ersten Schuljahr – gemacht haben, berichten überzeugend davon, dass sie von dieser Kooperation und dem Austausch profitierten und beides als ungemein entlastend erlebten. Der Gewinn für die Lehrkräfte kann hierin liegen:

* Sie tauschen sich über ihre jeweiligen Sichtweisen auf die Kinder aus und ergänzen dadurch die eigene Wahrnehmung.
* Sie stimmen sich bei der Unterrichtsplanung ab und unterstützen sich gegenseitig.
* Sie teilen die Verantwortung für die Lernentwicklung der Kinder mit einer Kollegin.
* Sie wissen die Kinder im Fall der eigenen Abwesenheit gut aufgehoben, weil die Personenkontinuität gegeben ist und die Unterrichtskontinuität leichter hergestellt werden kann.
* Sie können mit größerer Akzeptanz in Elterngesprächen rechnen, wenn Meinungen von zwei Kolleginnen – auch aus unterschiedlichen Blickrichtungen – eingebracht werden.
* Sie praktizieren die Teamarbeit, die als Sozialform auch von den Schülerinnen und Schülern eingefordert wird.

Voraussetzungen dafür sind die Bereitschaft, die Kollegin als Berufsperson mit Stärken und Erfahrungen anzuerkennen und sich auf sie einzulassen. Eigene Vorstellungen von Unterricht und Lernen werden offengelegt, begründet und diskutiert. Gerade am Anfang der Zusammenarbeit sollte man Zeit für Gespräche investieren, die sich recht bald auszahlt. (Die Anzahl der Gespräche nimmt ab, wenn die Absprachen klar sind.) Es lohnt sich, die Zusammenarbeit zunächst einmal als neue, reizvolle Erfahrung zu definieren und sich auf dieses „Abenteuer" neugierig einzulassen.

Auch für die *Eltern* hat das Modell Vorteile. Sie werden nicht nur mit einer einzigen Sichtweise auf ihr Kind, sein Verhalten und seine Leistungen konfrontiert, die ganzheitliche Wahrnehmung des Kindes wird durch unterschiedliche Sichtweisen eher gewährleistet. Auch in notwendigen Vertretungssituationen bleibt eine ihnen vertraute Lehrerin, die das Kind gut kennt, ihre Ansprechpartnerin.

Die *Schulleitung* profitiert davon, wenn die Kooperation im Kollegium intensiviert wird. Die Organisation von jahrgangsübergreifenden Lerngruppen wird erleichtert, und auch für sie bleibt in Vertretungssituationen eine Lehrkraft Ansprechpartnerin für die betreffende Klasse.

Effiziente Jahrgangsstufenkonferenzen
Thomas Auras

Der Austausch im Jahrgangsstufenteam eröffnet vor allem zwei Chancen: Erstens gibt der kollegiale Rückhalt Sicherheit für das eigene Tun. Zweitens kann die Vielzahl der Aufgaben auf mehr Schultern verteilt werden. Das Jahrgangsstufenteam hat die Freiheit, wirklich das zu besprechen, was für unterrichtliche Belange gerade wichtig ist.

An den Klassenlehrer sind viele Aufgaben gestellt, die insgesamt so komplex sind, dass ein Einzelner diese nur mit Mühe bewältigen kann. Neben der reinen Vorbereitung einzelner Unterrichtsreihen zählen dazu die Entscheidung für ein didaktisch-methodisches Grundgerüst, die Auswahl von Diagnoseverfahren, Fragen zur Raumgestaltung, Materialbeschaffung, Vorbereitung der Elternarbeit, Hausaufgabenauswahl und vieles mehr. Im Kreise der Jahrgangsstufenkollegen, die zeitnah mit ähnlichen Problemen befasst sind, lassen sich diese Aufgaben sammeln, strukturieren und gemeinsam lösen. Die endgültige Umsetzung verbleibt beim Klassenlehrer – der Rat im Team ist aber eine große Unterstützung.

Gerade als Klassenlehrer ist man darauf angewiesen, durch ein sinnvolles Zeitmanagement die Arbeitskraft auf zentrale Bereiche zu fokussieren. Damit die Jahrgangsstufenkonferenz eine lohnende Veranstaltung wird, ist es ratsam, sie sorgfältig zu strukturieren. Niemand soll das Gefühl bekommen, seine Zeit hier zu verschwenden.

Grob- und Feinplanung

Zunächst empfiehlt es sich, einen übergeordneten *Themenkatalog* zu erstellen. Jeder Kollege benennt die Angelegenheiten, die ihm besonders am Herzen liegen. Schon hierbei wird schnell deutlich, welche Themen besonders drängend sind und welche noch aufgeschoben werden können. Dieser Katalog dient als Leitfaden für die Arbeit in den kommenden Monaten, möglicherweise für das ganze Schuljahr.

Zu Beginn einer Konferenz sollten mit Blick auf den Gesamtkatalog die *Tagesordnungspunkte* festgelegt werden. Ferner ist es sinnvoll, den *Zeitrahmen* einer Sitzung genau festzulegen. Der Blick auf die Uhr und die Tagesordnung verhindern, dass Nebenaspekte ins Uferlose entgleiten und dass das eigentlich Wichtige nicht besprochen wird.

Ergebnissicherung

Nicht nur Grob- und Feinplanung, auch die Ergebnisse einer Konferenz sollten knapp schriftlich fixiert werden. Abwesende können dadurch auf den aktuellen Stand gebracht, unnötige Wiederholungen vermieden werden. Außerdem kann ein Protokoll bei späteren Kontroversen nützen.

Dem Klassenlehrer dienen die Ergebnisse einer Stufenkonferenz zusätzlich als Checkliste für die eigene weiterführende Arbeit. Nicht zuletzt können Ergebnisse einzelner Konferenzen zu einem Gesamtstufenkonzept zusammengeführt werden. So entsteht eine schriftliche Grundlage, die Interessierten oder vorgesetzten Stellen vorgelegt werden kann. Durch die Ergebnisse anderer Jahrgangsstufen ergänzt, kann diese Zusammenstellung beim Verfassen eines Schulprogramms nützlich sein.

Aufgabenverteilung

Wo es sich anbietet, sollten Aufgaben eindeutig und mit Zeitvorgaben für die Erledigung verteilt werden. Dadurch erhöhen sich die Verbindlichkeit und die Wahrscheinlichkeit, dass z. B. Arbeitsmittel oder Ergebnisse rechtzeitig zur Verfügung stehen.

Ausblick

Am Ende einer Konferenz hat es sich als günstig erwiesen, den Blick auf die nächste Veranstaltung zu richten. Wenn das Kollegium weiß, welche Aufgaben dann besprochen werden, können sie vorbereitet in die nächste Sitzung gehen.

Was auf den ersten Blick als zusätzliche Belastung erscheinen mag, wird sich in der täglichen Arbeit bewähren. Komplexe Anforderungen und Aufgaben lassen sich nur effizient bewältigen, wenn die gemeinsame Arbeit strukturiert erfolgt.

Jahrgangsstufenkonferenzen: gemeinsames Planen
Kerstin Möhle

Als zusätzliches Kollegialorgan haben sich die Jahrgangsstufenkonferenzen an Grundschulen für schulische Aufgaben bewährt, die über die Belange einer einzelnen Klasse und der entsprechenden Mitwirkungsorgane (Klassenkonferenz, Klassenpflegschaft) hinausgehen.

In den Jahrgangsstufenkonferenzen können Absprachen und Planungen zu Unterrichtseinheiten, Werkstätten, Neuanschaffungen, Elternabenden und gemeinsamen Projekten und Veranstaltungen stattfinden. Zudem ist es sinnvoll, hier gemeinsame Richtlinien für Leistungsbewertungen wie Arbeiten, Tests und Zeugnisse zu besprechen, um gegenüber den Eltern und Kindern ein einheitliches Bild der Schule zu vermitteln.

Absprachen vor Schuljahresbeginn
Vor den Sommerferien stehen Absprachen über die zu verwendenden Unterrichtswerke in den zukünftigen ersten Schuljahren auf der Tagesordnung. Die Einigung auf ein gemeinsames Unterrichtswerk – im ersten Schuljahr ist damit auch eine einheitliche Methode zum Schreiben- und Lesenlernen und die entsprechenden Begleitmaterialien verbunden – ist für gemeinsame konkrete Unterrichtsplanungen wichtig. Zudem wird geklärt, welche Ordnungsformen wie Ablagesysteme für Erarbeitetes, für die Werkstattarbeit, für Hausaufgaben usw. verwendet werden sollen. Auf diese Weise kommen alle zukünftigen Erstklässler mit der gleichen Ausstattung in die Schule und lernen, diese in ähnlicher Weise zu nutzen. Vertretungen in anderen Klassen, der Austausch von Materialien innerhalb des Jahrgangs, Fachlehrerstunden oder Lehrerinnenwechsel stellen dann in dieser Hinsicht kein Problem dar.

Planung der Elternabende
Im Verlauf des ersten Schuljahres werden auf den Jahrgangsstufenkonferenzen die Themen der ersten Elternabende geplant und besprochen. Von allen Klassenlehrerinnen gemeinsam werden für den ersten Elternabend die Vorstellung des Schreiblernkonzeptes, Argumente und Beispiele gemeinsam erarbeitet. Für einen zweiten Elternabend wird eine Werkstatt für

die Eltern ausgearbeitet, in der diese Arbeitsform den Eltern näher gebracht werden soll. Eine arbeitsteilige Vorbereitung unterschiedlicher Aufgaben erspart der einzelnen Kollegin viel Arbeit. Es wird ein gemeinsamer
Elternabend geplant, an dem eine Buchhändlerin Kinderbücher für die entsprechende Altersstufe vorstellt und Hinweise zum Vorlesen und Lesenlernen gibt. Ein solcher Abend lohnt sich wegen der zu erwartenden geringen
Teilnehmerzahl nur gemeinsam für alle Klassen der ersten (oder der folgenden) Schuljahre.

Planung der Unterrichtsthemen
In den Konferenzen aller Jahrgangsstufen werden die Themen im Deutsch-
und Sachunterricht gemeinsam geplant, um sie dann, eventuell zeitversetzt,
im Unterricht durchzuführen. Nicht nur der Austausch von Arbeitsmaterial,
auch die Diskussion um unterschiedliche Herangehensweisen bieten für die
einzelne Lehrerin immer wieder neue Aspekte. Eine besondere Arbeitser-
leichterung ist das arbeitsteilige Erstellen von Werkstätten und Stationsbe-
trieben zu verschiedenen Themen, die dann innerhalb der Jahrgangsstufe
ausgetauscht werden. So ergibt sich ein gemeinsamer Fundus, der über
viele Jahre genutzt und erweitert wird.

Weitere Planungsfelder und Absprachen
Dazu gehören je nach Stundenplan und Lehrerinneneinsatz an der einzelnen Schule:
• Größere Hallenaufbauten im Sportunterricht für die Klassen einer Jahrgangsstufe, wenn diese in aufeinanderfolgenden Stunden Sportunterricht haben, lassen sich nur gemeinsam verwirklichen.
• Klassenübergreifende Projekttage mit erweiterten Wahlmöglichkeiten
  bieten den Kindern auch die Möglichkeit, neue Kinder kennenzulernen,
  weil der Wechsel zwischen verschiedenen Klassen möglich ist.
• Gespräche über Leistungsvergleiche und die Beschreibung des Lernent-
  wicklungsstandes für die Zeugnisse geben Sicherheit und erweitern den
  Horizont über die Klassengrenzen hinaus. In den höheren Jahrgängen
  können Aspekte der Leistungsbewertung, die in den Zeugnissen Berücksichtigung finden sollen, gemeinsam festgelegt werden.

Jahrgangsstufenkonferenzen bieten der einzelnen Lehrerin die Möglichkeit, einen Lerngegenstand, eine Herangehensweise, einen Elternabend
einmal aus anderer Perspektive zu sehen und anders zu gestalten. Letztendlich bedeutet dieser Austausch eine Bereicherung, aber auch eine Arbeits-
erleichterung.

Klassenführung
Reinhold Christiani

Für die erfolgreiche Arbeit einer Schule kommt es darauf an, dass alle Lehrerinnen und Lehrer des Kollegiums an einem Strang ziehen. Doch es fehlt an einem Konsens darüber, was das eigentlich Selbstverständliche des Schullebens und der Unterrichtsgestaltung ausmacht. Dazu zählen die Anforderungen an Ordnung und Pünktlichkeit, an klare und eindeutige Regeln im Schulgebäude und im Klassenraum. An pädagogischen Alltagsfragen also entzünden sich schnell Konflikte: Wird pünktlich begonnen und wird die Unterrichtsstunde auch nicht überzogen? Wie wird der Tornister ausgepackt? Darf man in der Stunde essen? Ist es erlaubt, in der Klasse herumzugehen? Kinder fühlen sich hier im Wechselbad der Verhaltenserwartungen und der Gefühle, denn was bei der einen Lehrerin erlaubt ist, wird bei dem anderen nicht geduldet oder sogar geahndet.

Heute wird in Publikationen zu schulpädagogischen Themen wieder auf Jakob S. Kounin Bezug genommen: Er benennt Prinzipien effizienter Klassenführung wie zügiges Vorgehen, Reibungslosigkeit, Sensibilität für Schein-Aufmerksamkeit, Klarheit und Verständlichkeit beim Unterrichten.

Andreas Helmke hat in seinen Untersuchungen zu den sogenannten *Optimalklassen* festgestellt, was für erfolgreiches Unterrichten von Bedeutung ist: Dazu zählt er, ebenso wie Kounin, die „effiziente Klassenführung" mit funktionierenden Verhaltensregeln für die Klasse. Regeln und Prozeduren müssen mit der Klasse besprochen, ihre Notwendigkeit begründet, dann vereinbart und festgesetzt sowie konsequent beachtet werden.

Kinder brauchen Richtlinien verbindlichen Handelns. Sie selbst wollen, dass grundlegende Normen eingehalten werden, denn das schafft Verlässlichkeit und Sicherheit. Regeln und Konsequenzen verstehen die Kinder keineswegs als Einengung, sie empfinden sie vielmehr als entlastend. Zudem wird auf diese Weise Energie freigesetzt, die sie besser fürs Lernen als für ständiges Konfliktlösen nutzen können.

Erfahren die Schülerinnen und Schüler, dass ihre Lehrerin oder ihr Lehrer inkonsequent ist, folgern sie bald, dass Anweisungen letztlich keine allzu große Bedeutung haben. Die Folge: Sie werden immer weniger beachten, was von ihnen erwartet wird, und schnell lernen, sich um bestimmte Regeln herumzumogeln, denn zu erwartende Konsequenzen müssen sie wohl nicht ernst nehmen. Wichtig also: Achten Sie konsequent auf das Einhalten der Regeln und reagieren Sie ebenso konsequent auf Nichtbeachtung.

Hilbert Meyer fasst in seinem Buch zum Thema *guter Unterricht* Ergebnisse verschiedener Untersuchungen zusammen. Demnach führt eine klare

Strukturierung des Unterrichts zu einem hohen Anteil an echter Lernzeit, zu hoher Schüleraufmerksamkeit, zu weniger Störungen und Transparenz der Leistungserwartungen. Will man einen hohen Anteil an Lernzeit erreichen, sind dazu Pünktlichkeit, Auslagerung von Aktivitäten, die nicht zum Unterricht gehören (also „Zeitdiebe" vermeiden), Gewährung von Freiräumen und Bewegungsübungen unerlässlich.

Effiziente Klassenführung hat einen besonders starken Einfluss auf den Unterrichtserfolg. Umso erstaunlicher, dass hier die Unterschiede zwischen den Lehrerinnen und Lehrern derart groß sind. Der Unterrichtsstil reicht häufig von Laissez-faire bis autoritär.

Fachunterricht
Ferdinand Langer

Die kontinuierliche Kooperation zwischen Klassenlehrern und Fachlehrern muss geprägt sein von einer gemeinsam verabredeten, verantwortungsvollen pädagogischen Arbeit. Im Wechselspiel können so Synergien und Ressourcen für einen bruchlos lernwirksamen, handlungsorientierten Unterricht, für eine effektive Lehrtätigkeit genutzt werden. Ist das Erziehungs- und Unterrichtskonzept aller in einer Klasse unterrichtenden Lehrerinnen und Lehrer nicht zumindest in den Grundzügen einheitlich, wirkt das im schulischen Alltag auf Schülerinnen und Schüler irritierend und provoziert Störungen. Kinder bekommen schnell mit, wenn der Informationsfluss zwischen Klassenleitung und Fachlehrern nicht funktioniert.

Lerneffizienz im Klassen- und Fachunterricht – Gemeinsamkeiten entwickeln und abstimmen
Ein Nebeneinanderher, gar ein Gegeneinander von Klassenlehrer und Fachlehrern behindert die Aufgaben, die doch gemeinsame Angelegenheiten sind. Solidarisch und fundiert sollte man gemeinsam entwickeln und abstimmen,

- wo und wie ein individueller Förderansatz für die Schüler sinnvoll und realisierbar ist;
- welches Verständnis von „gutem Unterricht" gemeinsame Basis ist;
- welche fächerübergreifenden Lerninhalte gemeinsam strukturiert werden können;
- wie Disziplinprobleme in der Klasse/Gruppe im Team gelöst werden; dazu gehört unter anderem,
  - sinnvolle Maßnahmen zu ergreifen, um eine gute Lernatmosphäre anzubahnen,

- klare Regeln zu vereinbaren und einheitliche Konsequenzen festzulegen,
- auf einen angemessenen Ordnungsrahmen (Begrüßung, Verabschiedung, Dienste) Wert zu legen und
- sich über das Lehrervorbild auszutauschen;
- wie die Rahmenbedingungen für angemessene Hausaufgaben zur Sicherung/Festigung des Erlernten in jedem Fach aussehen sollen;
- ob und, wenn ja, welche Belohnungssysteme eingesetzt werden.

Mit dem Fachlehrer eine verantwortungsvolle Bewertung abstimmen

Bewerten, Beurteilen und Benoten gehören zu den Aufgaben aller Lehrer. Diese nicht immer ganz einfache Aufgabe gilt es verantwortungsvoll zu bewältigen. Dazu gehört dringend, sich auch über die Leistungen der Schüler im Fachunterricht hinreichend zu informieren und gegebenenfalls im Gespräch zu klären, warum und wie es zu einem bestimmten Urteil kommt – gerade dann, wenn eine Diskrepanz zu Leistungen in anderen Fächern offenbar wird.

Allerdings: Der Kontakt zu den Fachlehrerinnen und -lehrern sollte mehr beinhalten als den Austausch über Ziffernoten; es geht auch darum, Verhaltenskomponenten, die im Fachunterricht auftreten, in die Zeugnisbemerkungen mit einfließen lassen zu können.

Mit dem Fachlehrer den Unterricht weiterentwickeln

Kollegiale Beratung, wechselseitige Hospitation, „offene Klassenzimmertüren" usw. sind probate, weil direkt aus und in der Praxis entstehende Mittel, um gemeinsam den Unterricht weiterzuentwickeln. All diese Aktionen sind aber sorgfältig vorzubereiten, wenn sie nachhaltig wirken sollen. Schon im Vorfeld müssen sinnvolle Kriterien für die Beobachtungen bei der Hospitation oder für die kollegiale Beratung abgesprochen werden.

Organisiert man eine kollegiale Beratung, sollten folgende Aspekte berücksichtigt werden:

- die kollegiale Beratung erfolgt immer gegenseitig;
- sinnvolle Kriterien für die Beobachtung beinhalten pädagogische, allgemeindidaktische, fachspezifische und organisatorische Aspekte ebenso wie den Blick auf den einzelnen Schüler (z. B. Disziplin, Förderungsmöglichkeiten usw.);
- der Beobachter wahrt den Blick von außen, nimmt nicht am Unterrichtsgeschehen teil;
- die Auswertung erfolgt direkt nach der Beobachtung. Sie dient grundsätzlich der Anregung, nicht der Kritik.

Kollegiale Beratung ist umso wirkungsvoller, je öfter sie stattfindet. Setzt man für jeden Besuch zudem einen neuen Schwerpunkt fest, kann der eigene Unterricht um ein Vielfaches effektiver weiterentwickelt werden.

Organisatorische Hilfen für den Fachlehrer mitdenken
Schon kleine Maßnahmen sorgen für ein reibungsloseres Miteinander und helfen, die kollegiale Situation zu stützen:

- Unterrichtsausfall/-verschiebung/-befreiung immer auch im Vorfeld den Fachlehrern mitteilen;
- den Fachlehrern Krankmeldungen und Fehlzeiten rückmelden;
- den Zeitrahmen beim Stundenwechsel so organisieren, dass nachfolgender Unterricht pünktlich beginnen kann;
- als Klassenlehrer Eltern über notwendige fachspezifische Lernmittel informieren;
- Materialgeld der Schüler (z. B. Kopiergeld) gemeinsam abstimmen.

Differenzierte Hausaufgabenformate
Thomas Auras

Hausaufgaben müssen erklärt, gewürdigt, kontrolliert und besprochen werden. Das kostet Zeit im Unterricht. Schon deshalb muss man sie kritisch sehen. Oft ist dieser Aufwand größer als die Zeit, die das Kind letztlich mit dem Erarbeiten befasst ist.

Außerdem werden die Kinder zu Hause in sehr unterschiedlichem Maße unterstützt. Während dem einen liebevoll, geduldig und kompetent geholfen wird, hat der andere nicht einmal einen Arbeitsplatz: Soziale Ungleichheiten werden durch Hausaufgaben verstärkt. Diese Problematik verschärft sich, je größer der Anteil von Hausaufgaben wird, die nicht nur reines Üben, sondern Entdecken und Erkennen erfordern. Bekannte Übungsformate zu bearbeiten, bereitet den meisten Kinder wenig Schwierigkeiten. Je anspruchsvoller die Hausaufgaben werden, umso mehr fällt die fehlende häusliche Unterstützung ins Gewicht.

Hausaufgaben koordinieren
Wichtig ist die Koordination der Hausaufgaben, die der Klassenlehrer und die Fachlehrer stellen. Dem Klassenlehrer obliegt die Verantwortung für eine angemessene Gesamtdosierung. Er sollte durch Absprachen vermeiden helfen, dass es zu einer zeitlichen Überforderung kommt. Der Fachkollege gibt z. B. an bestimmten Tagen ein festgelegtes Kontingent an Hausaufgaben auf, was der Klassenlehrer dann berücksichtigt.

Bei den Hausaufgaben stellt sich aber vor allem das Problem der Differenzierung. Was den einen langweilt, bedeutet für den anderen eine unlösbare Hürde. Im Idealfall müsste jedes Kind seine eigenen Hausaufgaben bekommen, was aber unrealistisch ist. Im Folgenden stelle ich Hausaufgabenformate vor, die praktikabel sind und dennoch dem Anspruch der optimalen Passung genügen.

Hausaufgabenbeispiele
Die Beispiele genügen folgenden Kriterien:
* Jedes Kind kann sie den eigenen Fähigkeiten gemäß bearbeiten.
* Sie sind leicht verständlich und müssen, wenn sie mehrfach zur Anwendung kommen, nicht mehr erklärt werden.
* Sie sind einfach anzufertigen, zu kopieren und austauschbar.
* Die Ergebnisse sind schnell kontrollierbar.

Schreiben zu Bildern: Die Kinder bekommen ein Blatt, auf dem ein ansprechendes Bild zu sehen ist. Darunter ist genügend Platz zum Verfassen einer Geschichte. Wer will, kann auch die Rückseite beschreiben. Wer sich noch schwertut, verfasst nur einen kurzen Text.

Blankorechenformate: Die meisten Mathematiklehrwerke thematisieren Rechenformate wie Zahlenmauern, Zahlenhäuser, Rechendreiecke usw. Wenn Kindern diese kennen, sind Hausaufgaben in dieser Form eine gute Möglichkeit der Differenzierung. Jedes Kind kann Zahlen oder Operationen je nach Kenntnisstand zur Anwendung bringen. In der Regel kann die Lehrperson rasch beurteilen, ob ein Kind an seiner Leistungsgrenze gearbeitet oder ob es sich zu einfache Aufgaben ausgedacht hat.

Zeichen- und Konzentrationsaufgaben: Eine weitere Möglichkeit bieten Aufgaben, die im besonderen Maße sorgfältiges Arbeiten erfordern. Dazu zählen z. B. Arbeitsblätter, auf denen Kinder vorgegebene Skizzen möglichst genau und mit Lineal abzeichnen sollen. Jedes Kind kann diese Anforderung je nach Vermögen erfüllen. Der Akribie im Anfertigen von Zeichnungen sind nach oben kaum Grenzen gesetzt.

Abschreibaufgaben: Die Aufgabe kann auch darin bestehen, einen Text, z. B. ein Gedicht, in Schönschrift auf der Rückseite des Blattes abzuschreiben. Für das saubere Schreiben gilt Ähnliches wie für das Zeichnen. Wer will, kann das Gedicht schon einmal auswendig lernen. Durch häufigeres Vortragen und Üben können es dann schließlich ohnehin alle.

Außerschulische Lernorte
Hildegard Hosterbach

Bei der Planung gibt es zwei unterschiedliche Herangehensweisen:

Aktuelle Anlässe nutzen
In der örtlichen Umgebung stattfindende Theateraufführungen, Ausstellungseröffnungen, Landesgartenschauen usw. stellen Anlässe dar, zu denen die umliegenden Schulen mit ihren Klassen eingeladen werden. Zugleich bereichern jährlich wiederkehrende Feste und Feiern durch einen situationsbezogenen Unterricht das Schulleben, etwa die Teilnahme an stadtteilbezogenen Ereignissen wie Martinszug oder Schützenfest. Man sollte prüfen, ob es sich um Lernorte handelt, die eine nachhaltige unterrichtliche Einbindung entsprechend der Lehrpläne und der schuleigenen Unterrichtsvorgaben ermöglichen.

In der Unterrichtsplanung langfristig vorsehen
Geeignete Lernorte können die Bearbeitung eines Themas im Unterricht maßgeblich gestalten helfen. Es empfiehlt sich eine Sammelmappe, in der die Kolleginnen der Schule entsprechende Adressen, Ansprechpartner und weitere Informationen als schuleigene Fundgrube hinterlegen. Berichte in der örtlichen Presse oder ein Museumsführer der Region machen auf interessante Orte aufmerksam.

Bei der Auswahl prüft man, ob man den Ort als Unterrichtsraum allein aufsuchen kann oder ob man ortskundige Experten hinzuziehen sollte. Dann stellt sich die Frage, was der Lernort leisten soll: Kinder für ein neues Thema interessieren? Bereits Gelerntem eine neue Facette hinzufügen? Oder Gelerntes in einen größeren Zusammenhang stellen? Danach kann der Besuch didaktisch vorbereitet werden.

Ein gemeinsamer Ausflug zu einem außerschulischen Lernort erfordert oft eine organisatorische Meisterleistung der Klassenlehrerin oder des Klassenlehrers. Rechtzeitig vorher können Eltern gefragt werden, ob sie die Klasse begleiten möchten. Dabei ist nicht die Sonderbetreuung des eigenen Kindes gemeint. Dies vermittle ich den Eltern bereits, wenn ich die geplanten Unterrichtsthemen im Rahmen eines Elternabends vorstelle.

Meist ist der außerschulische Ort selbst bereits für gemeinsames Lernen bestens ausgestattet. Für das gemeinsame Leben muss ich als Lehrerin sorgen: also z. B. vor der Führung eine Frühstückspause einlegen und zum Abschluss – teilweise auch nach anstrengender Führung durch Experten – eine gemeinsame Spielpause einplanen.

Den Besuch unterrichtlich einbinden
Ein gesondertes Heft als „Berichtsheft der Unterrichtsgänge" oder die Dokumentation der Besuche außerschulischer Lernorte durch Fotos im Klassentagebuch lassen die Anstöße eines solchen Besuchs für die Weiterarbeit und für die Erinnerung fruchtbar werden.

Wenn die Kinder zu den Fotos eigene Texte schreiben, fordert dies eine genaue Beachtung von Einzelheiten und integriert eine vertiefende Beschäftigung mit einzelnen Aspekten.

Checkliste für die Klassenlehrerin oder den Klassenlehrer
✓ Leistet das Aufsuchen des außerschulischen Lernortes einen Beitrag zum systematischen Zugang zur Lebenswirklichkeit? Ist dieser Zugang fächerverbindend angelegt?
✓ Welches Fach kann Beiträge zur Vor- und Nachbereitung des Besuchs leisten? Welches Fach erfährt eine besondere Schwerpunktsetzung? Welche Vorbereitung können die Kinder selbst leisten?
✓ Sind alle Fachlehrerinnen und Fachlehrer der Klasse über Ort, Thema und Zeitpunkt informiert?
✓ Sind die Kolleginnen und Kollegen der Jahrgangsstufe informiert oder eingeladen, ebenfalls einen Besuch am ausgewählten Lernort in ihre Unterrichtsplanung einzubeziehen?
✓ Liegt die Zustimmung der Schulleitung zur Durchführung vor?
✓ Ist mein eigener Unterricht in anderen Klassen am Tag des Besuchs kollegial vorbereitet?
✓ Sind die Eltern über An- und Abreise sowie Dauer und Kosten informiert?

Elternratgeber: Lesen
Klaus Metzger

Lesen ist eine notwendige Basiskompetenz für Wissenserwerb und Bildung.

So unspektakulär dieser Satz auch klingen mag, er impliziert doch eine ganze Menge, wirkt sich auf allen Ebenen – Stichwort Leseförderung – maßgeblich auf den Unterricht in der Grundschule aus. Beim ersten Elternabend sollten bereits Spuren gelegt werden, die den Eltern deutlich machen, warum Lesen so wichtig ist und wie dem im Schulalltag Rechnung getragen wird. Dabei sind fachliche und didaktisch-methodische Aspekte gleichermaßen anzusprechen. Günstigenfalls treffen sich Eltern und Lehrer/in noch einmal, um vertieft über das Lesen zu sprechen; das muss kein Elternabend sein, sondern kann auch im Rahmen einer „Lesewoche", einer „Lesenacht" oder ähnlichen Veranstaltungen stattfinden.

Grundtypen des Lesens

Es gibt – grob gesagt – zwei Grundtypen des Lesens: literarisches und informatorisches Lesen (die beiden Grundfunktionen galten schon in der Antike: *prodesse et delectare*). Während beim informatorischen Lesen der Erkenntnisgewinn im Vordergrund steht, spielen beim literarischen Lesen imaginative, vorstellungsbildende Prozesse die Hauptrolle. In jeder Ausprägung aber trägt Lesen zur Weltklärung bei, zur Persönlichkeitsbildung, erweitert den individuellen Pool an Gefühlen und Einfällen, hilft beim Aufbau kognitiver Kompetenzen, schult das Denken, transportiert Allgemeinwissen, öffnet ein tiefgehendes Verständnis von Sprache und erweitert den (passiven und aktiven) Wortschatz. Nicht zuletzt hat Lesen auch einen kulturtradierenden Aspekt: die Weitergabe und Verbreitung der von einer Gesellschaft als wichtig erachteten Texte.

Elternhaus und Lesen

Lesen beginnt nicht erst mit dem Unterricht in der Schule, die literarische Sozialisation gründet im Elternhaus. Die ersten drei Jahre verbringt ein Kind in der Regel in einer Familie im weitesten Sinn. In diesen drei Jahren entwickelt sich (oder eben auch nicht) das Fundament für eine lebenslange Lesemotivation: Zugang zu Büchern, Erfahrungen mit Vorlesesituationen, sprachliche Vorbilder – das sind Aspekte, die entscheidend wirken.

Die Sprach- und Schriftumwelt des Kindes in der Familie (und auch im Kindergarten) spielt also eine, wenn nicht *die* bedeutsame Rolle. Wenn ein Kind in die Schule kommt, ist bereits weitgehend entschieden, ob es zu einem Leser mit lebenslanger Lesemotivation wird. Dabei ist daran zu denken, wie eklatant die Unterschiede zwischen den Familien sind.

Das elterliche Vorbild ist entscheidend wirkmächtig. Die oft zu hörende Klage von Eltern „Mein Kind will halt gar nicht lesen, immer nur fernsehen!" relativiert sich dann, wenn man rückfragt, wie es denn die Eltern selbst mit dem Lesen halten. Das kann augenöffnend wirken.

Was also können Eltern tun? Die allgemeine Antwort ist einfach und doch so schwer einlösbar: Das elterliche Vorbild ist entscheidend! Ihr Umgang mit Lesen und Literatur prägt den Umgang ihres Kindes. (Das gilt ebenfalls für die Schule: Während der hoffentlich eingerichteten freien Lesezeiten tun die Lehrerinnen und Lehrer gut daran, sich ebenfalls hinzusetzen und zu lesen. In dem Moment, in dem hier organisatorische Dinge erledigt werden, wird das Lesen in den Augen der Kinder wieder abgewertet.)

Eltern sollten einen Moment für sich über diese Fragen nachdenken: Wie sieht es bei mir mit dem Verhältnis Lesen/Fernsehen aus? Bin ich nicht froh, wenn mein Kind mal ruhig vor der Glotze sitzt und ich Zeit habe, ungestört etwas zu tun? Wann war ich das letzte Mal mit meinem Kind in einer Bücherei? Wann habe ich das letzte Mal meinem Kind etwas vorgelesen oder erzählt? Wann gar eine kleine Geschichte aufgeschrieben? Lesen und Schreiben sind untrennbar miteinander verbunden, bedingen sich und wirken wechselweise.

Häufig ist es die Schule, die Kindern erstmals die Erfahrung bereitet, dass Lesen Freude macht, dass dabei Leselust entsteht. Die Erfahrung, sich in ein Buch versenken zu können, ist für viele Kinder neu.

Schule und Lesen („Lesen müssen")

Bei Veranstaltungen für Eltern zum Thema Lesen nutze ich oft das folgende Beispiel:

Stellen Sie sich für einen Moment diese Situation vor:

Sie bekommen, aus welchem Anlass auch immer, ein Buch geschenkt. Sie sind nicht sehr erfreut über Autor und Thema, danken jedoch höflich dafür. Am Abend, am nächsten Tag beginnen Sie, im Buch zu lesen – man könnte sich ja getäuscht haben –, obwohl Sie nicht so recht Lust dazu verspüren. Aber nach wenigen Seiten merken Sie, dass sich Ihre Vor-Urteile bestätigen: Das Buch interessiert Sie nicht.

Lesen Sie das Buch trotzdem zu Ende? Wohl kaum. Sie legen es beiseite, vielleicht greifen Sie – wenn überhaupt – erst Jahre später wieder danach.

Und jetzt übertragen Sie diese Situation in zwei Zusammenhängen auf Ihr Kind:

1. Der kleine Junge bekommt von der Oma ein Buch geschenkt, das ihn partout nicht interessiert. Oma sitzt daneben und erwartet eine enthusiastische Reaktion! Am nächsten Wochenende kommt sie wieder und fragt nach. Was sagen Sie als Eltern? („Das kannst du der Oma doch nicht antun, tu wenigstens so, als ob du es gelesen hättest. Sag wenigstens, dass es dir gefallen hat!")

2. Die Lehrerin bestimmt mit den Worten „Das hat mir als Kind auch so gut gefallen!" ein Buch als Klassenlektüre, auf das sich der Junge auch nicht so recht freuen kann.

Die Chance des Buch-Weglegens bietet – leider, muss man sagen – die Schule den jungen Leserinnen und Lesern in der Regel nicht. Üblicherweise wird pro (Halb-)Jahr ein von der Lehrerin, dem Lehrer ausgesuchtes Buch als Klassenlektüre gelesen – aber eben nur ein Buch. Was verlangen wir damit von den Mädchen und Jungen? Dass sie ein aufgezwungenes Buch lesen und bearbeiten, das womöglich an ihren momentanen (Lese-)Interessen und -bedürfnissen vorbeigeht.

Damit kann ihre Leselust nicht gesteigert werden, auch wenn wir uns didaktisch und methodisch die allergrößte Mühe geben. Wenn Kinder trotzdem in Steckbriefen „Lesen" als Hobby angeben, sollten wir uns nicht wundern – Kinder wissen, wie hoch das Lesen in der Schule geschätzt wird.

In meiner unterrichtlichen Praxis bin ich immer davon ausgegangen, dass es *das* Buch, das allen Kindern gleichermaßen gefällt, schwerlich gibt. Eine Klassenlektüre, die sich nur auf ein für alle verpflichtendes Buch festlegt, kann es meines Erachtens folglich auch nicht geben.

Nebenbei, ganz sachlich: Es ist für die Jungen oft ein Problem, dass Lehrerinnen die zu lesenden Bücher aussuchen. Die Gender-Forschung hat inzwischen gut belegt, dass Frauen verständlicherweise eher nicht Bücher mit „Jungen-Themen" auswählen.

Lesen – und Medien

Die „neuen" Medien, vor allem der Fernseher, leiteten einen Medienwechsel ein. Nicht mehr das Buch, der Fernseher ist (noch) das gesellschaftliche Leitmedium. Die „neuesten" Medien setzen zwar in mehr oder weniger hohem Maße ebenfalls Lesekompetenz voraus, doch handelt es sich dabei um eine andere Art des Lesens: eine flüchtigere, verwendungsorientierte, an hypertextlichen Verknüpfungen orientierte. Die permanente Zunahme von Fernsehkonsum und Computernutzung reduziert zwangsläufig die Zeit, die für die Lektüre eines Buches aufgewendet werden kann – es steht eben nicht mehr Zeit zu Verfügung.

Lesen darf aber keinesfalls in Polarität zu Fernsehen oder Computer gesehen werden, sondern die verschiedenen Mediennutzungen müssen als sich ergänzende Tätigkeiten begriffen werden. (Gerade Jungen können über die „neuesten Medien" einen Zugang zu Büchern finden.)

Dieses Verständnis von Leseförderung leitet als Zielsetzung ab, bei Kindern und Jugendlichen eine Haltung zum Buch aufzubauen, die zu lebenslangem Lesen führt und dann auch die Grundlage für allgemeine Medienkompetenz ist. Der Umgang mit dem Buch darf nicht als etwas Elitäres, Schwieriges angesehen, sondern muss als etwas Selbstverständliches wahrgenommen werden.

Für uns alle – Eltern, Erzieher/innen, Lehrer/innen – gilt: Wir müssen die Lesebegeisterung der Kinder entfachen.

Sieben allgemeine Tipps können Sie Eltern weitergeben; nur sieben, denn kaum etwas ist demotivierender und bedrückender als ein Katalog von Forderungen oder guten Ratschlägen, die kein Mensch auch mit dem besten Willen einlösen kann:

1. Seien Sie sprachliches Vorbild.
2. Seien Sie (vor-)lesendes Vorbild.
3. Unterstützen Sie das selbstständige (Vor-)Lesen Ihres Kindes – ohne Angst vor Fehlern.
4. Haben Sie Mut bei der Auswahl von Literatur – und gestehen Sie dem Kind zu, seine Lektüre selbst zu wählen.
5. Befriedigen Sie die Neugier von Kindern.
6. Bestehen Sie nicht auf der Buchlektüre, bieten Sie alternative Leseangebote: Rätsel, Quiz, Bildergeschichten, Witze – das sind überschaubare Lesetätigkeiten, die zunächst keinen langen Atem brauchen, trotzdem Leseerfolg vermitteln.
7. Tolerieren Sie die Lektüre von Büchern, die Sie nicht gut finden. Der richtige Lesestoff ist immer der, für den sich Ihr Kind interessiert.

„Für die Versöhnung mit dem Lesen gibt es eine einzige Bedingung: nichts als Gegenleistung zu verlangen. Absolut nichts. Keinen Wall von Vorkenntnissen um das Buch zu errichten. Nicht die geringste Frage zu stellen. Nicht die kleinste Hausaufgabe zu geben. Den gelesenen Seiten kein einziges Wort hinzufügen: kein Werturteil, keine Worterklärung, keine Textanalyse, keine biografische Angabe. Lesen als Geschenk. Lesen und warten." Daniel Pennac

Elternratgeber: Mathematik
Thomas Bongartz

Die Zusammenarbeit mit Eltern gestaltet sich immer dann positiv, wenn diese darüber informiert sind, welche Prinzipien im Mathematikunterricht gelten, wie ein entsprechender Materialeinsatz auch zu Hause aussehen sollte und was sie selbst zu Hause begleitend tun können.

Entdeckendes Lernen

Ein Prinzip im Mathematikunterricht ist das entdeckende Lernen. Die Kinder sollen aktiv, selbstständig und produktiv über Strukturen und Gesetzmäßigkeiten in der Mathematik nachdenken. Sie sollen eigene Rechen- und Lösungswege finden, Muster entdecken, sie beschreiben und auch versuchen, sie zu begründen. Hier ist es entscheidend, dass Eltern den Kindern die Möglichkeit geben, bei den entsprechenden Aufgaben alleine über Lösungswege nachzudenken und die Lösungen zu finden. Oft ist das aktive Finden des Lösungsweges viel bedeutsamer als die Lösung selber; denn durch die produktive Auseinandersetzung mit Strukturen, Mustern und Gesetzmäßigkeiten können die Kinder vertiefende Einsichten in die Mathematik erhalten. Dieses Ziel lässt sich nicht durch schematisches oder automatisierendes Bearbeiten oder Suchen nach Lösungen erreichen. Mit weiterführenden Fragen (Wie hast du das gerechnet? Wie bist du an diese Lösung gekommen? Warum ist das Ergebnis immer gleich? Was ändert sich bei den Aufgaben?) können Eltern bei der Durchsicht von Hausaufgaben oder bei kurzen Übungssequenzen dazu beitragen, dass Kinder verstärkt über Mathematik nachdenken.

Systematischer Aufbau

Für Eltern ist es jedoch auch wichtig zu wissen, dass der Unterricht die Teilbereiche in der Mathematik im Sinne eines Spiralprinzips immer wieder auf weiterführenden Niveaustufen thematisiert und die Kinder den Unterrichtsstoff durch diese Wiederholungen mehr und mehr festigen. Die Eltern sollten auf keinen Fall von ihren Kindern verlangen, dass sie bei entsprechenden Aufgaben alle nur denkbaren mathematischen Zusammenhänge erkennen und beschreiben können.

Es ist die Besonderheit des Mathematikunterrichts, dass es vielfach einen systematischen, hierarchischen Aufbau der Lerninhalte gibt. Schüler können z. B. ohne grundlegende Zahl- und Operationsvorstellungen, die sie systematisch auch durch den Einsatz strukturierter Materialien erwerben, nicht verständnisvoll rechnen. Das Verständnis des strukturierten Aufbaus des Zwanzigerraumes sowie später das kleine Einspluseins sind notwendige Voraussetzungen für das Rechnen im Hunderterraum und auch im folgenden Tausenderraum. Mathematisches Wissen ist keine fertige Sache, die von außen vermittelt werden kann, sondern vielmehr das Ergebnis einer eigentätigen, konstruktiven Aufbauleistung, die jedes Kind selbst leisten muss.

Einsatz von Materialien

Eltern sollten beachten, dass ihre Kinder Aufgaben unter Zuhilfenahme entsprechender Materialien lösen. Hierbei ist es sinnvoll, solche Materialien einzusetzen, die eine Struktur aufweisen und die auch dazu geeignet sind, die Kinder vom rein zählenden Rechnen wegzubringen. Materialien wie das Zwanzigerfeld oder Bilder mit Mustern sind wesentlich besser geeignet als Perlenketten oder einzelne Gegenstände, die komplexere Einsichten in mathematische Zusammenhänge nicht ermöglichen. Drängen von Eltern (Versuche es doch einmal ohne Material! Du kannst das bestimmt schon im Kopf rechnen) sind Äußerungen, die dem Materialeinsatz einen negativen Stellenwert einräumen. Hingegen sind Ermutigungen (Wenn du schlau bist, nimmst du das Zwanzigerfeld. Ich würde das Zwanzigerfeld benutzen.) von Nutzen. Den negativen Stellenwert des Materialeinsatzes übernehmen auch die Schüler schnell (Du bist noch nicht so weit, du benötigst noch Materialien). Der Lehrer kann dies dadurch entkräften, dass er die besonders Leistungsstarken – gleichsam in Vorbildfunktion – schwierigere Aufgaben mit Materialeinsatz lösen lässt.

Fehler als Chance
Fehler der Kinder sollten die Eltern als Bestandteil des Lernprozesses sehen. Eltern können helfen, indem sie auf Verrechnungen aufmerksam machen und die Kinder den Fehler selber finden lassen (Bei deinen Aufgaben hast du dich bei zwei Aufgaben verrechnet. Sieh noch einmal genau nach.).

Sinnvolles Üben
Wenn Eltern mit ihren Kindern üben möchten, sollten sie mit den Lehrern – im Sinne eines Förderplanes – genau absprechen, was geübt werden soll. Nur wenn gezielt und mit entsprechendem Materialeinsatz gefördert wird, sind die Übungen erfolgreich. Regelmäßige, kurze (15- bis 20-minütige Übungseinheiten) reichen aus. Die Bedeutung und Qualität beim Üben liegt nicht nur in der Quantität der zu lösenden Aufgaben, sondern vor allem im Verstehensprozess mathematischer Aktivitäten.

Rechnen in Alltagssituationen
Eltern können ihre Kinder auch dadurch fördern, dass sie diese an Alltagssituationen beteiligen, die einen mathematischen Bezug haben. Wenn Kinder bei Einkaufsüberlegungen mit einbezogen werden (Wir haben 50 Euro, überlege mit, was wir davon kaufen können? Wenn wir mit 100 Euro bezahlen, wie viel Geld erhalten wir zurück? Hole an der Wursttheke 250 g Salami! Kaufe schon einmal 8 Brötchen; frage vorher nach, was sie kosten), machen sie Erfahrungen zu Größenbereichen und erweitern so ihre Kenntnisse.
Eltern können, wenn sie mit ihren Kindern unterwegs sind, in spielerischer Art Mathematikaufgaben üben. Einmaleins-Reihen können aufgesagt, Knobel- und Rätselaufgaben oder Kopfrechenaufgaben zur Automatisierung gestellt werden. Aber auch Aufgaben mit Entdeckungsmöglichkeiten (10 + 4, 10 + 5, 10 + 6: Wie geht es weiter? Wie ändert sich das Ergebnis?) können – positiv verstanden – sinnvoll sein.

Empfehlungen an die Eltern

Wichtig ist, dass Empfehlungen an die Eltern mit den Kollegen in der Schule abgesprochen sind und dass möglichst alle sie in ihrer Bedeutsamkeit gleichermaßen vertreten. So werden sei eher ernst genommen und stärker beachtet. Sie sollten die Eltern – zusammengefasst – wie folgt beraten:

• Kinder sollen selbstständig die gestellten Aufgaben durchdenken.
• Sie sollen zu Hause die gleichen strukturierten Materialien wie im Unterricht als Hilfe nutzen.
• Fehler zum Lernprozess gehören dazu; sie sind Bestandteile des Lernens und lassen sich produktiv nutzen.
• Es muss nicht immer alles nur richtig gerechnet sein; viel bedeutsamer ist das Verständnis der mathematischen Vorgänge.
• Es ist sinnvoll, kurze Übungssequenzen für zu Hause mit dem Lehrer abzusprechen.
• Mathematik hat in Alltagssituationen Bedeutung; die Kinder sollen hierbei einbezogen werden.
• Mathematik kann auch Freude bereiten, wenn Aufgaben z. B. unterwegs in der Bahn oder im Auto gestellt werden.

Elternratgeber: Rechtschreiben
Norbert Sommer-Stumpenhorst

Nicht jeder, der schreiben kann,
kann auch alles richtig schreiben.
Nicht jeder, der richtig schreiben kann,
versteht auch etwas von der Rechtschreibung.
Nicht jeder, der etwas von der Rechtschreibung versteht,
kann dies auch Kindern vermitteln.
Nicht jeder, der Kindern Rechtschreibung vermittelt,
nutzt hierfür effektive Lernmethoden.

Alle Eltern sind irgendwann zur Schule gegangen und haben dort Lesen und Schreiben gelernt. Alle Eltern wissen also, wie das geht, wie Schule und wie Unterricht aussehen. Dieses intuitive Erfahrungswissen unterscheidet sich vom Wissen der Lehrerin.

Der Unterschied besteht vor allem in der Professionalität der Lehrerin. Sie lässt sich in ihrem Handeln von einer Theorie des Lese- und Schreiblernprozesses leiten. Danach plant sie ihren Unterricht, wählt geeignete Methoden aus und kontrolliert regelmäßig, zu welchem Lernertrag dieser Unterricht bei den Kindern führt.

Einerseits ist es wichtig, das Erfahrungswissen der Eltern ernst zu nehmen. Schlechte Erfahrungen können leicht auf die Kinder übertragen werden und gute Erfahrung vorschnell dazu führen, veralteten Methoden das Wort zu reden. Andererseits muss den Erfahrungen der Eltern auch das professionelle Handeln der Lehrerin gegenübergestellt werden.

Informationen am Elternabend
Es ist daher notwendig (und spart viele unnötige Auseinandersetzungen), auf Elternabenden die geänderte Sicht des Lese- und Schreiblernprozesses zu erläutern, die eingesetzten Methoden vorzustellen und die Lernentwicklung der Kinder offenzulegen. Eltern werden mir und meinem Unterricht dann vertrauen, wenn sie merken, dass ich im Unterricht geplant und überlegt (also professionell) vorgehe, die Lernentwicklung jedes Kindes im Auge habe und ihr Kind differenziert unterstütze.

Die Elternabende dienen dazu, Theorie, Unterricht und Methoden transparent zu machen. Die Elternsprechtage werden genutzt, um individuelle Rückmeldung über die Lernentwicklung des Kindes zu geben.

Auf den verschiedenen Elternabenden in der ersten Klasse sollte immer ein Teil des Abends dafür eingeplant werden, Theorie und Methoden zum Lese- und Schreiblernprozess den Eltern zu vermitteln. Vier Themen sind hierfür wichtig:

1. Wie lernen Kinder rechtschreiben?
- Rechtschreiben ist ein qualitativer Lernprozess (analog zur Sprachentwicklung).
- Wir entwickeln Schreibkonstruktionsprinzipien und kein inneres Rechtschreibwörterbuch.
- Die Ordnung der deutschen Rechtschreibung folgt einigen wenigen Prinzipien, die historisch gewachsen sind. Der Unterricht vermittelt diese Ordnung und nicht die richtige Schreibung einzelner Wörter.

2. Rechtschreibfehler gibt es nicht.
- Verschreibungen sind wichtige Hinweise für die Lehrerin. Sie zeigen den Stand der Lernentwicklung auf. Die qualitative Fehleranalyse ist wesentlich für die Planung des Rechtschreibunterrichts.
- Nicht die Fehler, sondern das, was das Kind kann, sollte man verstärken; eine ermutigende Erziehung analog zur Sprachentwicklung.
- Kinder lernen an richtigen Modellen und nicht aus Fehlerhinweisen. Kinder prägen sich keine Falschschreibungen ein (der Irrtum mit dem Wortbildspeicher).

3. Jedes Kind lernt anders.
- Die Kinder sind verschieden und lernen verschieden. Dies wird im Unterricht durch differenzierte Übungsstunden und differenzierte Methoden berücksichtigt. Wichtige Lernmethoden sowie der Hör-, Schreib- und Sehpass werden vorgestellt.
- Leistungsstarken wie langsam lernenden Kindern kann der Unterricht nur gerecht werden, wenn er ihnen dort Zeit lässt, wo sie mehr Zeit brauchen, um etwas zu verstehen, und sie zugleich nicht mit Übungen belastet, die keinen Lernertrag mehr bringen.
  Beispiele für einen unterschiedlichen Leistungsstand und für Lernentwicklungen aus der Klasse werden den Eltern gezeigt.

4. Hausaufgaben sind für die Kinder und nicht für die Eltern.
- Da die Kinder verschieden lernen, werden auch die Hausaufgaben (wo es notwendig ist) differenziert gestellt. Nicht alle Kinder bekommen die gleichen Hausaufgaben.
- Die Hausaufgaben werden so gestellt, dass die Kinder sie selbstständig und ohne Hilfe in angemessener Zeit bewältigen können.
- Die Eltern sollen Bescheid sagen, wenn ihr Kind die Hausaufgaben nicht selbstständig erledigen kann oder zu viel Zeit benötigt. Ehrgeiz ist hier eher schädlich. Nur was die Kinder sich selbst erarbeiten, bleibt auch aktives Wissen und Können.

http://www.rechtschreib-werkstatt.de

4 Individualisierung ermöglichen

Einführung:
Wie wird man jedem Kind gerecht?

Die Notwendigkeit zur Individualisierung ergibt sich aus der Heterogenität der Schülerinnen und Schüler. Bezieht man seinen Unterricht auf den Klassendurchschnitt, überfordert man die einen und lässt die anderen hinter ihren Lernmöglichkeiten zurück, unterfordert sie. So bleibt es nicht aus, dass Leistungsstarke noch stärker, Leistungsschwache noch schwächer werden, wenn man die individuellen Leistungsunterschiede ignoriert. Doch weder darf die Schule aus lauter Stolperstufen bestehen, noch darf sie der Wartesaal des Bildungswesens sein.

Gewiss, nicht alle können alles lernen, nicht alle werden dasselbe leisten, dazu sind die Lernmöglichkeiten und die Leistungsfähigkeit zu unterschiedlich. In der pädagogischen Psychologie (Weinert, Helmke, Wellenreuther) werden Möglichkeiten angeboten, wie man darauf reagieren sollte:

Erstens: Frühzeitig müssen die Lernmöglichkeiten und die Leistungsfähigkeit jedes einzelnen Schülers festgestellt werden. Um keine Vorkenntnislücken entstehen zu lassen und am Vorwissen direkt anzuknüpfen, ist das präzise Erfassen des Leistungsstandes besonders wichtig. Zweitens bedarf es unterschiedlicher Lernziele, damit alle Schüler Erfolg haben können. Das Basiscurriculum – oder auch Sockelniveau – formuliert die grundlegenden Ziele, die für alle Schüler eines Jahrgangs gelten sollen. Das Aufbaucurriculum – oder auch Additum – gibt Hinweise für eine weitergehende, breite Förderung je nach Leistungsfähigkeit. Drittens: In den Phasen selbstständigen Lernens muss konsequent individualisiert werden (adaptiver Lernstil). Und viertens bedarf es eines nachhelfenden Unterrichts, um die grundlegenden Lernziele auch tatsächlich zu erreichen (remediales Lernen).

Oft werden Wissenslücken nicht konsequent beseitigt. Bei fehlendem Vorwissen werden ein sehr strukturiertes Vorgehen und konsequentes Vermitteln wirksamer Lernstrategien empfohlen. Nicht automatisch führen Maßnahmen der inneren Differenzierung zu besseren fachlichen Leistungen. Dazu bedarf es spezifischer Aufgabenstellungen und für anspruchsvolles Lernen geeigneter Übungsmaterialien. Auch garantieren gleiche Lernmethoden für alle nicht, dass alle Schüler einer Klasse die gleichen Lernleistungen erzielen. Nur ein breites Spektrum von Methoden – vom instruktiven, direkten Unterricht bis zum aktiv entdeckenden, eigenständigen Lernen –, also kein Methodendogmatismus, garantiert erfolgreichen Unterricht.

Individuelles Fördern bedeutet nicht nur, Schülerinnen und Schüler mit Lernproblemen oder Lernrückständen zu unterstützen. Ebenso brauchen

Kinder mit besonderer Begabung zusätzliche Aufgabenstellungen und individuell angepasste Übungsmaterialien mit hohen Anforderungen, die ihnen Anstrengungen abverlangen. Sogenannte *Enrichment-Angebote* (außerunterrichtliche Maßnahmen wie Arbeitsgemeinschaften, Nachmittagskurse, Schülerzirkel, Wochenendseminare, Sommerakademien) bieten ihnen die Möglichkeit, ihre Fähigkeiten voll auszuschöpfen.

Inzwischen bestehen auch Zweifel an einem für alle verbindlichen Sockelniveau. Stattdessen plädiert man wegen der hohen Heterogenität der Schülerschaft für *zieldifferentes Lernen*. Die Konsequenz daraus sind unterschiedliche Sockelniveaus, was einen Bruch mit dem bisher formulierten Ziel einer gemeinsamen Grundbildung bedeutet. Mindeststandards für sehr leistungsschwache Schüler, also niedriger als bisherige Lehrplanvorgaben, ermöglichen individuelle Erfolgserfahrungen und damit auch weitere Lernfortschritte und verhindern vorschnelle Selektionsmaßnahmen.

Literatur

Bartnitzky, Horst/Christiani, Reinhold (Hrsg.) (2005). Fundgrube Freie Arbeit. 2. Aufl. Berlin: Cornelsen Scriptor
Hier findet man – von Praktikern für Praktiker geschrieben – eine Fülle von Ideen, Anregungen und Konzepten für anspruchsvolle Freie Arbeit und Offenen Unterricht: von den Rahmenbedingungen (Raum, Zeit, Material, Organisation) bis zu fächerbezogenen Themen.

Meyer, Hilbert (2003). Unterrichtsmethoden. II: Praxisband. 10. Aufl. Berlin: Cornelsen Scriptor
Einen umfassenden Überblick über das gesamte Methodenrepertoire vom Frontalunterricht bis zum selbsttätigen Lernen bietet Meyer in diesem Buch an: lebendig, konkret, unterrichtspraktisch.

Wellenreuther, Martin (2005). Lehren und Lernen – aber wie? 2. Aufl. Baltmannsweiler: Schneider Verlag Hohengehren
Alle Lehr-/Lernkonzepte – von individualisierenden Verfahren über handlungsorientiertes Unterrichten bis zur Gruppenarbeit – werden hier auch lerntheoretisch begründet, mit einer aktuellen Übersicht über den einschlägigen Forschungsstand.

Lehr- und Lernformen
Reinhold Christiani

So viel vorab: Es gibt nicht den „*guten*" Unterricht an sich, nicht *die* ideale Lehrmethode. Der Methodenstreit – soll man die instruktive, direkte Unterweisung im Unterricht bevorzugen oder das aktiv-entdeckende, eigengesteuerte Lernen? – ist müßig. Lehrpersonen können auf sehr unterschiedliche Art gleich guten Unterricht erteilen.

Lehrergesteuert – schülergesteuert

Das lehrerangeleitete und das selbst gesteuerte Lernen sind gleichermaßen wichtige und notwendige Arbeitsweisen im Unterricht. Wer erfolgreichen Unterricht will, vermeidet jede Einseitigkeit. Es geht also um eine angemessene Balance zwischen lehrergesteuerten und schülergesteuerten Unterrichtsformen. Lenkung und Darbietung sind mit einer Erziehung zur Selbstständigkeit durchaus vereinbar.

Frontalunterricht?

Direkte Unterweisung, so Franz Weinert, ist allerdings etwas anderes als Frontalunterricht, der zu Recht kritisiert wird. Im herkömmlichen Frontalunterricht gibt die Lehrerin oder der Lehrer alle Ziele vor. Die Lehrperson gliedert den Ablauf der Stunde und stellt selbst alle Aufgaben. Die Klasse bleibt hierbei auf die Denkanstöße angewiesen, die sie dann zu entschlüsseln versucht: Durch die geballten Fragen und Impulse wird so das Mitdenken und Nachvollziehen erschwert. Das Handlungsübergewicht der Lehrperson (in aller Regel 75% Redeanteil für sich allein, 25% für die ganze Klasse) macht die Schülerinnen und Schüler zu gefügigen Zuhörern. Das alles hat mit anspruchsvollem Lehr- und Lernkonzept nichts gemein.

Übrigens steht – neueren Forschungen zufolge – bei den Ursachen für Langeweile im Unterricht an vorderer Stelle die Unterrichtsgestaltung. Besonders geringe Abwechslung im Unterrichtsgeschehen, der immer gleiche Stundenablauf, das viele Reden der Lehrkräfte und das Nichteingehen auf die einzelnen Schüler verursachen Langeweile.

Lehrergesteuert

Direkte Unterweisung, also lehrergesteuerter Unterricht, ist eine Methode, die die Schüler aktiviert und die das Verständnis fördert – wobei zugleich konsequent darauf geachtet wird, dass Wissensdefizite beseitigt oder besser direkt vermieden werden. Hier erwerben die Schülerinnen und Schüler die erforderliche Wissensgrundlage. Und eine gute Wissensbasis ist die wichtigste Voraussetzung für anspruchsvolle Lernprozesse.

Intelligentes Wissen erwerben die Schüler nicht durch passives, mechanisches, unselbstständiges Lernen, sondern durch eine aktive, konstruktive, selbstverantwortliche Haltung. Lernen ist eigenaktive Konstruktion; dies hat Auswirkungen auf die Lehrerrolle. So kann sich das Unterrichten nicht auf den Dreischritt von Vormachen – Erklären – Nachmachen beschränken. Denn wenn Schüler ihr Wissen lediglich passiv erwerben, finden sie kein Vertrauen in ihre eigene Leistungsfähigkeit, um Probleme selbstständig zu lösen.

Schülergesteuert

Zudem ist es wichtig, das Lernen zu lernen; das heißt auch, Strategien der Wissensnutzung zu erwerben. Die Schüler benötigen Lernstrategien und Arbeitstechniken, damit sie ihr Wissen aktiv und in vielfältigen Situationen anwenden können. Dies ist am ehesten in Phasen selbsttätigen, eigenaktiven Arbeitens, bei der Gruppenarbeit oder im Rahmen von kleinen Projekten möglich.

Die Grundschule muss täglich Lerngelegenheiten schaffen, in denen Kinder systematisch zu selbstständigem, zielorientiertem Lernen hingeführt werden. Deshalb darf es nicht an Spielraum für Selbsttätigkeit mangeln; ohne Selbsttätigkeit lässt sich individuelle Leistungsfähigkeit nur schwerlich entfalten. Nicht zuletzt die gegenwärtige Diskussion im Anschluss an die Vergleichsuntersuchungen betont diejenigen Unterrichtskonzepte, die zur Selbstständigkeit anleiten und methodische Kompetenzen vermitteln: entdeckendes Lernen, Freie Arbeit – Formen einer zunehmenden Öffnung des Unterrichts.

Lehrkräfte, die offene Unterrichtsformen praktizieren und selbst bestimmtes Lernen ermöglichen wollen, versprechen sich übrigens in der Folge ein größeres Interesse und damit ein besseres Verstehen. Ein direkter Einfluss offener Unterrichtsformen auf das Interesse der Schüler lässt sich indes, wie Untersuchungen gezeigt haben, nicht feststellen. Die Schüler spüren es offensichtlich, wenn man solche Lernformen nicht aus Überzeugung einsetzt oder nur weil es gerade „schick ist".

Es hat sich gezeigt, dass es – besser als in Vereinzelung – in sogenannten *professionellen Lerngemeinschaften* gelingt, auch neue Unterrichtsformen zu übernehmen und insgesamt das Handlungsrepertoire zu erweitern. Kontinuierliche Analyse und Evaluation der Arbeit im gegenseitigen Austausch bieten Gelegenheit zu zufriedenstellender und wirksamer Weiterentwicklung des eigenen Unterrichts.

Individuelle Förderung
Reinhold Christiani

Eine unbestreitbare Tatsache: Nicht alle können alles lernen, und nicht alle können dasselbe leisten. Homogenität ist nicht herstellbar. Es ist nicht möglich, individuelle Unterschiede zu egalisieren. So kann es auch nicht die Aufgabe der Grundschule sein, alle Kinder einer Klasse an denselben Standard heranzuführen. Also nicht die Homogenität einer Klasse ist das Ziel, sondern die bestmögliche Förderung eines jeden Kindes. Die Konsequenz: individuelle Lernziele, Lernwege und Lernhilfen statt genormter Anforderungen in genormter Lernzeit. Nur so ist auch möglich, dass jedes Kind für sich die Erfahrung machen kann, dass es etwas kann, aber selbstverständlich auch, dass es gefordert wird.

Das ist gerade in den ersten Schuljahren bedeutsam, weil das Kind hier noch sein Selbstkonzept stabilisieren muss. Nur aus dem Gefühl des Könnens wächst der Mut zu weiteren Anstrengungen. Leistenkönnen ist die Voraussetzung für Leistenwollen.

Individuelle Anforderungen

Die Erfahrung, etwas zu können, kann das Kind nur über individuelle Anforderungen machen. Für Andreas Helmke sind dementsprechend die individuellen Lernziele Voraussetzung dafür, dass Schülerinnen und Schüler die grundlegenden Ziele, nämlich die unverzichtbaren Grundlagen für das weiterführende Lernen, auch tatsächlich erreichen. Dazu muss man zwischen einem Basiscurriculum (grundlegende Lernziele) für alle Schüler und einem Aufbaucurriculum unterscheiden.

Während ausreichender Stillarbeitsphasen muss konsequent individualisiert werden. Denn synchrones Fortschreiten mit allen Schülern einer Klasse zählt zu den häufigsten Ursachen für Schulversagen. Durch intensive nachhelfende (remediale) Instruktion gelingt es, bei den Kindern, die besonders langsam und nur sehr schwer lernen, die Vorkenntnislücken zu schließen und die grundlegenden Lernziele in jedem Falle zu erreichen. Dies ist das zentrale Ziel aller Differenzierungsmaßnahmen.

Individualisiertes Arbeiten

Unterricht, der den individuellen Lernmöglichkeiten gerecht werden will, muss gezielte Hilfen geben, um einerseits Lernschwierigkeiten zu überwinden und andererseits Leistungsstarke zusätzlich herauszufordern. Dazu ist ein Unterrichtskonzept erforderlich, das – über Stillarbeitsphasen hinaus – auch offenere Formen individualisierten Arbeitens bietet: Partnerarbeit, Gruppenunterricht, Wochenplan, Freie Arbeit – jeweils mit differenzierten Arbeitsmöglichkeiten, bei denen die Schüler sich zur selben Zeit verschiedenen Aufgaben zuwenden können.

Dann können auch besonders leistungsfähige Schüler sich an solchen Anforderungen messen, die ihnen Anstrengung abverlangen. Ansonsten würden sie selbstgenügsam und gewönnen einen falschen Eindruck von ihrer Leistungsfähigkeit. Sie brauchen zusätzliche herausfordernde Lernangebote – auch mit äußerer Differenzierung und mit außerunterrichtlichen Maßnahmen (Arbeitsgemeinschaften, Nachmittagskurse, Schülerzirkel, Wochenendseminare).

Gefragt: Diagnosekompetenz

Dabei kommt es darauf an, die Lernmöglichkeiten und die Leistungsgrenzen frühzeitig zu diagnostizieren – und auch festzustellen, ob die Schüler in der Lage sind, selbsttätig zu lernen und selbstständig zu entscheiden. Hier ist jeweils hohe Beobachtungskompetenz, aber auch Zurückhaltung gefordert: Man muss z.B. abwarten können, bis sich zeigt, wo das Kind Unterstützung nötig hat und wie Hilfe zur Selbsthilfe eingesetzt werden kann. Zu viel Förderung beeinträchtigt die Entwicklung zur Selbstständigkeit ebenso wie Überforderung und Entmutigung.

Um die verschiedenen Aspekte der Förderung mit anderen in der Klasse unterrichtenden Lehrkräften koordinieren zu können, müssen die didaktisch-methodischen Entscheidungen transparent sein. Deshalb empfiehlt es sich, dass Sie sich mit dem Kollegium über ein Differenzierungskonzept verständigen:

- Wird in meiner Klasse (in der Schule insgesamt) ein breites Repertoire an Unterrichtsformen praktiziert?
- Stimmen in meiner Klasse (in der Schule) die Rahmenbedingungen dafür (z.B. Lern- und Arbeitstechniken, Unterrichtsmaterialien, Raumgestaltung)?
- Gibt es für meine Klasse (für die Schule) abgestimmte Verfahren zur Überprüfung des individuellen Lernfortschritts?

Natürlich muss nicht jede einzelne Schule ein Differenzierungskonzept selbst und für sich allein entwickeln. Wenn man das Rad nicht neu erfinden will, sollte man mit den Kollegen der Jahrgangsstufe, der Schule oder gar im Rahmen der Kooperation benachbarter Schulen ein Konzept gemeinsam und auch arbeitsteilig erstellen.

Freie Arbeit und Förderplan
Reinhold Christiani

Kinder brauchen Situationen, in denen sie von sich aus tätig sein können, um ihre Leistungsfähigkeit zu entwickeln. Freie Arbeit ist dafür ein Erprobungsfeld. Hier nutzen die Schülerinnen und Schüler die Lernangebote je nach individueller Leistungsfähigkeit, hier setzen sie sich eigene Ziele, stellen Anforderungen an sich selbst.

Dazu müssen sie ihre Arbeit bewusst planen und ihre Lernzeit aktiv nutzen. Wissen und Können müssen sie selbstverantwortlich einsetzen und ausbauen – und sich dabei auch „durchbeißen". Das Kind ist sein eigener Trainer.

Bedingung: didaktisches Material

Um Anstrengungsbereitschaft zu fördern, ist es wichtig, dass die Schülerinnen und Schüler Material auswählen können, das nach Schwierigkeiten gestaffelt ist. So werden die Grundlagen für selbstständiges, bewusstes und zielorientiertes Lernen und Anstrengungsbereitschaft geschaffen.

Schülerinnen und Schüler müssen konsequent trainieren, sich möglichst umsichtig Materialien zu holen und in geordnetem Zustand wieder wegzuräumen. Zum planvollen Vorgehen gehört auch, dass sie sich zunächst klar darüber werden, gegebenenfalls nach einer Beratung mit der Lehrperson, mit welchem Material sie arbeiten wollen, mit wem zusammen und in welchem Zeitraum.

Voraussetzung für erfolgreiches Arbeiten ist ein abgestuftes Repertoire an didaktischen Materialien. Das alles ist wichtig – gerade auch in jahrgangsübergreifenden Klassen –, um besondere Schwächen frühzeitig zu erkennen, um gezielt nach Stärken zu suchen und dementsprechend fördern zu können: Was sind die wichtigsten nächsten Ziele? Mit welchen Mitteln kann ich sie bis wann erreichen? Wie überprüfe ich mein Tun?

Das diagnostische Instrument

Gerade bei offenen Unterrichtsformen sind klare Unterrichtsstrukturen wichtig. Freie Arbeit kann nur erfolgreich praktizieren, wer die traditionellen Lehrformen und Unterrichtsmethoden sicher beherrscht; unkontrollierte pädagogische Betriebsamkeit empfiehlt sich hier nicht.

Die systematische Beobachtung muss in jedem Fall gewahrt bleiben: Wie ist der aktuelle Lernstand, welche Lernfortschritte wurden gemacht? Sind die Ziele erreicht? Wo sind Probleme aufgetreten? Gibt es noch Lernrückstände? Mit den Lehrern, die ebenfalls in der Klasse unterrichten, sollte abgestimmt sein, wie man die Ergebnisse festhält und wie man Beobachtetes in Förderung umsetzt.

Förderplan: Planung der individuellen Lernwege

Der Förderplan ist ein geeignetes Instrument, mit dem man die Lernentwicklung der Kinder im Auge behalten und den Lernweg systematisch planen kann (Welche Ziele? In welcher Zeit? Welche Materialien? Welche Überprüfung?). Bei der Struktur der Förderpläne sollte man sich keine Fesseln anlegen. Lange diagnostische Inventarlisten garantieren noch keinen Erfolg. Deshalb: eher bescheiden im Anspruch, doch konsequent in der Zielerreichung bleiben.

Aus dem Förderplan ergeben sich – wie aus einem gut geführten pädagogischen Tagebuch – die Anhaltspunkte für eine schriftliche Förderempfehlung. Sie ist vor allem in den Fällen angebracht, in der sich ein schwerwiegender Lernrückstand auf die weitere Schullaufbahn negativ auswirken kann. Mit der Förderempfehlung werden die Eltern über den Lernstand, insbesondere über die Schwächen, informiert. Sie erhalten damit zugleich möglichst konkrete, aber auch realisierbare Anregungen und Hilfen für das weitere Lernen. Am besten wird dies in einem Beratungsgespräch erläutert. Hier kann man auch einen „Fördervertrag" mit den Eltern, vielleicht auch mit dem Kind, schließen.

Wichtig ist, dass die Angaben im Förderplan nachvollziehbar, kommunizierbar und mit den Eltern vereinbart sind.

Stärken und Interessen fördern
Manfred Pollert

„Jedem das Seine" heißt, jedem Kind das anzubieten und abzuverlangen, was es in seinen Fähigkeiten und Möglichkeiten fördert. In großen Klassen und bei der gegebenen Heterogenität ist dies oft nicht leicht. Es lässt sich nur realisieren, wenn ich als Klassenlehrer einige Voraussetzungen schaffe und mich auch mit den in meiner Klasse arbeitenden Fachkollegen entsprechend abstimme:

- Ich plane meinen Unterricht so, dass regelmäßig Phasen selbstständiger Arbeit (allein oder mit Partner) zur Verfügung stehen, in denen ich die Kinder tun lasse, was sie besonders interessiert oder was sie können. Ich gewöhne sie also an eigenverantwortliche Freiarbeit von Anfang an; dabei akzeptiere ich, dass das Lern- und Leistungsvermögen der Kinder meiner Klasse immer weiter auseinanderdriftet.
- Ich gewähre Kindern benötigte Spielräume für ihre Neugier, ihre individuellen Methoden, Probleme zu lösen, Fragen zu beantworten und die von ihnen gewählten Hilfsmittel zu benutzen (nachschlagen, im Internet suchen, Lehrer oder Spezialisten fragen). Unsere Rolle als Lehrerin oder Lehrer verändert sich dabei: Wir lehren weniger und bieten zurückhaltend unsere beratende und unterstützende Begleitung an.
- Die Kinder brauchen Gelegenheiten, ihre Arbeitsergebnisse vorzustellen. Als Foren dienen dabei die „Klassenrunde", eingeladene Nachbar- oder Parallelklassen, Flure als Ausstellungsräume, die regelmäßige Schulfeier, der Elternnachmittag oder ein Vormittag der „offenen Schultür".

Grundsätze in der Lehrerkonferenz besprechen

In der Regel arbeitet eine Klassenlehrerin nicht allein in ihrer Klasse. Oft stoßen Konzepte und Methoden auf Gegensätze. Dann gilt es, sich im of-

fenen Gespräch zu einigen. Grundlegende Fragestellungen gehören dann
auch in die Lehrerkonferenz.

An „meiner" Schule gehörte Freiarbeit in allen Klassen zu den gemeinsamen Schulprogramm-Vereinbarungen. In den letzten zehn Jahren hat
sich außerdem immer stärker eine planvolle Teamarbeit in den Klassen
durchgesetzt: Klassenlehrerin, Fachlehrerin, eventuell auch Sonderpäda-
gogin und Referendarin stimmen sich in regelmäßigen Sitzungen über die
individuellen Förderpläne ab. Dabei geht es sowohl um erzieherische Konzepte als auch um die gemeinsam abgestimmte Förderung bei Defiziten wie
von Stärken und Interessen.

Viele Kinder brauchen Anstöße und Anregungen, um auf einen individuellen Lernweg gebracht zu werden. Das gelingt bei mir am besten mit einem
handlungsorientierten Sachunterricht und mit freier Textproduktion. Der
Sachunterricht wird durch ein sinnvolles Materialangebot unterstützt und
erhält Anregungen durch den Sammeltrieb der Kinder, durch Experimente
und Langzeitbeobachtungen und manchmal von den „Spezialisten-Teams"
der Klasse, die sich besonders für einen bestimmten Themenbereich interessieren.

Schon im ersten Schuljahr beginnen viele Kinder zeichnend und in oft
fehlerhafter Druckschrift mit dem „Freien Schreiben" im Tage- oder Lern-
fortschrittsbuch. Sie gestalten „Bücher" mit bestimmten Themen, die sie
besonders interessieren. Wichtiger Hinweis: Die Freude am freien und
selbstständigen Schreiben wird garantiert zunichte gemacht, wenn Eltern
und Lehrer ein fehlerfreies Schreiben erwarten. Ein Tagebuch ist ein persönlicher, unantastbarer Besitz des Kindes. Niemand hat das Recht, Korrek-
turen darin zu verlangen.

Einige Beispiele können verdeutlichen, wie wir Stärken, Neigungen und
Interessen der Kinder unterstützen können. Behauptungen wie „Unsere
Kinder fragen nicht mehr" lassen sich mit jedem Unterrichtsgang widerle-
gen, ganz gleich, ob ein Tierwärter im Zoo Rede und Antwort steht, der Bä-
cker in seiner Backstube oder ein Gärtner im Gewächshaus. Hier gilt es, als
Klassenlehrerin Augen und Ohren offenzuhalten, um besondere Interessen
der Kinder wahrzunehmen, die dann später im Klassenraum für weitere
individuelle Arbeit genutzt werden können. Oft geht die Beschäftigung mit
einem Thema weit in die unterrichtsfreie Zeit der Kinder hinein.

Die Kinder zeichnen, fotografieren und beschriften, bauen und basteln,
schreiben Sachtexte, Berichte und Erzählungen, machen Interviews und
werten sie aus, gestalten Bücher oder kleine Vorträge; dies alles als Ergebnisse von Bemühungen über längere Zeiträume. Folgende Beispiele aus vier
Schuljahren sind so entstanden:

1. Schuljahr

Meike, Sharanka und Delia stellen sich als Spezialisten für Elefanten im Zoo vor. Sie haben mit dem Wärter ein Interview gemacht und alles Wissenswerte in Fotos und Zeichnungen mit kleinen Bildunterschriften zusammengetragen und die Pinnwand für ihren Vortrag genutzt.

2. Schuljahr

Said, mathematisch interessiert und begabt, hat sogenannte „optische Täuschungen" entdeckt. Es gelingt ihm immer wieder, Kinder mit seinen gezeichneten und kopierten Beispielen zu überraschen. Er erfindet selbst neue und sammelt alle Ergebnisse in einem DIN-A4-Heft. Sein Freund Hakan denkt sich lieber Zahlenrätsel oder knifflige Zahlenreihen aus, deren Lösung selbst dem Lehrer zu schaffen machen.

Ufuk vervollständigt die Steinesammlung der Klasse und beschriftet alles sorgfältig für eine Ausstellung. Inga und Marion bauen eine Pflanzenpresse und legen ein Herbarium zum Thema „Pflanzen an unserem Schulweg" an. Ole fotografiert und betextet vom Winkelschlag bis zur Fertigstellung den Bau eines Hauses und ist danach Spezialist für Berufe am Bau.

3. und 4. Schuljahr

Hier werden Themen differenzierter, Hilfsmittel vielfältiger: Zwei Jungen besuchen Bewohner im Altenheim, führen Interviews durch und tragen alles über das Thema „Als bei uns im Ort Krieg war" zusammen.

Als Anstoß und leichter Druck dient die Pflichtaufgabe: Einmal im Jahr muss jedes Kind eine Jahresarbeit erstellen. Thema, Dauer der Bearbeitung, Methode der Darstellung bleiben offen. Die Hilfe durch den Lehrer erfolgt dosiert, nach Bedarf und Nachfrage, meist wenn Misserfolge zu verhindern sind. Die Ergebnisse sind auch für den Lehrer spannend.

Viele der gewählten Themen werden fächerübergreifend bearbeitet. Hier wird immer wieder eine Abstimmung mit der Fachlehrerin erforderlich, die im Idealfall die Kinder mit ihrer Fachkompetenz unterstützt.

Gute Aufgaben – allgemeine Standards
Birgit Hacker/Birgit Illmann

Lehrerinnen und Lehrer stellen tagtäglich eine Vielzahl von Aufgaben. Wenn es im Unterricht nicht nur um ein Beschäftigen von Kindern gehen soll, sondern darum, dass Lernprozesse initiiert werden, dann müssen sich Lehrerinnen und Lehrer um gute Aufgaben bemühen. Für diese gelten bestimmte Qualitätsstandards:

Gute Aufgaben wecken Neugierde und inneren Ansporn
Sie haben einen hohen Herausforderungscharakter. Dieser ist dann gegeben, wenn die Aufgabe den Kindern einerseits Sicherheit durch bereits
Vertrautes vermittelt, andererseits aber auch über etwas Fremdes, Unbe-
kanntes, Mehrdeutiges zum Lösen reizt. Gleichzeitig muss für das Kind
spürbar sein, dass es die Aufgabe bewältigen kann.
　　Aufgrund des intrinsischen Aufforderungscharakters können gute Aufgaben auf extrinsische Motivation verzichten. Sie haben keine „attraktiven"
äußeren – vermeintlich kindgemäßen – Anreize nötig.

Beispiel: 1. Jahrgangsstufe, Mathematik: Zahlen sammeln

Schreibe alle Zahlen auf, die du schon kennst.
Weißt du, wie man sie ausspricht?

Zahlen begegnen dir auf Schritt und Tritt.
Zum Beispiel auf deinem Schulweg.
Zeichne die Zahlen möglichst genau ab.
Welche Zahl hat am meisten Ziffern?

Welche Zahl auf deinem Schulweg gefällt dir am besten?
Zeichne sie so ab, dass man sieht, wo man sie finden kann.

(Aus: Ruf, U./Gallin, P.: Ich mache das so! Wie machst du es? Das machen wir ab.
Sprache und Mathematik, 1. bis 3. Schuljahr, Lehrmittelverlag des Kantons Zürich
1995, S. 40)

Gute Aufgaben enthalten eine natürliche Differenzierung
Eine gute Aufgabe „darf leistungsschwächere Kinder nicht vor den Kopf
stoßen und leistungsstärkere Kinder nicht langweilen. Alle müssen sich zu
eigenem Produktionsschwung eingeladen und herausgefordert fühlen. Im
Auftrag muss zudem auch eine Rampe für Könner eingebaut sein" (Ruf,
U./Gallin, P.: Dialogisches Lernen in Sprache und Mathematik. Band 2: Spuren legen – Spuren lesen. Seelze-Velber 1999, S. 49).
　　Die Anforderungsstruktur der Aufgabe ist so angelegt, dass sie eine Bearbeitung auf unterschiedlichem Niveau zulässt.

Beispiel: 1. Jahrgangsstufe, Verschriftungen zum Thema „Wale"

Wale sint
Di Krösten
seuge Tire.
Bukel Wale
fresen Pingugine.

Wale Prinen
lebenige June
Suwellt.

Wale halten es aus
fon 30-60 Minuten aus.
Ter Orka Schprint
Gerne. Bukel Wale
Könen Besonders
Sinen.
Weisdu Das Wale
Nicht under Waser
Atmen,

Gute Aufgaben fordern zum Denken heraus

Eine gute Aufgabe ist nie glatt und widerspruchsfrei, sie muss ein Entde-ckungspotenzial haben (vgl. dazu Röbe, E.: Die Aufgabe als Brücke zur Leis-tung. In: Die Grundschulzeitschrift 136/2000, S. 12–17). Sie fordert vom Kind eigene Denkleistungen und darf daher nicht alle Hindernisse und Denkanreize wegräumen.

Eine solche Aufgabe übt nicht nur Fertigkeiten ein, sondern fördert im-mer zugleich die allgemeine Denkerziehung – im Sinne der Bildungsstan-dards für Mathematik, nach denen inhaltsbezogene Kompetenzen immer auch mit prozessbezogenen, wie Problemlösen, Argumentieren, Kommuni-zieren, zu verbinden sind.

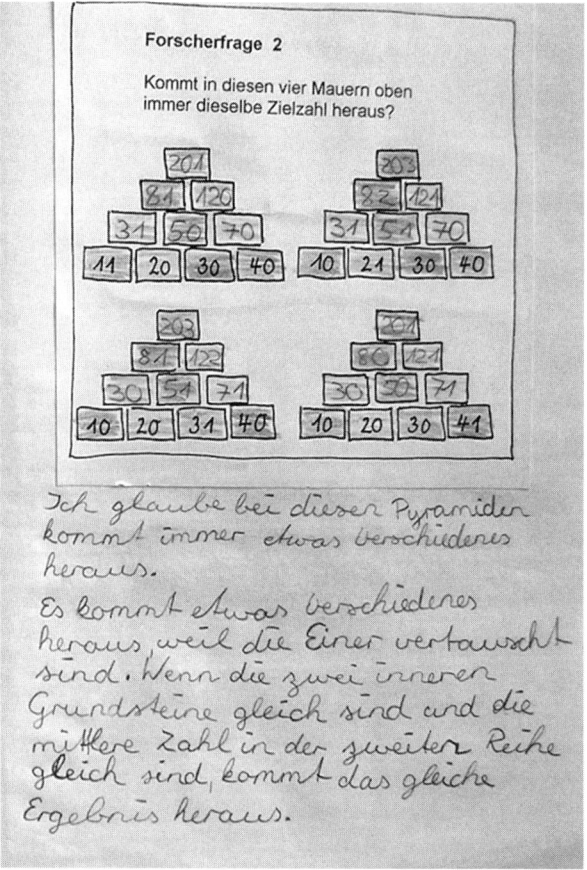

Beispiel: 3. Jahr-gangsstufe, Mathematik, Zahlenmauern

Gute Aufgaben fördern Kreativität

Sie ermöglichen dem Kind die Erfahrung: „Ich bin Urheber einer Wirkung, ich kann etwas meistern" (E. Röbe, 2000, S. 16). Gute Aufgaben haben daher immer einen Gestaltungsspielraum, sie sind offen angelegt und lassen individuelle Zugriffe und verschiedene Lösungsmöglichkeiten zu.

Beispiel: Gestalte ein „Schneckenbild" mit vielen ck-Wörtern

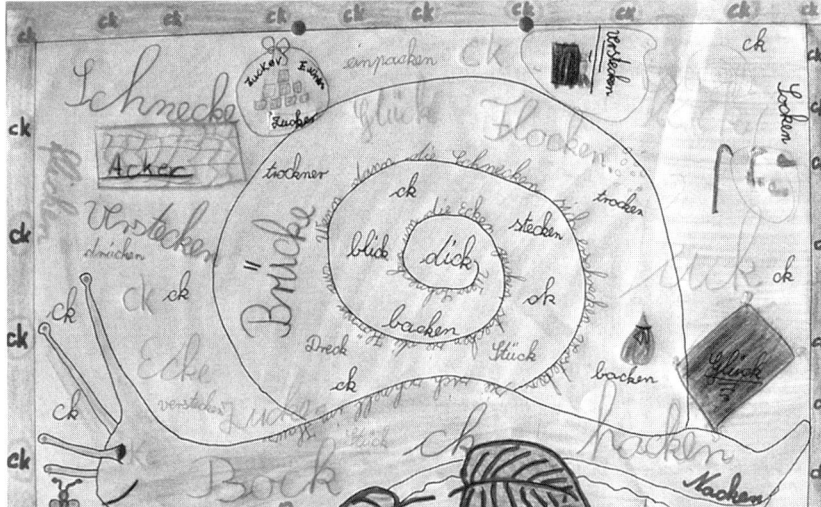

Gute Aufgaben fordern zur Kommunikation heraus

Das Lösen der Aufgabe ist nicht Selbstzweck. Vielmehr soll das Ergebnis bzw. das entstandene Werk Anlass zum Austausch und zur Reflexion in der Klasse sein. Idealerweise sind diese Ergebnisse wiederum Ausgangspunkt und Impulse für weiteres Lernen.

Beispiele: Kinder reflektieren und kommunizieren ihre Lernwege, z. B. unter folgenden Fragestellungen:

* Wie hast du deine Aufgabe gelöst? Erkläre deinen Weg!
* Wie hat Martin die Aufgabe gelöst? Kannst du seinen Weg erklären?
* Worin unterscheiden sich die Lösungswege verschiedener Kinder?
* Was ist das Besondere an diesem Weg?

Lerntagebuch
Kerstin Möhle

In unserer ersten Klasse haben wir vom ersten Schultag an ein Lerntagebuch für jedes Kind bereitgelegt. Es dokumentiert, womit sich das jeweilige Kind beschäftigt, was es schreiben, malen, rechnen kann, wofür es sich interessiert und was es leistet.

Einführung des Lerntagebuchs
Im ersten Schulhalbjahr soll jedes Kind Aufzeichnungen zu Bildern und Ereignissen machen, die ihm wichtig sind. Jedes Lerntagebuch wird mehr oder weniger individuell geführt.

„21.3.06.
im Frühling
Fa ich
inlenskeiter
mit menen
maumtenBaik
Flize ich"

Nach dem Morgenkreis geht jedes Kind selbstständig an die Freie Arbeit und sucht sich Aufgaben aus den dafür vorgesehenen Regalen und Schubladen. Das Lerntagebuch bietet in dieser Zeit die Möglichkeit, freie Geschichten, Forschungen, Gedanken, und Mitteilungen an die Lehrerin aufzuschreiben. Außerdem werden im Lerntagebuch viele gemeinsame Erlebnisse wie der Waldausflug, Beobachtungen auf der Wiese oder fotografisch festgehaltene Arbeiten aus der Werkstattarbeit dokumentiert.

Auf diese Weise kann der Lernweg jedes Kindes verfolgt und belegt werden. Mündliche und schriftliche Rückmeldungen von der Lehrerin zeigen jedem Kind, dass das, was es gemalt und geschrieben hat, angesehen, gelesen und ernst genommen wird. Wichtig ist die zeitliche Nähe für das Kind. In den gemeinsamen Gesprächen der Lehrerin mit dem Kind darüber wird immer wieder auch das Lernverhalten thematisiert:

- Was hast du bei dieser Sache gelernt?
- Was hat dir Spaß gemacht?
- Was möchtest du als Nächstes lernen?
- Was kannst du tun, damit das Lernen gelingt?

Das Lerntagebuch wird in regelmäßigen Abständen mit nach Hause genommen. So bietet es auch den Eltern einen Einblick in die von mir kommentierten Lernfortschritte ihres Kindes.

Schrittweise das eigene Lernen planen
Zu Beginn des zweiten Halbjahres beherrschen die Kinder der ersten Klasse den Umgang mit dem Lerntagebuch. Nahezu alle können jetzt kleinere Texte verfassen und lesen. Die Kinder sollen nun – was der eigentlichen Intention des Lerntagebuches entspricht – schrittweise dahin geführt werden, ihr eigenes Lernen zu planen und zu beurteilen. Eine konkrete Anwendung, z. B. in Bezug auf Werkstattstunden, bietet sich für die Einführung schriftlicher Reflexionen an, denn im ersten Schuljahr kann noch nicht davon ausgegangen werden, dass die Kinder einen längeren Arbeitsabschnitt im Voraus und im Nachhinein überschauen.

Nach der Einführung der neuen Werkstatt wird zu Beginn jeder Werkstattstunde mit den Kindern besprochen, welche Aufgaben sich jeder in der nachfolgenden Arbeitszeit vornehmen möchte. Dabei muss zunächst eine allgemeine, aber auch eine Einzelberatung erfolgen, da noch nicht alle Kinder einschätzen können, welchen Umfang und Schwierigkeitsgrad die auszuwählenden Aufgaben haben. Die Stationskarten, auf denen ein Schwierigkeitsgrad oder eine ungefähre Zeitangabe angegeben sein kann, helfen nur bedingt. Beide Kriterien muss man für jedes Kind individuell erläutern, denn nicht jede als einfach gekennzeichnete Aufgabe ist für jedes Kind auch einfach.

Gemeinsame Reflexion
Nach der Arbeitszeit wird in dieser Anfangsphase Zeit für die ausführliche Nachbesprechung eingeplant. Diese wird unter folgenden Fragestellungen durchgeführt:

- Habe ich die Arbeiten, die ich mir vorgenommen hatte, erledigt?
- Wenn ja: Kann ich mir in der nächsten Stunde mehr und schwierigere Aufgaben vornehmen?
- Wenn nein: warum nicht? Habe ich mir zu viele oder zu schwierige Aufgaben vorgenommen? Waren die Aufgaben umfangreicher als gedacht? Habe ich mich nicht hinreichend konzentriert und wenn ja, woran lag es?
- Hat mir die Arbeit Spaß gemacht?
- Möchte ich genauso weiterarbeiten oder muss ich an meiner Arbeitsstrategie oder sonst etwas verändern?
- Wenn ich eine Partnerarbeit gewählt habe: Konnte ich gut mit meinem Partner oder meiner Partnerin zusammenarbeiten? Warum (nicht)?

Auswertungshilfe
Nach der gemeinsamen Reflexion erhalten die Schülerinnen und Schüler eine Auswertungshilfe, die sie in das Lerntagebuch einkleben oder einheften. Diese Hilfe muss auch für die Kinder, die noch wenig lesen und schreiben können, überschaubar und einfach auszufüllen sein. Sie wird nach der Reflexion Spalte für Spalte individuell ausgefüllt und dient als Basis für Gespräche mit dem Kind über das Lernverhalten.

Datum	das will ich heute tun	habe ich gut gearbeitet?	hat es Spaß gemacht?

Wenn sich das gemeinsame Nachdenken über Lernstrategien und Lernfortschritte und die anschließende Notation automatisiert haben, wird der nächste Schritt vollzogen:

Steigerung der Selbsttätigkeit
Die Schülerinnen und Schüler tragen nun zu Beginn einer Arbeitsphase ohne vorherige gemeinsame Besprechung selbstständig ein, welche Arbeit sie sich vornehmen, und beurteilen ihren Lernerfolg anschließend allein. Einzelgespräche und schriftliche Rückmeldungen, die die Kinder ja aus dem bisherigen Umgang mit dem Lerntagebuch kennen, sind hierbei in regelmäßigen Abständen ganz wichtig. Die Freie Arbeit kann hierfür genutzt werden.

Schrittweise werden die Kinder in den folgenden Monaten zu immer mehr Selbstständigkeit im Umgang mit der kritischen Beurteilung eigener Leistungen geführt. Der für die Planung und Beurteilung zu überschauende Zeitraum wird langsam erweitert, und die dafür notwendige Arbeit wird umfangreicher. Auswertungshilfen können von der Lehrerin je nach Anforderungen des Lerngegenstandes und Lernstand des Kindes individuell gestaltet und erweitert werden. Die Kommentare der Lehrerin werden immer mehr durch die Selbstreflexion der Schülerinnen ergänzt.

Letztendlich mündet eine schrittweise eingeübte Planung und Reflexion über das eigene Lernverhalten im vierten Schuljahr in regelmäßige Texte über das Lern- und Arbeitsverhalten.

Lerntagebuch; Einträge in die Tabelle 1

Lerntagebuch; Einträge in die Tabelle 2

Lerntagebuch; Einträge in die Tabelle 3

Betelllgung der Kinder bei Themen und Inhalten
Manfred Pollert

Erstes Schuljahr, täglicher Morgenkreis: Firdevs erzählt traurig von ihrem gestorbenen Wellensittich, sie weint. Plötzlich sind die Kinder mit einer ganzen Menge schwieriger philosophischer und moralischer Fragen konfrontiert: Woher kommt das Weinen? Uwes Oma ist auch tot. Wo ist sie jetzt? Kommen Tiere auch in den Himmel? Papa schlägt immer alle Mücken tot. Darf man das? Wozu gibt es eigentlich Mücken?

Berthold Otto würde jubeln: Fragelust und Fragerecht bilden den Ausgangspunkt für das Lernen. Erkenntnistrieb und Wissensdrang setzen sich durch: „Jeder Unterricht geht vom Kinde und von der Welt aus, die nicht gefächert ist." Nicht immer finden sich sofort Antworten auf die Fragen der Kinder. Berthold Otto fordert, den Fragen der Kinder eine richtige und verständliche Antwort zu geben. Es tut ihnen gut, wenn sie erleben: Sogar unser Lehrer muss manchmal nachschlagen, im Internet suchen, Experten befragen. Auch spüren sie in solchen Gesprächsrunden, dass sie ernst genommen werden, erleben gegenseitige Achtung und Mitgefühl und lernen, ihrem jeweiligen Vermögen und Verständnis entsprechend zu kommunizieren und zu diskutieren. Manchmal führen diese Fragen zu intensivem Kenntniserwerb, und das nur aus reiner Wissbegier der Kinder.

Verantwortung für das eigene Lernen

Natürlich müssen wir dafür sorgen, dass Kinder gediegenes Grundwissen erwerben, und das Lernen lernen. Es gibt Einführungen, Kurse, Trainingszeiten, Förderunterricht, in denen wir bestimmen müssen, „wo es langgeht". Aber nicht wir und auch nicht die vorgegebenen Lernziele stehen im Mittelpunkt, sondern das Kind mit seinen Bedürfnissen und Fragen. Wenn sie lernen sollen, schon früh Verantwortung für ihr eigenes Lernen zu übernehmen, müssen wir ihnen die Gelegenheiten dazu bieten, sich neues Wissen und Können anzueignen und das Gelernte erproben zu können.

Célestin Freinet sagt: Rigide Fremdbestimmung des Lernens führt zu Desinteresse und Faulheit, die Kinder ziehen sich zurück oder reagieren aggressiv. Darum sollten sich die in einer Klasse unterrichtenden Lehrerinnen und Lehrer darauf verständigen, dass es viel *Spielraum für Mitbestimmung* gibt. Hier einige Aspekte, die jeweils der Abstimmung zwischen Klassen- und Fachlehrerin bedürfen:

- In der Freiarbeit und bei der Bearbeitung von Projekten bestimmen die Kinder selbst, mit wem, wie intensiv, mit welchem thematischen Schwerpunkt und mit welchem Material sie arbeiten wollen.

- In den gemeinsamen Klassenratsrunden bestimmen sie mit, welche Materialien angeschafft werden sollen.
- Im Klassenrat wird zusammengetragen, ob die vereinbarten Wochenplanaufgaben erledigt sind. Oft müssen sich Kinder Kritik durch Mitschüler gefallen lassen.
- Den größten Spielraum für inhaltliche und thematische Mitbestimmung können die Kinder vor allem im Sachunterricht sowie im Sport- und Kunstunterricht nutzen. Aus Vereinsleben und Jugendheimaktivitäten lassen sich viele Anregungen aufnehmen.
- Wann immer es geht, werden aktuelle Themen der Kinder für geplante Projekte zur Diskussion gestellt: von den Kindern gemeinsam entwickelte Vorhaben, bei denen ein Thema von vielen Seiten und Fragestellungen (auch aus dem täglichen Morgenkreis) bearbeitet wird.

Immer gehört dazu: gemeinsame Planung und Realisierung mit unterschiedlichen individuellen Schwerpunkten, eine Form der Präsentation, z. B. anlässlich einer Schulfeier mit Nachbarklassen oder Eltern, als kleine Theateraufführung im Altenheim oder Beitrag zu einem Preisausschreiben oder Wettbewerb. Am Schluss steht immer die kritische Auswertung.

Hilfspartnerschaften
Reinhold Christiani

Sich im Unterricht gegenseitig zu helfen, hat seit den Schulkonzepten von Maria Montessori und Peter Petersen Tradition. Für Petersen spielte das Helfersystem eine wichtige Rolle: Die „Großen" in der Klasse waren ihm die „wichtigsten Gehilfen". Und Montessori hatte in ihren Klassen Patenschaften eingeführt, nachdem sie beobachtet hatte, dass auch Kinder bereits bei Problemen Hilfestellung leisten und umgekehrt das natürliche Bedürfnis haben, nicht unnötig Hilfe zu erhalten; daher stammt das Motto der Montessori-Schulen: „Hilf mir, es selbst zu tun!" In den letzten Jahren hat das Helfersystem – nicht zuletzt im Zusammenhang mit der Diskussion über die Einrichtung jahrgangsübergreifender Klassen – wieder stärkere Beachtung gefunden.

Sie können als Klassenlehrerin oder als Klassenlehrer das Helfersystem auf verschiedene Weise im Unterricht realisieren. Wichtig dabei ist, dass dieses Konzept konsequent praktiziert wird, damit die Klasse es selbstverständlich handhabt. Das setzt allerdings voraus, dass alle in der Klasse unterrichtenden Lehrpersonen an einem Strang ziehen. Ohne ein in der Klassenkonferenz abgestimmtes Vorgehen gibt es keinen dauerhaften Erfolg.

Hier beschreibe ich einige Varianten:

- Experten-Modell: Kinder, die auf einem Gebiet „Experten" sind, bieten „nach Angebot und Nachfrage" Hilfe zu Themen an, bei denen sie sich kompetent fühlen.
- Lernen durch wechselseitiges Lehren (WELL): Die Kinder tauschen ihr erworbenes Wissen aus – zunächst als die Experten, die ihr Wissen weitergeben, dann als die Novizen, die etwas erklärt bekommen.
- Tutorenmodell: Kinder werden für bestimmte Zeit einem Mitschüler als „persönliche Lehrer" für Betreuungsaufgaben zugeordnet.
- Ämter-Modell: Im „Rechtschreibbüro" z. B. korrigieren die einen die Aufgaben der anderen.

Die pädagogischen Vorzüge solcher Hilfspartnerschaften liegen auf der Hand: Bei Montessori heißt es, das Kind vervollkommnet das, was es weiß, indem es lehrt. Denn es muss ja seinen Wissensschatz analysieren und umarbeiten, wenn es ihn an andere weitergeben will. Dadurch sieht es die Dinge klarer. Allein durch das Wiederholen der Lerninhalte wird die eigene Leistung gesteigert.

Die Kinder bekommen gleichsam einen zweiten Blick auf die Sache. Das führt zu weiterem Lernzuwachs, denn Wissen wird erst durch Anwendung in unterschiedlichen Situationen zu intelligentem Wissen.

Förderkonzept: Abstimmung im Kollegium
Dorothee Braun/Judith Schmischke

Konsens
Im Kollegium herrscht Konsens über das Förderkonzept. Wir Lehrerinnen und Lehrer der Schule xy verstehen uns als Lernbegleiter, deren hauptsächliche Aufgabe darin besteht, jede Schülerin und jeden Schüler unter Berücksichtigung der individuellen Möglichkeiten gezielt zu fördern.

Synergieeffekte
Eine Leitidee ist der Austausch von Erfahrungen, Kompetenzen, Materialien. Dies dient dazu, unsere jeweiligen Ressourcen gewinnbringend einzubringen und unsere Kräfte ökonomisch zu bündeln.

Prozessorientierung
Um die Entwicklungen innerhalb unseres Kollegiums und die Erfordernisse der Schülerinnen und Schüler zu berücksichtigen, werden wir das Förderkonzept evaluieren und fortschreiben.

Dazu werden regelmäßige Treffen vereinbart, während derer die Teilnehmenden folgende Fragen besprechen:
* Was hat sich bewährt?
* Was werden wir weiterentwickeln?
* Was werden wir verändern?

In Fünfer-Gruppen tauschen sich die Kolleginnen und Kollegen über ihre Ansichten aus, indem jeder seine Zustimmung, Ablehnung und eventuelle Ergänzungswünsche deutlich macht.

Förderung auf Schulebene
Diese Themen eignen sich für eine Förderung auf Schulebene (weitere Ideen werden weiterhin gesammelt):
* Sensomotorik
* LRS
* Dyskalkulie
* Teilnahme an Wettbewerben

Förderung auf Stufenebene
Vorschläge:
* Förderung der phonologischen Bewusstheit
* Sprachförderung
* Erweiterung der Lesekompetenz
* Workshop: Kreatives Schreiben
* Denk- und Knobelaufgaben im Mathematikunterricht

Förderung auf Klassenebene
Neben den lehrplanbezogenen Unterrichtsinhalten werden hier besonders folgende Bereiche gefördert:
* Kommunikation
* Kooperation
* Methodenlernen
* Bewegung

Neben der Einbindung in den allgemeinen Unterricht werden diese Themenschwerpunkte phasenweise besonders in den Blick genommen. Dies kann für die gesamte Schule/die gesamte Stufe in dieser Form geschehen:
* „Woche der Bewegung"
* „Von Weihnachten bis Karneval: Gemeinsam sind wir wer …"
* „Fit fürs Lernen in vier Wochen …"

Förderung auf Lerngruppen- oder Individualebene

Bereits bei der Einschulung erfolgt eine individuelle Ermittlung der Lernvoraussetzungen der künftigen Schülerinnen und Schüler unter verschiedenen Aspekten, aber insbesondere unter dem Aspekt der Wahrnehmung, der Motorik und des Sozialverhaltens.

Weitere strukturierte Erhebungs- und Beobachtungsverfahren bilden die Grundlage für individuelle Förderpläne und für das Zuordnen zu Lerngruppen.

Individualisiertes Lernen findet insbesondere in den Unterrichtsformen Freiarbeit, Wochenplanarbeit, Stationenlernen und Werkstattunterricht statt. Dazu kommen Maßnahmen der Individualisierung von Unterricht.

Maßnahmen der Individualisierung von Unterricht			
↓	↓	↓	↓
in Gruppenarbeit	in Partnerarbeit		in Einzelarbeit
als qualitative Differenzierung	als methodische Differenzierung	als quantitative Differenzierung	als fakultative Differenzierung
z. B. Leistungsgruppierung; höheres oder niedrigeres Abstraktionsniveau; leichtere oder schwerere Aufgaben	z. B. unterschiedliche Lehr- und Lernweisen; unterschiedliche Medien, Hilfsmittel; unterschiedliche methodische Stufungen; reduzierte oder verstärkte Lehrerhilfe	z. B. unterschiedliche Anzahl der Übungsdurchgänge; Senkung oder Steigerung des Arbeitstempos	z. B. Arbeit nach Wahl; Freie Arbeit; Offener Unterricht; Interessengruppen; Projektgruppen, Arbeitsgemeinschaften
Weitere Ideen? Wer kann mit wem Ideen und Konzepte austauschen? Welches Team erarbeitet gemeinsam Materialien für Freiarbeit, Stationsverfahren und Werkstätten? Wer kann wem etwas zur Verfügung stellen?			

Arbeitsplan: Wie organisieren wir uns?
1. Wie sieht die Stundenplangestaltung aus?
2. Worauf einigen wir uns verbindlich klassenübergreifend? (Wenn nicht heute, dann Verantwortlichen bestimmen.)
3. Wie viele Förderstunden brauchen wir?
4. Wo liegen die Förderstunden im Stundenplan?
5. Wie viele Fördergruppen müssen eingerichtet werden? Mit welchem Inhalt?
6. Welche Kinder gehören zu welcher Gruppe?
7. Wer ist für wofür zuständig?
8. Was muss noch geklärt werden?

Beratung über häusliche Förderung
Dorothee Braun

Häusliche Förderung unterstützt das schulische Lernen. Ein gezieltes Vorgehen – d. h. eines, das auch im Zusammenhang mit der Förderplanung steht – ist besonders dann wichtig, wenn der Lernerfolg in Gefahr ist. Ihnen kommt als Klassenleitung eine zentrale Rolle der Koordination und Abstimmung sowohl mit Teamkollegen als auch mit den Eltern zu.

Überlegen Sie: In welchen Bereichen ist Förderung nötig? Wie ist der Lern- und Entwicklungsstand? Welche konkreten Ziele sollen in welcher Zeit erreicht werden? Was kann mit den Eltern und dem Kind vereinbart werden? Letzteres wird in einem Beratungsgespräch geklärt, das nach den Grundsätzen von Freiwilligkeit, Interaktion auf „Augenhöhe" und Klärungshilfe erfolgt.

Die Vereinbarungen müssen die Möglichkeiten der Familien berücksichtigen, wobei Sie davon ausgehen sollten, dass jede Familie einen Beitrag leisten kann. So können auch Aktivitäten in der Freizeit (mit dem Kind schwimmen gehen, einmal in der Woche gemeinsam einen Dokumentarfilm anschauen usw.) effizient sein.

Die Vereinbarungen sollten realistisch sein, damit die Beteiligten nicht aus Überforderung resignieren. Ist der Vater z. B. in der Woche beruflich viel unterwegs, kann man die Förderzeiten auf das Wochenende legen.

Die Vereinbarungen sollten möglichst konkret formuliert werden. Dies erleichtert die Umsetzung, aber auch die Selbstüberprüfung. Also nicht: „Peter soll lesen üben", sondern: „Peter liest seiner Mutter täglich zehn Minuten aus dem Lesebuch vor. Frau M. achtet darauf, ob Peter die Wortendungen vollständig liest."

Somit berücksichtigt die Beratung über häusliche Förderung die folgenden Aspekte:

Familiäre Voraussetzungen
Wie ist die Familiensituation? Wie ist die Beziehung untereinander? Wer kann unterstützen? Wer braucht Entlastung? Was ist realistisch umzusetzen? Welche sonstigen Hilfen gibt es?

Inhalt
Welche fachlichen Aspekte werden gefördert?
- Fähigkeiten und Fertigkeiten (z. b. Grundrechenarten/überfliegendes Lesen),
- Kenntnisse (z. B. Rechtschreibregeln/Wissen über Geld),
- Einstellungen (z. B. Interesse an Sachthemen/Freude an Büchern/Zuversicht bei mathematischen Aufgaben).

Welche Aspekte aus den Entwicklungsbereichen wie Motorik, Sozialverhalten, Emotionalität werden gefördert (z. B. Körperbeherrschung, Selbstständigkeit, Regeln des Zusammenlebens, Arbeitsverhalten)?

Methode
Wie wird gefördert? Neben *allgemeinen Aktivitäten* gibt es *zusätzliches Lernen* als umfassende Lernaktivität oder *5-Minuten-Übungen* als Kurzzeittraining.

Zusätzliches Lernen kann so aussehen: Übungshefte bearbeiten, Lernspiele spielen, Gelerntes vortragen, zu Gelesenem Bilder malen, einen Dokumentarfilm ansehen und Stichworte aufschreiben, mit der Lernkartei arbeiten.

Sinnvolle 5-Minuten-Übungen sind: Kopfrechnen, Wörter mit bestimmten rechtschriftlichen Phänomen buchstabieren, Frage-und-Antwort-Spiele.

Organisation
Wann wird was gemacht? Hilfreich sind Eintragungen in einen übersichtlichen Wochenplan. Zuerst werden die familiären Eckdaten (Termine/Abendessen/Freiräume) notiert, dann die Zeiten für Hausaufgaben, zusätzliches Lernen und 5-Minuten-Übungen festgelegt, wobei kein zu dichtes Zeitkorsett entstehen darf. Einige Felder enthalten den Vermerk, wer verantwortlich ist.

Alle vier Wochen wird gemeinsam besprochen: Was ist erreicht? Was war sinnvoll? Was sollen wir ändern? Auch kleine Erfolge zählen!

5 Das soziale Miteinander fördern

Einführung:
Wie entsteht ein gutes soziales Miteinander?

Die Grundschule als erste gemeinsame Schule ist geprägt von (zunehmender) Heterogenität. Das trifft vor allem und gerade auf die familiäre, soziale und ethnische Herkunft zu.

In den Grundschulklassen befinden sich Kinder aller sozialer Schichten, aus verschiedenen Ländern und Religionsgruppen, aufgewachsen mit unterschiedlichen Erziehungsstilen und -zielen. Hinzu kommen, gerade in wirtschaftlich schwierigen Zeiten, die ja nicht ohne Auswirkung auf die Kinder bleiben, Tendenzen wie sich verstärkendes Konkurrenzverhalten, „Ellbogenmentalität" usw.

All diese Kinder sollen als Klasse zu einer gemeinsam lebenden und arbeitenden Gruppe werden, und dieses Miteinander, so die Hoffnung, soll auch gesamtgesellschaftlich wirksam sein.

Ein soziales Miteinander entsteht nicht aus sich selbst heraus, es bedarf großer Anstrengungen, es zu entwickeln und die oft zentrifugal wirkenden Kräfte in diesem Lernprozess auf das Gemeinsame hin zu bündeln. Das geht nur mit einem pädagogischen Programm für die Klasse, das vor allem die Klassenlehrerin, der Klassenlehrer zu initiieren und zu verantworten hat. Allerdings ist ein solches Programm nur dann erfolgversprechend, wenn die ganze Schule daran beteiligt ist und konsequent demgemäß handelt.

Zu erwerbende soziale Kompetenzen, die dazu beitragen sollen, dass Kinder mündige Staatsbürger in einer demokratischen Gesellschaft werden, lassen sich grundlegend fokussieren auf
• allgemeingültige Normen und Werte und
• ethisches Handeln.

Viele (vermeintlich kleine) Steine pflastern den Weg dorthin. Es beginnt beim Sichkennenlernen (im doppelten Wortsinn), reicht über die Kooperation, das Entwickeln von Empathie, Solidarität, Umgang mit Aggression bis hin zu großen Themen wie Konfliktbewältigungsstrategien oder interkulturelle Verständigung. Kinder brauchen die Chance, das Miteinander zu erproben, Verhaltensweisen auszuloten. Das gemeinsame Streben nach Kompromissen mündet in die Erkenntnis, dass alle in gewisser Weise aufeinander angewiesen sind und dann auch voneinander profitieren können. Das heißt für den Einzelnen, und für viele Kinder ist das eine neue und oft schmerzhafte Erfahrung, manchmal die individuellen Bedürfnisse einschränken zu müssen.

Der Auftrag, der der Grundschule und damit den Lehrerinnen und Lehrern zuwächst, wird, ungeachtet der Diskussion um „guten Unterricht", immer wichtiger. Das erleben gerade Klassenlehrer tagtäglich in ihren Klassen. Selbstverständlich soll jedes Kind seinen eigenen Weg finden. Ohne soziales, gemeinschaftsdienliches Miteinander ist aber (Klassen-)Gemeinschaft nicht vorstellbar. Diese beiden Pole auszubalancieren, das Recht des Individuums und das Recht der Gruppe, ist eine Herkulesaufgabe für Lehrerinnen und Lehrer, aber unabdingbar für das Funktionieren nicht nur einer Klasse, sondern der ganzen Gesellschaft.

Literatur
Hurrelmann, Klaus et al. (2002). Soziales Lernen. Fünf Hefte. Berlin: Cornelsen
Zu den Themen „Wir lernen uns kennen", „Starke Kinder", „Gefühle", „Konfliktstrategien", „Drogen" gibt es jeweils ein Heft mit einem breiten Spektrum an Methoden und Hilfen für den Alltag im Klassenzimmer.

Keller, Gustav/Hafner, Karlo. (1999). Soziales Lernen will gelernt sein. Lehrer fördern Sozialverhalten. Donauwörth: Auer
Gut lesbares Buch mit Grundinformationen und Anregungen für die tägliche Praxis sowie Hinweisen, wie soziales Lernen zu einem Schwerpunkt der inneren Schulentwicklung gemacht werden kann.

Klassengemeinschaft
Manfred Hahn

Die Schule als Erfahrungsraum ist zugleich ein Ort, an dem der Einzelne die Notwendigkeit, die Vorteile und den Preis des Lebens in der Gemeinschaft erfährt. Man lernt am Modell dieser Gemeinschaft die Grundbedingungen des friedlichen, gerechten, geregelten und verantwortlichen Zusammenlebens und alle Schwierigkeiten, die dies bereitet. Gemeinschaft fordert Ordnungen, Selbstdisziplin, Einigung auf die Zwecke und Grenzen des Zusammenseins. Die Schule ist ein überschaubares Gemeinwesen. In ihr könnte der junge Mensch konkret erleben, mit welchen Mitteln der Einzelne auf das Ganze Einfluss nimmt. Er könnte lernen, was Institutionen leisten, wie man Regeln macht und ihre Einhaltung sichert, welchen Schutz sie geben (Hartmut von Hentig).

Vom Zwangsaggregat zur Klassengemeinschaft
Eine Klasse ist zunächst in jedem Falle eine Zweckeinrichtung, die, durch die Zusammensetzung von Schülern gleichen Alters, ihre schulische Aufgabe wahrnimmt. Der äußerlich festgefügte Klassenverband ist sozialpsychologisch kein statisches Gebilde, sondern in vielfacher Weise in Bewegung:

Es bestehen emotionale Wechselbeziehungen, gemeinsame Interessen und Bedürfnisse, Konfliktquellen und Rollenerwartungen, die – neben dem Unterricht – unter einen Hut gebracht werden müssen.

Die herausragende Rolle der Lehrerpersönlichkeit kommt ins Spiel, wenn aus der Zweckeinrichtung durch die didaktisch-methodische Aufbereitung der Inhalte und durch eine schülerorientierte Gestaltung der Lern- und Lebensbereiche ein emotional positiv fundiertes Interaktionsgefüge werden soll, das als Klassengemeinschaft das Wohl aller im Auge hat.

Der Aufbau zur Klassengemeinschaft
Nur in einer strukturierenden Umwelt kann sich ein Heranwachsender orientieren, festhalten und ein soziales Wertesystem entwickeln. Grenzenlosigkeit ist keine Basis für gemeinschaftliches Verhalten. Erst Sicherheit fördert echtes Selbstvertrauen. Wer sich in der eigenen Haut wohlfühlt, kann eine positive Identität aufbauen. Egozentrisches Verhalten, Petzertum oder Drückebergerei stehen dem entgegen.

Gemeinschaftsfördernde Sozialformen in Einzel-, Partner- und Gruppenarbeit sind deshalb wichtig.

Auch folgende *demokratieausgerichtete Gesprächsformen* wirken förderlich für den Zusammenhalt in der Klasse:

• sich im Gespräch zur Wehr setzen, ohne den anderen zu verletzen,
• sich beschweren, wenn dafür sachliche Gründe vorliegen und diese ohne sprachliche Entgleisungen einsichtig gemacht werden können,
• etwas zurücknehmen, wenn es gerechtfertigt ist,
• andere überzeugen und bereit sein, Stellung zu beziehen, ohne zu indoktrinieren,
• Feedback geben und empfangen.

Dienste, die der gesamten Klasse zugutekommen, wie Kreide-, Tafel- oder Blumendienst sind *gemeinschaftsdienliche Handlungsformen*, deren Einhaltung überprüft und eingefordert werden müssen.

Gemeinschaftsfördernde Lernräume
Eine gelungene Klassenatmosphäre entsteht auch in der angenehmen Ausgestaltung des Lebens- und Lernraumes „Klassenzimmer". Dabei gilt es, Extreme zu vermeiden: Der kahle Raum trägt ebenso wenig zur anregenden Atmosphäre bei wie die aufdringliche Wohnzimmergestaltung mit Kuschelecke und reizüberflutendem Schnickschnack. Der pädagogisch orientierte Lern- und Lebensraum liegt dazwischen, seine Ausstattung ist von der Didaktik mitgeprägt. Noch so reizvoll von Lehrkräften ausgeschmückte Klas-

senzimmer dienen diesem Ziel nicht, wenn die Schülerinnen und Schüler nicht selbst daran beteiligt werden. Wir würden als Pädagogen der oft gescholtenen Instant-Mentalität unserer Konsumgesellschaft das Wort reden und die Kinder passiv in vorgefertigten Lebens- und „Erfahrungs"-räumen halten. Gabriele Faust-Siehl sagt dazu:

„Klassenräume sind Hüllen für das Leben und Lernen, das sich in ihnen abspielt. Zwischen den Räumen und den sich darin entwickelnden Beziehungen und Ereignissen besteht ein Wechselverhältnis: Gelingendes Leben und Lernen setzt förderliche räumliche Gestaltungen voraus. Räume spiegeln die Gewohnheiten einer Klasse. Sie zeigen, was sich in ihnen ereignet hat und worauf Wert gelegt wird. Dabei kann an Kleinigkeiten deutlich werden, ob die Beziehung zwischen den Menschen in Ordnung und die Kinder und ihre PädagogInnen gerne in den Räumen zusammen tätig sind. Behaglichkeit und Anregungsreichtum sind nicht vom Ausstattungskomfort abhängig.

Schulische Räume werden zu Orten der Aneignung von Welt, indem sie die Kinder dazu anregen, sich gemeinsam mit anderen mit dieser Welt [...] auseinanderzusetzen."

Eine positive Klassenatmosphäre – das Zusammenspiel von Räumen, Zeiten und Rhythmen

Innerschulische Räume
- der Sitzplatz des Schülers
- die Sitzordnung der Schülerinnen und Schüler
- das persönliche Fach für Zeichenblock, Malkasten, Ordner ...
- die Infoecke, die Leseecke, die Nischen für Freies Arbeiten ...
- die sonstige Klassenzimmergestaltung

Außerschulische Räume (Schulleben)
- das Schullandheim
- die Schulfeier
- der Wandertag
- der Unterrichtsgang (Museum/Zoo)

Zeiten
- die Vorviertelstunde
- der Morgenkreis
- die Pausengestaltung
- der Tages-/Wochenabschluss

Rhythmen
- Stille
- Meditation
- Konzentration
- Bewegung
- Stundenrhythmus
- Sequenzplanung
- Projektorientierung
- Perspektivenwechsel
- Lernen in Zusammenhängen
- Kirchenjahr
- Jahreskreis

Die Klasse als soziale Gruppe
Reinhold Heimer

25 Kinder – Mädchen, Jungen, große Kinder, kleine Kinder, mutige Kinder, ängstliche Kinder, schüchterne Kinder, selbstbewusste Kinder, oft mit unterschiedlichen Muttersprachen und unterschiedlich ausgeprägter Sprachkompetenz …

Das ist die Situation, wenn ich zum ersten Mal einer Klasse als Klassenlehrer gegenüberstehe. Sehr schnell merke ich, dass das sogenannte *soziale Lernen*, d. h. die Unterstützung der Kinder bei ihrer so unterschiedlich ausgeprägten sozialen Entwicklung, mindestens ebenso wichtig ist wie das fachliche Lernen.

Woran kann ich anknüpfen?
Kinder sind gern mit anderen Kindern zusammen und brauchen diese auch für ihre soziale Entwicklung. Dieser banale Satz bekommt mehr und mehr Bedeutung in einer Zeit, in der ein immer größer werdender Teil der Kinder ohne Geschwister aufwächst. In der Schulklasse treffen sie einander. Die individuell so unterschiedlichen Fähigkeiten, Kenntnisse und Interessen gerade bei Schulanfängern finden in unterschiedlichen Bedürfnissen ihren Ausdruck.

Dies sind im positiven Sinne die Ankerpunkte, an denen ich meine Arbeit als Klassenlehrer festmache. Ich möchte erreichen, dass sich die Kinder tatsächlich auch mit ihren unterschiedlichen Bedürfnissen artikulieren können und sich gegenseitig akzeptieren.

Was kann ich tun, damit dies gelingt?

Als organisatorischen Rahmen nutze ich als Klassenlehrer vor allem bewährte Organisationsformen, die in vielen Grundschulen zum Standard gehören, z. B. offener Anfang, Morgenkreis, Partner- und Gruppenarbeit, Klassenrat. Hilfreich ist es, wenn Absprachen zu solchen Rahmenbedingungen im Schulprogramm stehen. Zum einen klärt dies meine Verantwortung als Klassenlehrer, zum anderen stärkt es mir und meinen Kolleginnen und Kollegen den Rücken. Zu den Organisationsformen gebe ich folgende Hinweise (vgl. auch Maria Fölling-Albers):

Offener Anfang: Als Klassenlehrer möchte ich, dass es den Kindern möglich ist, schon vor dem offiziellen Schulbeginn in die Schule zu kommen. Sie können sich in ihrer Klasse beschäftigen – lesen, Hausaufgaben machen, mit anderen Kindern spielen usw. Ich als Klassenlehrer habe die Möglichkeit, die Kinder am Morgen einzeln zu begrüßen, nach der Befindlichkeit zu fragen, an Vorkommnisse des Vortags anzuknüpfen. Die Kinder können sich zunächst einmal mit anderen unterhalten und austauschen, sich eventuell verabreden oder sonstige für sie wichtige Absprachen treffen.

Morgenkreis: Soziales Lernen heißt lernen, Rücksicht zu nehmen. Als Klassenlehrer bin ich dafür verantwortlich, dass die Kinder so früh wie möglich lernen, Regeln einzuhalten wie zuhören, sich trauen, vor einer großen Gruppe etwas vorzutragen, eine Position vertreten und andere Meinungen respektieren.

Partner- und Gruppenarbeit: Soziales Lernen heißt mit und von anderen lernen. Ich gebe den Kindern deshalb immer wieder Gelegenheit, sich gemeinsam mit einer Partnerin oder mit einem Partner oder in einer Gruppe einer Aufgabe zu widmen und gemeinsam Lösungsvorschläge zu erarbeiten. Wichtig ist, dass ich meine Rückmeldungen dazu stets an das Partnerteam oder an die Gruppe gebe. So stärke ich das Zusammengehörigkeitsgefühl.

Klassenrat: Gemeinsam mit meinen Schülerinnen und Schülern setze ich regelmäßige Termine fest für den Klassenrat. Die Themen werden im Vorfeld für alle sichtbar an einer Tafel gesammelt. Der Klassenrat läuft nach einem gemeinsam festgelegten Ritual ab. Während in den ersten Sitzungen ich als Klassenlehrer die Leitung übernehme, übergebe ich diese Aufgabe danach an einen Schüler bzw. eine Schülerin.

Neue Mitschüler
Christina Robert/Heiko Rauenschwender

Immer wieder kommen Kinder neu in eine Klasse. Ein Klassen- oder ein Schulwechsel wird stets von der Sorge begleitet: Wird sich das Kind schnell in der neuen Gemeinschaft zurechtfinden und in der Klasse erfolgreich mitarbeiten können? Wie kann die neue Klassenlehrerin oder der Klassenlehrer als die zentrale Bezugsperson diesen Übergang möglichst schonend und pädagogisch verantwortlich gestalten? Hier einige Möglichkeiten:

Vor Eintritt in die neue Klasse:
- Elterngespräch (erstes Kennenlernen, Bekanntgabe der benötigten Materialien und Bücher)
- Austausch mit Lehrern der abgebenden Schule (über Besonderheiten, praktizierte Arbeitsformen, Leistungstendenzen)
- Einsicht in Akten und Unterlagen (Gutachten, Zeugnisse, Beurteilungen – soweit vorhanden)
- ggf. Kontaktaufnahme mit außerschulischen Beratungsstellen (Erziehungsberatung, schulpsychologische Beratungsstelle) oder Therapeuten (Logopäden, Ergotherapeuten)
- Informieren der neuen Fachlehrer
- reduzierter „Probeunterricht"
- Gespräch mit den Kindern der aufnehmenden Klasse
- Vorbereiten eines Arbeitsplatzes und eines Eigentumfaches

Bei Eintritt in die neue Klasse (am ersten Tag):
- persönliche Begrüßung
- interaktives Begrüßungslied („Hallo, hallo, schön, dass du da bist!", „Du hast einen Namen")
- Kennenlernspiele wie „Mein rechter, rechter Platz ist frei"
- Vorstellungsrunde im Gesprächskreis: „Das bin ich"
- Aufnahme in den Geburtstagskalender, in den Klassenbaum
- Besichtigen des Schulhauses
- Unterrichtsteilnahme der Eltern
- persönliche Verabschiedung

Nach Eintritt in die neue Klasse:
- verlässliche Partner für das Kind finden (für die Arbeit im Unterricht, den Schulweg, die Pause)
- vertraut machen mit Ritualen, Regeln

- Beobachtungen dokumentieren
- bei Auffälligkeiten Elternkontakt in kürzeren Abständen suchen

Ein neuer Mitschüler sollte spüren, dass er vom ersten Tag an in der Klasse willkommen ist.

Geborgenheit und Grenzen im Klassenraum
Manfred Pollert

Was brauchen Kinder, damit sie sich in einem Raum wohlfühlen, in dem sie viel Zeit zubringen: mit vielen anderen zusammen leben und arbeiten, singen, feiern und spielen, schreiben und rechnen, Theater spielen und drucken, experimentieren und untersuchen, aber auch sich zurückziehen?

Maria Montessori forderte: Das Kind verlangt eine vorbereitete Umgebung. Der Raum müsse an die elementaren kindlichen Bedürfnisse angepasst sein, müsse Bewegungsspielraum gewähren, die Einrichtung mit den kindlichen Körpermaßen in Einklang stehen und so geordnet sein, dass ein Kind selbstständig finden kann, was es zu seiner natürlichen Entwicklung braucht. Im Prinzip richtig. Doch nicht allein der Lehrer entscheidet, was das Kind für seine Entwicklung braucht, damit es sich im Klassenraum wohlfühlen kann.

Ich sorge dafür, dass die Tisch- und Stuhlgrößen richtig passen, dass ein Regal für die täglich ausgepackten leeren Tornister zur Verfügung steht, Ablagekörbe unter jedem Tisch und Eigentumsfächer für angefangene Arbeiten und Briefe vorhanden sind.

Wer lange als Klassenlehrerin immer im gleichen Raum „seine" Klasse unterrichtet, sammelt eine Fülle von Material an. Darum ist es wichtig, am Ende eines vierten Schuljahres den Raum möglichst leerzuräumen. Die „Neuen" sollen ihren Raum selbst nach und nach ihren Bedürfnissen entsprechend einrichten und gestalten dürfen. Darum sorge ich zum Schulanfang dafür, dass der Raum hell und einladend aussieht. Frische Blumen stehen auf den Tischen, einige Bücher und Spiele kann man finden. Die Teppichecke mit Baumaterial, umrahmt von den vier Bänken für den Gesprächskreis, ist vorbereitet. Die meisten Regale und Fensterbänke sind leer. Vorhandenes Material, das wir sicherlich bald brauchen werden, ist in geschlossenen Unterschränken verstaut.

Wohn- und Arbeitsraum
Vom ersten Schultag an wollen die Kinder das Klassenzimmer zu „ihrem" Wohn- und Arbeitsraum gestalten: Blumen für die Fensterbänke, Bilder,

bald auch Vorschläge für zu pflegende Tiere, Nachfragen nach bestimmten Spielen und Materialien. „Wir brauchen eine Lupe, ein Maßband, eine Waage." „Darf ich meine Puppe, mein Auto, meine CD mitbringen?" „Dann brauchen wir Kopfhörer, sonst stört das die anderen."„Können wir nicht eine Kiste mit Mineralwasser in der Klasse aufstellen? Einen Becher kann jeder selbst mitbringen." Nach und nach verändert sich der Raum so, dass auch selbstständiges Lernen angeregt und ermöglicht wird. „Forscher- und Experimentierecken" entstehen, der Büchertisch verlockt zum Lesen bzw. Bilderanschauen. Natürlich gibt auch die Lehrerin Anregungen, führt neue Arbeitsmittel ein, sortiert vorhandene Materialien sinnvoll nach ihrer Funktion. Da es der Leseförderung dient, wird alles Mögliche sinnvoll in großen Druckbuchstaben mit entsprechenden Schildern versehen.

Wichtige Vereinbarungen
Wie im Wohnzimmer zu Hause bei den Eltern muss es auch im Klassenzimmer Grenzen geben. Eigentumsfächer der anderen Kinder, Schreibtisch oder Stehpult des Lehrers sind tabu – versehen mit einem entsprechenden Schild. Für die Benutzung der Druckerei, der Stereoanlage oder der Computer gelten exakt abgesprochene Vereinbarungen. Wenn es sinnvoll erscheint, möglichst auf Vorschlag der Kinder, werden Verantwortungsbereiche oder Dienste geschaffen. So betreuen Kinder eigenverantwortlich etwas, versorgen oder ordnen es. Immer wieder werden im wöchentlichen Klassenrat und im täglichen Morgenkreis gemeinsam Vorschläge und Ideen besprochen und Probleme gelöst.

Nicht immer sind alle Lehrkräfte einer Klasse mit der Gestaltung eines Raumes einverstanden, haben andere Ideen und Wünsche, fühlen sich eingeengt. Auch dann ist der Klassenrat der Ort, wo die Fachlehrer ihre Kritik oder ihre Vorstellungen einbringen und mit den Kindern und ihrem Klassenlehrer abstimmen können. Nur ganz selten habe ich erlebt, dass Kollegen oder Kolleginnen ein solches Ansinnen als übermäßiges Wichtignehmen der Kinder abgelehnt haben. Eine von allen akzeptierte Lösung lässt sich im Gespräch immer finden.

Raum und Unterricht – das Klassenforum
Thomas Auras

Der Klassenraum ist der wichtigste Arbeitsplatz nicht nur der Schülerinnen und Schüler, sondern auch der Klassenlehrerin oder des Klassenlehrers. Hier werden Planungen und Überlegungen täglich angewendet. Aus diesem Grund ist es ratsam, auf die Gestaltung dieses Raums großen Wert zu legen.

Dies ist hauptsächlich die Aufgabe des Klassenlehrers. Er entscheidet – auch in Absprache mit Kollegen, Kindern und Eltern –, welche Bedeutung der Raumgestaltung zukommt und wie der Raum aussehen soll. Außerdem ist er für die Umsetzung der gestalterischen Arbeit verantwortlich.

Der Einfluss der Raumarchitektur auf Wohlbefinden und Arbeitsverhalten der Kinder ist nicht zu unterschätzen. Nicht umsonst bezeichnen Finnen den Raum als „dritten Pädagogen". Bestimmend für die Wirkung eines Raumes sind seine *Farbgestaltung* und seine Größe. Um einem Klassenraum die erdrückende Dimension eines Großraumbüros zu nehmen, eignen sich z. B. hohe Regale als Raumteiler, was nebenbei positive Auswirkungen auf die *Akustik* hat.

Funktionsbereiche

Die Skizze auf der nächsten Seite zeigt beispielhaft, wie ein Klassenraum in funktionelle Einheiten aufgeteilt werden kann.

Forum: Im Zentrum des Raums und in der Nähe der Tafel befindet sich das Forum, das aus fest installierten Sitzbänken besteht. Dies ist der zentrale Bereich für die Kommunikation innerhalb der ganzen Klasse: Hier werden Arbeiten vorgetragen, finden Besprechungen und Diskussionen statt usw. Die Sitzbänke sind u-förmig von Regalen eingefasst, die gleichzeitig als Raumteiler und zum Verstauen von Unterrichtsmedien dienen.

Es ist sinnvoll, die privaten Fächer der Kinder an eher versteckten Orten zu positionieren. Arbeitsmittel, die ins Auge springen und zum Gebrauch herausfordern sollen, sind an exponierten Orten besser aufgehoben.

Arbeitsplätze: Die Anordnung der Arbeitsplätze in der Peripherie hat zwei Vorteile. Erstens wird das begrenzte Flächenkontingent voll genutzt, und zweitens hat ein Kind dort nicht die gesamte Klasse, sondern nur seine eigene Arbeit im Blick. Auch hier können Tische durch Regale abgeteilt und damit separate Arbeitsplätze geschaffen werden. Es empfiehlt sich, auf diese Weise sogar einige Einzelplätze zu errichten, die vorzugsweise Kindern mit Konzentrationsproblemen zur Verfügung stehen. Ablenkende äußere Reize können noch weiter vermindert werden, indem den Kindern einige Lärmschutzkopfhörer zur Verfügung stehen. Die Erfahrung zeigt, dass Kinder davon gerne Gebrauch machen. (Das soll allerdings nicht heißen, dass durch den Einsatz von Geräuschschutz auf eine Ruhekultur verzichtet werden kann.) Neben den Einzel- und Partnerplätzen gibt es auch einen Gruppentisch.

Kinder müssen nicht unbedingt feste Plätze haben. Ebenso gut ist es möglich, dass sie sich je nach Notwendigkeit einen Ort zum Arbeiten frei aussuchen.

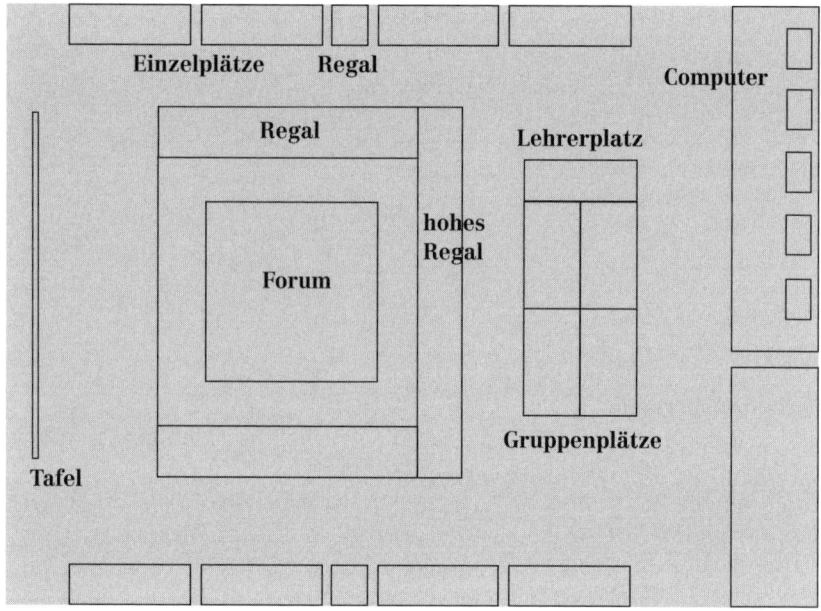

Computer, Leseecke und Lehrerplatz: Es bietet sich an, Rechner zusammenhängend anzuordnen. In diesem Fall sind administrative Arbeiten am einfachsten zu bewerkstelligen. Wenn der Lichteinfall von der Seite kommt und der Abstand vom Benutzer zum Monitor ausreicht, werden auch ergonomische Aspekte beachtet.

Lesezone: Ein weiterer zentraler Bereich ist die Lesezone. Wer hierfür ein Etagenbett wählt, verdoppelt die nutzbare Fläche. In der Nähe der Leseecke sollte sich auch die Klassenbücherei befinden. Wenn Bücher so ins Regal gestellt werden, dass nicht nur ihre Rücken, sondern ihre Titelbilder gesehen werden können, erhöht sich der Aufforderungscharakter der Lektüre.

Es ist sinnvoll, den Lehrerplatz wie skizziert zu positionieren, weil die Lehrkraft dann sowohl den Gruppentisch als auch die Computer überblicken kann.

Die Raumgestaltung sollte sich aus dem eigenen Unterrichtskonzept ableiten. Wie muss mein Klassenraum aussehen, damit er meine Art zu unterrichten ideal unterstützt? Es ist empfehlenswert, den Raum mit maßstabsgerecht aus Pappe ausgeschnittenen Einrichtungsgegenständen vorzuplanen.

Klassenraum: Kleinbereiche und Nebenräume
Christina Robert/Heiko Rauenschwender

Schulisches Leben und Lernen findet vorrangig in und um das Schulgebäude mit seinen Klassenräumen, Sportstätten und Pausenflächen statt. Damit architektonischer Raum zu einem lehr- und lernfreundlichen Lebensraum für die Kinder und die Lehrpersonen wird, kommt der Ausgestaltung des Schulhauses und seiner Umgebung große Bedeutung zu.

Der Klassenraum sollte unterschiedliche Nutzungen zulassen und möglichst gleichzeitig Arbeits-, Spiel-, Bewegungs-, Rückzugs- und Pausenraum sein. Meist ist die Raumausstattung ein Kompromiss, der einerseits an aktuelle (Lern-)Vorhaben und Klassengrößen, andererseits an finanzielle Mittel und bauliche Voraussetzungen gebunden ist.

Bevor eine Klasse mit ihrem Lehrer einen neuen Raum bezieht, sollte dieser klären, ob bereits Absprachen zur Gestaltung von Klassenzimmern (zwischen einzelnen Kollegen, Fachlehrern oder Jahrgangsstufen) bestehen und ob über den Schuletat oder einen bestehenden Förderverein Gelder für Einrichtungszwecke zur Verfügung stehen.

Es macht Sinn, die Raummitte für wechselnde Sitzordnungen, als Verbindungsweg und für gemeinsame Aktivitäten wie Gesprächskreise oder Bewegungsspiele zu nutzen und in Ecken und Randbereichen zweckgebundene Zonen zu installieren. Diese Plätze können optisch durch Regale, Schränke (Materialaufbewahrung) oder Pflanzen vom übrigen Klassenraum abgetrennt werden. Oft benötigtes Material sollte leicht zugänglich sein. Es ist außerdem zu beachten, dass auch die Fachlehrer über einen festen Platz für ihre Unterlagen verfügen können.

Kleinbereiche im Klassenraum

- *die Leseecke:* einladend ausgestattet mit einem Teppich, kleinen Sitzkissen oder Matratzen, eingefasst durch halbhohe Regale – angeschlossen ein Bibliothekstisch mit Büchern, die die Kinder entleihen und mit nach Hause nehmen können,
- *die Spielecke:* bestückt mit verschiedenen kleinen Spielen, vielleicht sogar ergänzt durch ein Puppentheater oder eine Verkleidungskiste,
- *die Mal- und Bastelecke:* eine mit Wachstuch abgedeckte Arbeitsfläche mit offenen Materialien (Papiere, Wolle, Stoffe, Farben, Stifte) für die kreative Arbeit,
- *das Büro:* Es lädt zu ungestörtem Schreiben und Rechnen ein (Schreibwerkstatt, Knobelaufgaben) und enthält vielleicht auch Schreibmaschinen oder Computerarbeitsplätze.

Ergänzend sollte man versuchen, einzelne Büchertische, Thementische oder Ausstellungstische, die z. B. Bezug auf ein gerade aktuelles Unterrichtsthema nehmen, variabel im Klassenraum zu platzieren.

Nebenräume

Flure und Eingangsbereiche, freie (Pinn-)Wände, Tafelseiten, Fensterflächen und mobile Stellwände dienen der thematisch gegliederten Präsentation kreativer Arbeitsergebnisse. Diese könnten bevorzugt aus den Bereichen Kunst (Bilder in verschiedenen Techniken), Deutsch (Gedichte, Geschichten) und Sachunterricht (Plakate, Wetterdiagramme) stammen und so öffentlich gewürdigt werden.

Hier finden sich, übersichtlich angeordnet, oft benötigte Denk- und Lernhilfen zu einzelnen Fachbereichen (Buchstabenkarten, Zahlenstrahl) oder zu Ritualen und Vereinbarungen (Klassenregeln, Klassendienste). Sollte es einmal an Fläche fehlen, helfen gespannte Schnüre und Wäscheklammern, an denen man etwas aufhängen kann.

Wenn parallel unterschiedliche Arbeiten in einem solchen Klassenraum stattfinden, stellt dies besondere Anforderungen an die Kinder. Der Klassenlehrer muss darauf hinwirken, dass verabredete Regeln eingehalten werden. Bei der Nutzung und Ausstattung von Nebenräumen, Fluren, Treppenaufgängen und Eingangsbereichen muss beachtet werden:

- Habe ich die gültigen Brandschutz- und Sicherheitsbestimmungen berücksichtigt?
- Kann ich während des Unterrichts meiner Aufsichtspflicht genügen?
- Sind eventuell Absprachen mit dem Reinigungspersonal zu treffen?
- Sind meine Vorstellungen mit den Lehrern der angrenzenden Klassen verlässlich abgeglichen worden?

Kinderinteressen – Schulinteressen: ein Balanceakt
Reinhard Stähling

In unserem Stadtteil leben Kinder aus dreißig Nationen. Das zeigen schon die Außenwände der Grundschule. Sie sind bemalt mit bunten Bildern aus vielen Ländern: ein Ergebnis des Projekts „Unsere Schule soll schöner werden", an dem alle Klassen beteiligt waren. Jedes Kind hat hier ein Zeichen hinterlassen. Ein bisschen staunen die Pädagogen selber, dass seit Jahren niemand mehr die Schulwände beschmiert. Die Kinder fühlen sich mit ihrer Schule verbunden. Der Stadtteil gilt als sozialer Brennpunkt, aber diese internationale Schule ist so etwas wie eine Insel, zu der man täglich übersetzt.

Die Kinder stehen im Mittelpunkt. So ist es nur logisch, dass sie auch wöchentlich ein Forum in jeder Klasse haben: den Klassenrat. Aus jedem Klassenrat werden zwei Vertreter in den Schülerrat gesandt. Diese Versammlung der Klassensprecher tagt monatlich im Lehrerzimmer. Der Rektor leitet sie, wie das für ein bedeutendes Gremium (z. B. die Schulkonferenz) üblich ist. Heute steht der Vorschlag einiger Klassen auf der Tagesordnung, für die Kinder in der Pause einen Kiosk einzurichten. An diesem Verkaufsstand möchten Kinder selbstständig etwas zu essen verkaufen.

Eine gute Idee, finden einige Klassenlehrerinnen. Andere sagen dazu spontan: „Also Kaufladenspiel mit echtem Geld!" Sofort kommen aber auch Bedenken auf, weil häufiger schon Geld verschwunden war. Viele meinen, es sei besser, kein Geld mit in die Schule zu bringen: „Wir hatten doch beschlossen, dass Kinder so selten wie möglich Geld mitbringen."

In einigen Klassen haben die Lehrerinnen bereits eine sehr gemütliche Frühstücksatmosphäre entwickelt. Dort sorgen Platzdeckchen, Tischschmuck und Trinkbecher für eine gepflegte Esskultur. Würde man deren Arbeit nicht durch einen Kiosk untergraben, der Angebote für ein Frühstück draußen auf dem Schulhof machte? Essen während der Spielpause draußen war aus gutem Grunde verboten. Auch dies spricht gegen einen Kiosk zur Frühstücksverpflegung.

Andererseits kennen wir in allen Klassen Kinder, die selten gesundes Frühstück in die Schule mitbringen, weil sich zu Hause niemand darum kümmert. Könnte man diesen Kindern über den Kiosk ein gesundes Frühstück mit Obst und Gemüse anbieten? Im Interesse dieser Kinder hat sich die Schule erfolgreich beim Gesundheitsamt dafür eingesetzt, Unterstützung für das Schulfrühstück zu bekommen. Da kommt der Vorschlag der Klassensprecher, einen Kiosk einzurichten, gerade recht. Die Klassensprecher geben den Vorschlag zur Kioskgründung in alle Klassen. Dort soll er in den Klassenräten beraten werden.

Später beschließen die Klassensprecher im Schülerrat mehrheitlich, dass ein Kiosk eingerichtet werden soll.

Wie ist das nun zu bewerten? Sollen nun „über die Köpfe der Lehrkräfte hinweg" die Schülerinnen und Schüler neue Regeln aufstellen können, Bewährtes außer Kraft setzen? Nein – in unserem Schulprogramm gilt der Grundsatz, alle sollen sich in der Schule wohl fühlen können – natürlich auch und nicht zuletzt die Erwachsenen. Können also auf der nächsten Mitarbeiterkonferenz die Beschlüsse des Schülerrates „gekippt" werden? So etwas dürfte es in einer lebendigen Demokratie nicht geben.

Mir gehen spontan Schlagworte durch den Kopf wie „Demokratie wagen", „Erfahrungen sammeln" oder „Schule neu denken". Alle Bedenken müssen gehört werden! Es gilt, einen Kompromiss auszuhandeln, der sowohl den Kindern mit ihrem Kioskwunsch als auch den Klassenlehrerinnen mit ihren Erfahrungen und Vorstellungen von Frühstückskultur gerecht wird.

Was wird also zu tun sein? Der nächste Schülerrat spricht über die Bedenken der Lehrerinnen, die auch schon in den Klassenräten ihre einflussreichen Stimmen erhoben haben. Könnten wir es nicht so einrichten, dass erst nach der Spielpause, also kurz vor der Frühstückspause, der Kiosk geöffnet wird? Die Kinder können dann für das Frühstück in der Klasse einkaufen: eine halbe Banane, Möhre oder Apfelstücke, Mandarinen, Trauben oder Nüsse. Nach langen Beratungen kommen die Klassensprecher auf die Idee, eine „Frühstückskarte" mit vier Stempelaufdrucken für einen Euro zu verkaufen. Damit diese wertvolle Karte nicht verlorengeht, bleibt sie – mit Namen versehen – im Kiosk und wird dort alphabetisch sortiert in einer Karteikiste leicht zu finden sein. Jeweils zwei Kinder machen den „Obstdienst". Sie stempeln die Frühstückskarte ab und geben das gewünschte Obst und Gemüse aus.

Der nachvollziehbare Wunsch einiger Kinder, einen Kiosk zu betreiben, stößt auf andere, ebenfalls nachvollziehbare Interessen einiger Lehrerinnen. Solche Interessengegensätze gibt es im Schulalltag häufiger; man denke nur an den komplexen Prozess der Regelfindung für die Pausen.

Die Diskussion um den Kiosk wird sicher weitergehen. Kann und soll man dort auch andere Dinge verkaufen? Könnte man den Gewinn für einen guten Zweck verwenden? Schon werden Kinderstimmen laut, die auch Süßigkeiten im Kiosk wünschen. Würden die Kinder aus ihrer Schule eine Schokoladenfabrik machen, wenn sie nur könnten? Schließen sich Schokolade und Gesundheitserziehung aus? Ich würde eigentlich gern Bonbons verkaufen lassen, nach deren Genuss man in allen Regenbogenfarben spucken kann. Welch ein Spaß in der Schule! In einer Aktionswoche könnte man sogar selbst gebackene Plätzchen verkaufen – wäre das nicht die Krönung eines Projekts in der Weihnachtszeit? Nebenbei lernen die Kinder auch noch den Umgang mit Geld, das Wirtschaften und Planen. Was sagen die Eltern dazu? Wie wäre es, wenn im Kiosk auch Sammelbilder zu kaufen wären?

„Aber diese Kinderinteressen kann man doch steuern", höre ich schon erfahrene Kolleginnen sagen. Ja, man kann schon, aber ist es unsere Aufgabe, diese Wünsche zu „steuern"? Ich sehe keine schnelle Antwort auf all diese Fragen. Interessenkonflikte lassen sich nicht per Denkverbot, Erlass, Anordnung oder Erwachsenenbeschluss einfach vom Tisch fegen. Wo bliebe da der Lernprozess, den eine demokratisch orientierte Schule als Lebensraum bieten kann? Nach meinen Erfahrungen zeigen sich Kinder einsichtig und verständig, wenn die Erwachsenen ernst nehmen, was sie wünschen. Dann suchen Kinder nach allen möglichen Kompromissen, um möglichst viele Anliegen „unter einen Hut" zu bekommen. Ich bin froh über eine demokratische Schule, in der solch ein Balanceakt im Interesse des gemeinsamen Lebens gelingt. Menschenbildung, demokratisches Lernen und Schulreform hängen unmittelbar zusammen und befruchten sich gegenseitig. Der Umbau der Schule braucht sehr viele dieser kleinen Lernschritte, um auf festem Fundament stehen zu können.

Sieben Schritte auf dem Weg zum Klassenrat
Reinhard Stähling

Sorgen und Nöte von Kindern in einer Grundschule hört man, wenn man nur die Ohren aufmacht:

*   A hat mich getreten.
*   B hat meinen Radiergummi weggenommen.
*   H hat zu mir gesagt:„Ich bin nicht mehr dein Freund."
*   K hat gesagt, dass sein großer Bruder mich verhaut.

Diese Probleme von Kindern sollten wir ernst nehmen. Jeder ist gefragt, den Kindern zu zeigen, dass Unrecht nicht ungehört verhallt. Was liegt näher, als darüber zu sprechen – mit den betroffenen Kindern. Wir finden, dass unsere Schule den Kindern Zeit für regelmäßige Gespräche geben muss, in denen Probleme geklärt werden können. Diesem Zweck dient der Klassenrat, der einmal wöchentlich in jeder Klasse stattfindet. Wer es uns nachmachen will, dem seien diese sieben Schritte empfohlen:

Schritt 1: einen Sitzkreis bilden. Das Beste ist ein festes Bänkchenquadrat, das – aus Platzgründen – immer vor der Tafel steht.

Schritt 2: auf eine Kladde „Klassenrat" schreiben. Von nun an kann jedes Kind (jederzeit) etwas über sein Problem in das Klassenratbuch schreiben. Statt zu schreiben, kann es seine Sorgen auch malen. Name und Datum dazu – fertig. Beim nächsten Klassenrat wird es besprochen (nicht eher).

Schritt 3: als Lehrerin oder Lehrer Toleranz zeigen. Der moralische Zeigefinger ist in einem Klassenrat tabu! Wir wollen die Sorgen verstehen. Wer jemandem Gewalt angetan hat, bekommt eine Chance, sich zu erklären. Er kann sich entschuldigen und es eventuell wiedergutmachen.

Schritt 4: Termin festlegen (einmal wöchentlich zur festen Zeit). Der Klassenrat findet ohne Ausnahme statt! Auf diesen Termin müssen sich Kinder und Eltern verlassen können.

Wenn kein Problem im Buch steht, ist Zeit für Spiele im Kreis, (z. B. „Heißer Stuhl": Ein Kind in der Mitte bekommt von den anderen nur Gutes zu hören: „Deine Schuhe finde ich schön. – Du kannst mir gut helfen. – Ich finde, du machst tolle Witze.")

Schritt 5: Beim Klassenrat werden die Probleme der Reihe nach durchgearbeitet.

Gespräche haben Regeln:
- Zuerst spricht, wer ein Problem ins Klassenratbuch geschrieben oder gemalt hat.
- Er spricht, solange er will, und wird von niemandem unterbrochen.
- Dann spricht der „Gegenspieler". Auch er wird von niemandem unterbrochen.
- Erst wenn die beiden Parteien zu Ende geredet haben, ist Zeit für Fragen aus dem Kreis.
- Gemeinsam wird am Ende nach einer Lösung gesucht.

Schritt 6: Kinder haben gute Ideen dafür, wie man sich wieder verträgt. Die Pädagogen lernen, sich auf die Kinder zu verlassen. Kinder sind den Erwachsenen gleichwertig.

Beispiel: Die Kinder geben dem „Täter" noch eine Chance. Wird jedoch diese Chance nicht genutzt, folgt eine Konsequenz, die bereits vorher festgelegt wurde. Schlägt einer in der Pause andere Kinder, so bekommt er im Wiederholungsfall – konsequenterweise – keine weitere Gelegenheit, andere zu schlagen. Er hat Pausenverbot. Dies ist vorher mit ihm im Klassenrat vereinbart worden.

Schritt 7: Klassenrat in allen Klassen der Schule ist ein Idealfall. Vieles wird dadurch leichter. Das werden alle Mitarbeiter der Schule leicht verstehen: Wer ein Problem mit einem Kind aus einer anderen Klasse hat, geht – begleitet von einem Vertrauten – in den fremden Klassenrat und trägt sein Anliegen dort vor. Aber niemals sollte man die tolerante Grundhaltung vergessen – der Klassenrat ist kein Tribunal für Sünder.

Unsere Erfahrungen nach sieben Jahren Klassenrat zeigen einen deutlichen Rückgang von Gewalt zwischen den Schülern. Obwohl wir in allen Klassen Kinder mit Verhaltensauffälligkeiten und verschiedenen Lernproblemen haben und darum eher mehr Schwierigkeiten als anderswo zu erwarten wären, stellen wir fest, dass Gewalt nicht (mehr) das beherrschende Thema ist. Wir vermuten den Grund darin, dass unsere Schüler das Gefühl haben, dass niemand mit seinen Sorgen alleingelassen wird. Dafür sind uns auch die Eltern dankbar. Jeder an unserer Schule merkt bald, dass wir im Klassenrat für alle sozialen Schwierigkeiten eine Lösung finden können (eigentlich unglaublich) – wenn nicht durch die Erwachsenen, dann doch mithilfe der Kinder. Denn die sind unglaublich.

Weiterlesen bei Reinhard Stähling (2006). „Du gehörst zu uns". Inklusive Grundschule. Hohengehren: Schneider.

Der Schülerrat: Pausenregeln
Manfred Pollert

In der Schülerratssitzung läuft eine erregte Diskussion. Jede Klasse ist durch ein Mädchen und einen Jungen vertreten. Roman, Klassensprecher der zweiten Klasse, hat ein Anliegen seiner Klasse vorgetragen: „Die großen Jungen lassen die kleineren nie Tischtennis spielen. Unsere Klasse möchte, dass der Schülerrat das regelt."

Verschiedene Lösungen werden überlegt. Der anwesende Schulleiter, es könnte auch im Wechsel eine Lehrerin oder ein Lehrer der Schule sein, führt Protokoll, lenkt allenfalls die Gespräche, hält sich aber mit eigenen Meinungsäußerungen zurück und hat auch kein Stimmrecht. Es wird beschlossen: Jede Klasse entscheidet sich in einer Klassenratssitzung bis zum nächsten Treffen des Schülerrats für eine der vorgeschlagenen Lösungen oder bietet eine bessere an. Vier Wochen später wird das Ergebnis in allen Klassen als gültige Regel bekanntgegeben: Tischtennis ist nur für die Jahrgänge 3 und 4 erlaubt.

Auf diese Weise können von allen Klassen akzeptierte Regeln entstehen. Dabei gilt: Wenige Regeln lassen sich leichter einhalten als eine Fülle von Verordnungen, selbst wenn die Kinder sie vorgeschlagen haben. Immer ist zu entscheiden, ob eine Sache wirklich „offiziell" geregelt werden muss. An unserer Schule entstanden so die folgenden Absprachen:

Alle Kinder sollen ungestört spielen können. Auf der Wiese darf nur gespielt werden, wenn kein Sperrschild hängt (also wenn sie trocken ist). Fußball wird nur auf dem Sportplatz gespielt, es gibt einen Plan dafür, wann welche Klasse den Sportplatz in der großen Pause für sich hat. Für die Ausgabe und Ordnung der Spiele vom Spielewagen ist jeweils für vier Wochen eine Klasse verantwortlich. In den Pausen sind nicht erlaubt: Gameboy-

Spiele, Inliner, Skateboards, Spaßkämpfe, Spiele im Fahrradschuppen, das Betreten der Grünfläche am Schulhofzaun.

Auch wenn Kinder Regeln beschließen, sind sie nur so lange gut, solange sie respektiert werden. Auch dafür sind die Kinder selbst verantwortlich. Bei Problemen in der Pause müssen die aufsichtführenden Lehrkräfte nur eingreifen, wenn es darum geht, mögliche Verletzungen zu verhindern. Regelverstöße, darin ist sich das Kollegium einig, sind meist Probleme einzelner Kinder aus bestimmten Klassen. Also müssen die Probleme auch dort gelöst werden, und zwar im Klassenrat.

Sind mehrere Klassen beteiligt, findet die Sitzung in der Klasse statt, zu der die „Beschwerdeführer" gehören. Die Kinder einer anderen Klasse werden dann mit einem oder mehreren „Zeugen" zur wöchentlichen Sitzung der Klasse eingeladen.

Natürlich gibt es nicht nur Ermahnungen oder eine oft nicht ehrlich hingemurmelte Entschuldigung. Die Kinder versuchen, solche Sanktionen zu beschließen, die mit der Sache zu tun haben: Wer das Spiel anderer stört, kann eben an einem oder mehreren Tagen in der Pause nicht spielen, sondern sitzt auf einem Stuhl. Wer Fußball auf dem Schulhof spielt, darf nicht mit zum Sportplatz, wenn seine Klasse dran ist. Wer in den Anlagen spielt, bekommt Gelegenheit, diese zu säubern und die Erde wieder aufzulockern. Wer einem Kind wehgetan hat, muss ein *schönes* Bild für das Kind malen, das von diesem als Entschuldigung oder Wiedergutmachung akzeptiert werden muss. Die Kinder sind da sehr erfindungsreich. Als harte Strafe gilt: Ausschluss von besonders schönen Dingen, z. B. von der Teilnahme an der regelmäßigen Schulfeier.

Klassenlehrerinnen und -lehrer können den Kindern helfen, sich der Regeln häufiger bewusst zu sein. Ein kleines Ritual wird schnell zur Gewohnheit: Innen vor der Klassentür „stoppt" eine rote Haltelinie die Kinder vor dem Hinausgehen in die Pause. Die Lehrerin fragt täglich: „Welche Regeln sind für eine schöne Pause besonders wichtig?" Erst wenn einige Kinder geantwortet haben, gehen alle ruhig auf den Schulhof.

Klassendienste und Klassensprecher
Christina Robert/Heiko Rauenschwender

Durch die Ausübung von Klassenämtern lernen Kinder frühzeitig, Verantwortung zu übernehmen und zum sozialen Miteinander beizutragen. Die Klassenlehrerin sollte Klassendienste wie Tafeldienst, Fegedienst, Blumendienst, Mülldienst, Spielekistendienst, Verteilerdienst, Frühstücksdienst oder Regaldienst nach und nach mit den Kindern besprechen und einführen. Alle oben genannten Dienste sind schon im ersten Schuljahr einsetzbar. In der Regel sind zwei Kinder pro Dienst zuständig. Es hat sich bewährt, Klassendienste wöchentlich zu wechseln, wobei der Wechsel auf freiwilliger Basis oder nach einem vorgegebenen Rotationsverfahren erfolgen kann.

Die Verteilung der Klassendienste sollte für alle Kinder gut sichtbar im Klassenzimmer dargestellt sein. Dazu gibt es unterschiedliche Visualisierungsmöglichkeiten:

Leiste mit Bildkarten: Benötigt werden Bildkarten entsprechend der zu verteilenden Dienste, die untereinander auf eine Papp- oder Holzleiste geklebt werden (unter der Internetadresse www.grundschulmaterial.de gibt es passende Abbildungen). Auf Wäscheklammern aus Holz stehen die Namen der Kinder. Sie werden an den Rand der Bildkarten geklammert.

Seitentafel: Die Symbole (Materialien, Bildkarten, Wortkarten) werden aufgehängt und die Namen der Kinder danebengeschrieben.

Der Klassensprecher und sein Vertreter werden meist erst ab dem dritten Schuljahr gewählt. Seine Aufgaben können darin bestehen,

- sich im Falle des Fortbleibens einer Lehrperson im Sekretariat oder im Lehrerzimmer zu melden,
- bei Problemen die Rolle des Vermittlers zwischen Schülerschaft und Lehrer einzunehmen,
- sich bei kleineren Streitigkeiten innerhalb der Klasse als Streitschlichter einzuschalten.

Ein Kind im Grundschulalter sollte seine Verantwortung natürlich in keinem Fall als Last empfinden. Die Freiwilligkeit dieses Amtes sollte gewahrt sein. Die Wahl des Klassensprechers ist ein politisch interessanter und liberaler Prozess. Die Kinder lernen hier fast nebenbei, begründete Wahlvorschläge zu machen und demokratisch abzustimmen.

6 Den Tagesablauf rhythmisieren

Einführung:
Wie wird der Tag strukturiert?

In vielen Grundschulen wird der Tagesablauf (noch immer) hauptsächlich vom Stundenplan her strukturiert. Das ist mit Blick auf die Kinder, deren Konzentrationsvermögen sich höchst unterschiedlich darstellt, und auf die Inhalte, die unterschiedlich komplex sind und ein flexibles Zeitmanagement erfordern, eher wenig sinnvoll. Lernen braucht Pausen und Rhythmus – beides lässt sich nicht unbedingt mit einem 45-Minuten-Takt bemessen.

Bei der Gestaltung des Tagesablaufs sollten gerade Klassenlehrerinnen und -lehrer den ihnen gegebenen Freiraum nutzen und sich von äußeren Zwängen frei machen. Niemand kennt die Klasse besser, weiß, wann es genug ist, wann Bewegungs- oder Stillephasen, wann Entspannungsübungen nötig sind, damit die Freude am Lernen erhalten und das Arbeiten anschließend wieder produktiv weitergehen kann.

Es ist selbstverständlich, dass jeder Schultag nicht nur gemeinschaftlich begonnen und beendet wird, sondern unterschiedlich gestaltete Phasen des sozialen Miteinanders das Lernen des Einzelnen während des gesamten Schultags bereichern. Dennoch muss die Unterrichtszeit von Gleichmäßigkeit geprägt sein. Schülerinnen und Schüler brauchen verlässliche und vorhersehbare Abläufe. Das oben skizzierte, zu starre Korsett des Stundenplans sollte aber aufgebrochen werden durch eine gezielte äußere und innere Rhythmisierung der Unterrichtszeiten, z.B. durch Blockbildung, Freiarbeitsphasen, Wechsel von Lernphasen usw.

Damit geht einher, dass einerseits Lehrkräfte die individuelle Lernzeit der Schülerinnen und Schüler ernst nehmen und diese im Gegenzug immer mehr zu Gestaltern ihrer eigenen Lernzeit werden, weil ihnen nach individuellem Bedarf die Zeit zugestanden wird, die sie benötigen, um sich intensiv und selbstverantwortlich mit den Themenstellungen zu befassen.

Eine besondere Bedeutung hat die Planung des Tagesablaufs in den ersten Schulwochen. Das Team der Klassenleiterinnen der ersten Jahrgangsstufe ist hier gefordert. Die stark pädagogische Ausgestaltung prägt die Einstellungen der Kinder zur Schule und zum Lernen.

Literatur
Bartl, Almut (2004). Muntermacherspiele für Grundschulkinder.
Bartl, Almut (2004). Kleine Stille zwischendurch. Berlin: Cornelsen Scriptor
Je 100 Spielideen, die jederzeit in der Klasse eingesetzt werden können.

Petersen, Susanne (2001). Rituale für kooperatives Lernen in der Grundschule. Berlin: Cornelsen Scriptor
Leicht umsetzbare Rituale für viele Gelegenheiten im Schulalltag.

Vorbereitung auf die Schulanfänger
Christina Robert/Heiko Rauenschwender

Der Beginn des ersten Schultages ist für Erstklässler, ihre Eltern und für die Klassenlehrerin von besonderer Bedeutung und muss gründlich vorbereitet werden. Ein möglichst frühzeitiges gegenseitiges Kennenlernen vor der Einschulung ist notwendig und auf unterschiedlichen Wegen möglich:
* Die zukünftige Klassenlehrerin besucht die Kinder im Kindergarten.
* Die Kindergartengruppen kommen in die Schule.
* Die Kinder der zukünftigen ersten Klasse werden (mit ihren Eltern) zu einem Kennenlernnachmittag in die Schule eingeladen.

Vorab: ein persönlicher Brief
Persönliche Briefe an die Erstklässler wecken die Vorfreude auf die Schule und verkürzen die Wartezeit bis zur Einschulung. Für Eltern ist die frühzeitige Bekanntgabe von Terminen und Informationen wichtig. Die Kinder bekommen mit dem Brief eine kleine Aufgabe. Am Rand stehen z. B. kleine Bilder von Kalenderblättern, die sie jeden Tag bis zur Einschulung ausmalen können. Oder sie gestalten ein blattförmiges Papier mit Foto und Namen und bringen dieses am ersten Schultag mit, aus allen Blättern wird dann ein „Klassenbaum" zusammengestellt. Außerdem sollte eine Liste der am Anfang benötigten Schulmaterialien beiliegen. So können sich Eltern und Kinder gemeinsam auf den Schulstart vorbereiten.

Vorbereitung vor Schulbeginn
Vor Schulbeginn sollte man sich als Klassenlehrerin oder Klassenlehrer eingehend mit didaktischen Überlegungen befassen:
* Welche Fächer unterrichte ich im ersten Schuljahr?
* Was steht zu den einzelnen Fächern im Lehrplan?
* Was sehen die Bildungspläne der Schule vor?

Damit einhergehende methodische Auseinandersetzungen sind z. B.:
* Wie sollen die Unterrichtsinhalte vermittelt werden?
* Welche Unterrichtsformen möchte ich einsetzen?
* Welche Materialien benötige ich wozu?

Der Klassenraum sollte so gestaltet sein, dass
* die Kinder sich wohlfühlen,
* er den Unterrichtsinhalten und -methoden entspricht,
* er zur Mitgestaltung und Weiterentwicklung herausfordert.

Die erste Unterrichtsstunde, die ersten Schulwochen

Am Tag der Einschulung findet die erste Unterrichtsstunde in der Klasse statt. Für die Planung dieser Stunde ist zu berücksichtigen, dass die Kinder in ihrer neuen Rolle als Schüler mit einer hohen Motivation in die Schule kommen. Sie müssen schon am ersten Schultag mit dem Gefühl nach Hause gehen können, etwas Neues gelernt zu haben, und dürfen in ihren Erwartungen nicht enttäuscht werden.

In den ersten Schulwochen ist zunächst einmal alles neu und ungewohnt für die Erstklässler. Die Klassenlehrerin sollte in dieser Phase dafür Sorge tragen, dass die Kinder Zeit und Möglichkeiten haben,
* sich gegenseitig kennenzulernen,
* sich im Klassenzimmer und im Schulgebäude zu orientieren,
* sich mit Regeln und Arbeitsmaterialien vertraut zu machen,
* Schule und Unterricht als Herausforderung und Wissensbereicherung zu erfahren.

Zu Beginn des ersten Schuljahres gibt es viele Dinge, die zwischen Eltern und Klassenlehrerin abgesprochen werden müssen. Daher sollte der erste Elternabend frühzeitig stattfinden.

Bei allen genannten Schritten ist es sinnvoll und notwendig, sich mit der Schulleitung sowie mit den parallel arbeitenden Kolleginnen und Kollegen abzustimmen, um eine einheitliche Außenwirkung zu erzielen.

Die ersten Schultage – Spiegel des pädagogischen Verständnisses
Birgit Hacker/Birgit Illmann

Die ersten Schultage sind meist durch viele organisatorische Belange ausgefüllt, sodass für Inhaltliches wenig Zeit bleibt. Für Kinder und Lehrkräfte sind aber gerade die ersten Schultage mit vielen, auch bangen Erwartungen und mit großer Vorfreude verbunden. Darauf sollten sich Klassenlehrerinnen und Klassenlehrer vorbereiten.

Grundsätzliche Überlegungen
* Wie können die neuen Erfahrungen und Anforderungen so dosiert werden, dass an jedem Schultag Neues zu bereits Vertrautem dazukommt?
* Wie können Langeweile oder Überforderung verhindert werden?
* Welche Rituale, Regeln und Ordnungen tragen dazu bei, dass bei den Kindern Sicherheit und Vertrauen aufgebaut werden?
* Wie gelingt es, Mut, Zuversicht und Vorfreude für das neue Schuljahr nachhaltig aufzubauen?

Bei der Planung des Schulbeginns ist vorrangig die pädagogische und inhaltliche Gestaltung wichtig. Bereits in den ersten Tagen müssen die Grundlagen an Gehalt, Form und Orientierung im Zusammenleben und Miteinanderlernen für die Kinder erfahrbar sein. Die folgenden Hinweise können dabei als kleiner Leitfaden dienen. Diese drei Erfahrungen sollen die Kinder von Anfang an machen.

Erfahrung: Ich bin hier in einer Gemeinschaft, ich gehöre dazu und bin wichtig!
Hilfreich dafür sind:
- Begrüßungs- und Begegnungsspiele, Interaktionsspiele,
- Klassenplakat, Geburtstagskalender,
- gemeinsame Gespräche, z.B. über Ferien, Erwartungen, Wünsche,
- Morgenrituale,
- erste Kooperation mit einem Partner oder in der Gruppe,
- Geburtstagsfeiern (Feriengeburtstage nachfeiern),
- Klassendienste,
- Klassenrat.

Erfahrung: Ich kann selbstständig lernen und arbeiten.
Erfahrungsfelder sind:
- Einführung in die Freie Arbeit,
- Einführung in die Wochenplanarbeit,
- Beginn mit dem Lerntagebuch.

Erfahrung: Ich lerne mit und von meinem Lehrer, meiner Lehrerin.
Dies geschieht bei:
- dem ersten gemeinsamen Unterricht (z.B. Ferienausstellung/Feriengeschichte),
- den Übungen und Wiederholungen in Mathematik, Rechtschreiben usw.,
- der Einführung in die neue Lineatur,
- den Regeln zur Gestaltung eines ansprechenden Hefteintrages,
- der erste Hausaufgabe, dem Besprechen der Notengebung und der Kontrolle,
- dem Kennenlernen der neuen Schulbücher,
- dem Tagesrückblick, dem Wochenrückblick.

Damit die formale Organisation reibungslos verläuft und dem Pädagogischen genügend Zeit bleibt, sollte eine gründliche Vorplanung erfolgen.

Was lässt sich schon vor Schuljahresbeginn organisieren?

- Arbeitsplan aus dem Lehrplan für die ersten Schulwochen erstellen,
- Art/Anzahl der Hefte und Mappen für die einzelnen Fächer festlegen,
- weitere Materialien überlegen (besondere Stifte, Material für Kunsterziehung, Arbeitshefte),
- Klassenzimmer einrichten,
- Sitzordnung überlegen,
- Schülerbeobachtungsbögen und Notenlisten vorbereiten,
- ersten Elternbrief entwerfen: sich vorstellen, wichtige Termine nennen (Elternabend, Sprechstunde), Material auflisten, Stundenplan mit den in der Klasse unterrichtenden Lehrern bekanntgeben,
- Brief an die Kinder schreiben.

In den ersten Schultagen

- Elternbrief austeilen,
- Stundenplan ausgeben und besprechen,
- Bücher ausgeben,
- Schulsachen einsammeln (die Eltern bitten, alle Schulsachen zusammen in eine mit Namen beschriftete Tüte zu geben; diese kann man dann in aller Ruhe selbst ordnen),
- persönliche Daten der Schüler kontrollieren,
- sich über die Schüler informieren (vorherige Zeugnisse, Schülerakten lesen, Vorjahreslehrer befragen: Teilleistungsschwächen, körperliche Beeinträchtigungen, bisherige Fördermaßnahmen, außerschulische Förderung),
- mit anderen in der Klasse unterrichtenden Fachlehrern fächerübergreifende Inhalte sowie Regeln und Rituale besprechen,
- sich mit Parallelkollegen über eventuell gemeinsame Vorhaben, Leistungsanforderungen, Möglichkeiten der Kooperation verständigen.

Was lässt sich mit den Kindern gemeinsam organisieren?

- Individualfächer einrichten und beschriften,
- Garderobenplätze einrichten, Schilder gestalten,
- Dienste einteilen,
- die besonderen Zonen im Klassenzimmer beschriften,
- die Einladung für den ersten Elternabend gestalten,
- Heftumschläge gestalten.

Wichtige Rituale
Dorothee Braun

Rituale sind feststehende Interaktions- oder Handlungsmuster, die durch ihren Wiedererkennungswert Sicherheit und Geborgenheit geben. Requisiten wie eine Geburtstagskrone, eine Triangel, ein Gesprächsstein oder ein Vorlesestuhl können dabei unterstützen. Rituale haben erziehenden Charakter, da sie Konsistenz und Vorhersagbarkeit verkörpern, was aufgrund heutiger gesellschaftlicher Strukturen nicht mehr selbstverständlich ist. Rituale konstituieren das Klassen- und Schulleben. Sie regeln das Miteinander, unterstützen das Zusammengehörigkeitsgefühl und wirken identitätsbildend. Sie strukturieren Zeitabläufe und symbolisieren Lebenszyklen. Sie helfen, Zeit und Energie zu sparen, indem bestimmte Abläufe automatisiert geschehen, ohne dass jedes Mal neu nachgedacht oder verhandelt werden muss.

Schulbezogene Rituale
Rituale auf Schulebene sind wiederkehrende Aktionen, die den Jahresverlauf und das Schulleben (Einschulung, Martinstag, Adventssingen) symbolisieren. Als Klassenlehrerin oder -lehrer fügt man sich in bestehende Rituale des Schullebens ein, gestaltet sie mit oder macht Vorschläge für neue (z. B. Verabschiedung der Viertklässler, Lesewettbewerb, Aufführungen).

Klassenbezogene Rituale
An der Gestaltung der Rituale dürfen die Kinder mitwirken. Als Klassenlehrerin oder -lehrer koordinieren Sie Ihre Rituale mit denen des Schullebens und informieren Ihre Kolleginnen und Kollegen.

Rituale zur Gestaltung des Unterrichtes
• Stets gleicher Unterrichtsbeginn (Datum anschreiben, Hausaufgabenkontrolle, Tagesplan besprechen),
• thematisch bezogene Lieder zu Beginn einer Unterrichtseinheit singen; analog dazu thematisch bezogene Streichel- oder Mitmachgeschichten einsetzen,
• ritualisierte Bewegungspausen (Fenster auf, möglichst gleiche Übungen durchführen),
• Ruheritual: Kopf auf den Tisch, erst dann langsam den Kopf heben, wenn nichts mehr von der Triangel zu hören ist,
• Aufräumritual: Während der Zeit, etwa drei Minuten, in der ein bestimmtes Musikstück ertönt, wird aufgeräumt.

Rituale zur Klärung von Konflikten

Im Stuhlkreis: Gesprächsstein bereitlegen, Gesprächsregeln in die Mitte des Kreises legen, jeden der Streitenden erzählen lassen, die Gruppe nach Lösungen befragen, die Kontrahenten nach ihrem Einverständnis fragen, das „Kriegsbeil begraben".

Rituale zum Feiern von Festen

- ein bekanntes Geburtstagslied singen, eine Geburtstagskrone tragen,
- den Adventskalender gestalten.

Rituale: ein Katalog
Christina Robert/Heiko Rauenschwender

Rituale spielen für Kinder eine wichtige Rolle. Sie strukturieren den Schulalltag und geben Kindern somit das Gefühl von Verlässlichkeit und Sicherheit. Sie finden regelmäßig statt, wobei diese Regelmäßigkeit sich auf eine Schulstunde (z. B. Stillezeichen), einen Schultag (z. B. Begrüßung und Verabschiedung), aber auch auf eine Schulwoche (z. B. Erzählkreis am Montagmorgen und Wochenrückblick am Freitag) oder auf ein ganzes Schuljahr (z. B. Geburtstagsfeier) beziehen kann.

Rituale werden mit den Kindern gemeinsam eingeführt und regelrecht eingeübt, damit sie „funktionieren". Verlieren bestehende Rituale ihren pädagogischen Sinn, sollte jedoch auch immer die Möglichkeit bestehen, sie abzusetzen, zu verändern oder durch neue zu ersetzen.

Die Klassenlehrerin sollte die Rituale in ihrer Klasse stets im Auge behalten und die Verantwortung für die Einführung oder Änderung übernehmen. Die Fachlehrerinnen sollten mit den bestehenden Ritualen einer Klasse vertraut sein. Hier eine Auflistung bewährter Rituale als Ideensammlung:

Begrüßung zu Beginn eines Schultages:

Die Kinder einer Klasse starten mit einem Gemeinschaftsgefühl in den Schultag, wenn sie vor der ersten Stunde im (Steh-)Kreis gemeinsam singen, beten und sich begrüßen.

Lieder: Es gibt kurze, von den Kindern schnell zu erlernende Begrüßungslieder wie „Good morning" und „Hey, hello, bonjour, guten Tag". Man kann auch jeden Tag ein Lied aus dem Musikunterricht singen.

Gebete: Entweder sprechen alle Kinder gemeinsam ein Gebet oder ein Kind wählt aus einer Gebetssammlung einen Text aus und betet vor.

Gruß: Alle Kinder fassen sich an den Händen und sagen gemeinsam „Guten Morgen".

Sie strecken beide Hände aus, wobei die Handflächen nach oben zeigen. Ein Kind legt seine rechte Hand in die linke seines Nachbarn und sagt „Guten Morgen ... (Name des Kindes)". Das zweite Kind gibt den Gruß weiter an seinen rechten Nachbarn. Das geht so lange, bis der Gruß bei dem ersten Kind wieder angekommen ist und sich somit alle an den Händen fassen.

Verabschiedung am Ende eines Schultages
Genauso wichtig wie die Begrüßung ist ein gemeinsamer Abschluss am Ende eines Schultages. Zur Verabschiedung können Lieder gesungen werden (z.B. „Alle Leut gehn jetzt nach Haus", „Wer hat an der Uhr gedreht?"). Die Grußarten im Kreis (s. o.) können in abgewandelter Form z.B. mit den Worten „bis morgen" oder „und tschüs" erfolgen.

Wochenbeginn und Wochenabschluss
Montags in der ersten Stunde darf jedes Kind im Sitzkreis von seinen Wochenenderlebnissen berichten. Dazu wird ein Erzählstein reihum gereicht.

Freitags in der letzten Schulstunde kann ein Wochenrückblick mit den Fragestellungen erfolgen: Was hat mir diese Woche viel Spaß gemacht? Was hat mir nicht so gut gefallen? Was habe ich Neues gelernt? Wie habe ich gearbeitet?

Stillezeichen
Gerade zu Beginn einer Stunde, wenn die Kinder aus der Pause zurück in ihr Klassenzimmer kommen, müssen sie zunächst einmal zur Ruhe kommen. Aber auch während der Stunde lassen sich Rituale und Zeichen einsetzen, wenn z.B. die volle Aufmerksamkeit aller Kinder benötigt wird oder wenn Arbeitsphasen der Kinder unterbrochen oder beendet werden müssen.

Optische Zeichen: einen Zeigefinger auf den Mund legen; den anderen Arm in die Luft strecken; Sanduhr; beide Hände an den Hinterkopf legen; Signalkarten.

Akustische Zeichen: Triangel, Klatschzeichen, Regenrohr, Dreiklang, Glocke.

Weitere alltägliche Rituale
Datum: Ein Kind stellt den aktuellen Wochentag am Klassenkalender ein und schreibt das Datum an die Tafel.

Klassentagebuch: Jeden Tag malt und schreibt ein Kind der Klasse außerhalb der Schulzeit in ein Klassentagebuch. Am nächsten Morgen wird der Eintrag gezeigt und vorgelesen.

Klassenstofftier: Häufig gibt es in der Klasse ein Stofftier, das den Kindern aus dem Unterricht bekannt ist. Jeden Tag darf ein Kind das Stofftier mit nach Hause nehmen.

Jede Klassenlehrerin und jeder Klassenlehrer sollte – um authentisch zu wirken – mit der eigenen Klasse nur solche Rituale vereinbaren, die sie selbst vertreten und einhalten können.

Übernimmt eine Lehrperson neu die Funktion der Klassenleitung in einer Klasse, sollte sie sich über die hier bisher geltenden Regeln und Rituale informieren, sie zunächst übernehmen und Änderungen bewusst machen, um den Kindern den Übergang zu erleichtern.

Schule neu sehen
Thomas Auras

Die Schule birgt einen großen Fundus tradierter Riten. Von der Schultüte über den Ranzen bis zu den Hausaufgaben reicht die Bandbreite, die insgesamt ein recht festgefügtes Bild von Schule ergibt. Jeder war in der Schule, jeder glaubt sie zu kennen und sich auszukennen. Entscheidend ist die Frage, welche standardisierten Handlungsformen in der Schule tatsächlich sinnvoll sind und welche vielleicht sogar Probleme erzeugen, die vermeidbar sind. In der Schule sollte so agiert werden, wie es zweckmäßig erscheint, und nicht unbedingt so, wie es immer schon getan wurde. Gerade für Lehrkräfte, die erstmalig eine Klassenleitung übernehmen, bietet sich die Chance, ihre Tätigkeit von Anfang an mit einem kritischen Blick auf die Schule zu begleiten. Aber auch erfahrene Kollegen sind gut beraten, wichtige und unverzichtbare Routinen gelegentlich zu hinterfragen.

Zu den Insignien eines Schulneulings gehört neben der Schultüte der Ranzen. Den braucht der Schüler. Zum Verstauen des Pausenbrotes und der Schulbücher. 28 Ranzen benötigen im Klassenzimmer aber auch enorm viel Platz, die Schultaschen kosten nicht wenig und sind eventuell sogar Neid- und Prestigeobjekte. Wenn Schulbücher in der Klasse bleiben, ist ein stabiler kleinerer Rucksack vielleicht eine Alternative.

Zum Standardrepertoire einer Schule gehört auch die Pausenklingel. Wenn sie ertönt, stellen sich die Kinder auf und werden vom Lehrer hineingerufen. Auch hier muss man hinterfragen: Müssen Kinder sich immer aufstellen? Oder ist es sinnvoller, Schüler ernst zu nehmen und ihnen zuzutrauen, allein den Klassenraum zu betreten? Wann ist das Aufstellen unverzichtbar?

Schon diese scheinbaren Kleinigkeiten sind nicht zu unterschätzen. Sie signalisieren dem Kind, welche Rolle ihm zugewiesen und was ihm zugetraut wird. Noch weitreichender wird es, wenn Lehrerrolle und Unterrichts-konzeption in den Blick gerückt werden. Wie viel Verantwortung für den Lernerfolg liegt bei mir? Was muss ich an das Kind abgeben? Wie viel Stoff muss ich darbieten? Was sollte sich das Kind besser selber aneignen? Welche Regeln und Inhalte bestimme ich? Wie groß ist der Spielraum für die Schüler?

Alle kleinen und großen Fragen, die die Schule und der Unterricht aufwerfen, sollten reflektiert beantwortet werden. Und um zu befriedigenden, kompetenten und authentischen Arbeitsformen zu gelangen, müssen vorhandene Muster vor der Übernahme kritisch betrachtet werden.

Rhythmisierung des Tagesablaufs
Dorothee Braun

Ein Teil des Stundenplans richtet sich nach organisatorischen Vorgaben: Wann steht die Sporthalle zur Verfügung, wann ist eine Fachlehrerin eingesetzt? Manchmal zeigen sich Festlegungen im Nachhinein als ungünstig, sodass Sie als Klassenlehrerin im Kollegium nach Optimierungen suchen sollten. Wenn es sich z. B. für eine erste Klasse als nicht geeignet erweist, in der ersten Stunde Sport zu haben, weil die Kinder anschließend müde im Unterricht sitzen, ist vielleicht gerade die Kollegin aus der vierten Klasse froh über eine Tauschmöglichkeit. Die Abfolge eines anderen Teils der Stunden können Sie frei bestimmen.

Hier ist nach einer sinnvollen Rhythmisierung zu fragen: Welche Fächer sind eher kopflastig und sollten von musischen Fächern abgelöst werden? Welche Fächer lassen sich vor der Pause besser unterrichten als nach der Pause, wenn zunächst vielleicht Konflikte geklärt werden müssen? Ist es sinnvoll, solche Fächer in die letzte Stunde zu legen, die größeres Aufräumen verlangen und dadurch Zeitdruck verursachen?

Überblick geben
Um sich auf ein Geschehen einzustellen, braucht man einen Überblick über das zu Erwartende. Dies ist für alle Kinder hilfreich; gerade aber auch für diejenigen mit Schwierigkeiten bei der Orientierung oder der Aufmerksamkeit. Diesen Überblick können Sie in Form eines Tagesplans zu Beginn des Schulvormittags aufzeigen und mit der Klasse besprechen. Auch wenn Sie zwischendurch nach aktuellen Gegebenheiten umstellen müssen, lässt sich der Plan vor den Augen der Klasse ändern, ohne dass sich die Grundstruktur auflöst und damit beliebig wird. Indem Sie zwischendurch auf den Plan verweisen, erhalten die Kinder ein Gefühl für Abfolgen und Zeitverläufe.

Das Besprechen des Plans eignet sich außerdem dazu, die Kinder zunehmend verantwortlich in das Geschehen einzubinden.

Zum Präsentieren eignet sich eine etwa 80 cm x 100 cm große Buchbinderpappe, die in einer zur Klasse passenden Farbe gestrichen ist. Darauf werden mit Klettband Leisten fixiert. Auf ihnen lassen sich jeweils laminierte Piktogramme befestigen, die die Fächer und typische Aktivitäten symbolisieren (Stationsarbeit, Gruppenarbeit, Freiarbeit, Stuhlkreis usw.).

Rhythmisierung

Durch geeignete Rhythmisierung werden sowohl eine Unterrichtsstunde als auch der Tagesablauf so strukturiert, dass ein ausgewogenes Verhältnis von Anspannung und Entspannung, von Routine und neuen Aktivitäten entsteht. Hiermit können Sie Konzentration und Lernfähigkeit aufrechterhalten und Störungen vorbeugen. Setzen Sie Elemente der Rhythmisierung gezielt ein, denn ein Zuviel erzeugt Unruhe. Außerdem ist es wichtig, Phasen oder Aktivitätsformen klar voneinander zu trennen, damit die Kinder die Gelegenheit haben, sich von etwas zu lösen und auf etwas anderes einzustellen. Rituale, Signale und Vereinbarungen helfen bei der Gestaltung der Übergänge. Eine Rhythmisierung erreichen Sie so:

* angemessener Wechsel der Aufgabenstellungen: kognitiv orientierte Aufgaben wechseln mit Aufgaben musischer Art ab, bei denen kreatives Denken gefordert ist oder mehrere Sinne angesprochen werden. Insgesamt sind variationsreiche Aktivitäten anzubieten wie Malen, Schneiden, Kneten, Lesen, Schreiben, Gespräche usw.,
* Bewegungspausen, kleine Spiele zwischendurch,
* Hören von Musik, z. B. Entspannungsmusik,
* gezielter Perspektivwechsel durch einen Wechsel der Arbeitsposition: im Liegen lesen, beim Aufsagen eines Textes aufstehen,
* wechselnde Interaktionsformen: Einzel-, Partner-, Gruppenarbeit, Gesamtgruppe.

Klassenfeste: Planung und Durchführung
Michaela Suermann

Im Laufe eines Schuljahres bieten sich vielfältige Anlässe, ein Fest mit der Klasse zu gestalten: jahreszeitlich vorgegebene Anlässe wie im Herbst das Feiern eines Kartoffelfestes, Advents-, Nikolaus- oder Weihnachtsfeiern, Karneval, Osterfrühstück, Abschlussfest am Ende des Schuljahres. (Literatur-)Projekte können mit einem Fest oder einer Aufführung feierlich abgeschlossen werden.

Planung

In die Planung eines Klassenfestes sollten die Schülerinnen und Schüler, die Kolleginnen und Kollegen und die Eltern als Partner frühzeitig einbezogen werden.
Besprechen Sie gemeinsam mit der Klasse:
- In welchem Rahmen soll das Fest stattfinden?
Feiern wir im Klassenverband (Osterfrühstück, Adventsfeier)?
Laden wir Gäste (Eltern, die Parallelklasse) dazu ein?
- Was bereiten wir für das Fest vor?
- Führen wir ein Theaterstück gemeinsam auf, sodass jeder eine Aufgabe/ Rolle darin übernimmt?
- Stellen wir aus verschiedenen einzelnen Beiträgen einen Programmverlauf zusammen?
- Wer übernimmt welchen Programmpunkt?
- Wann und wie oft wollen/müssen wir proben? (Beim Proben für das gemeinsame Fest wächst die Identifikation und Verantwortung. Jedes Kind ist wichtig für das Gelingen des Festes, auch wenn die Rolle oder Funktion noch so klein ist.)
- Brauchen wir Dekoration zum Schmücken der Klasse?
- Wie gestalten wir die Einladung? Eine von den Kindern selbst geschriebene und gestaltete Einladung an die Eltern statt einer von der Lehrerin gefertigten Kopie betont die Wichtigkeit des Festes.
- Wann und wo soll das Fest stattfinden?

Aspekte, die die Klassenlehrerin oder der Klassenlehrer im Kollegium klären muss:
- Wird für die Aufführung eines Stückes ein weiterer Raum wie z.B. der Parallelklassenraum oder die Aula benötigt, muss abgestimmt werden, dass dieser Raum für den vorgesehenen Termin frei ist.
- Wird im Klassenraum mit Gästen gefeiert, so ist es sinnvoll, einen weiteren Klassenraum als zusätzlichen Raum mit einzuplanen. So können die Kinder nach gezeigter Aufführung Bastelangebote wahrnehmen oder mitgebrachte Spiele spielen. Selbstverständlich ist, dass dieser Raum im vorgefundenen aufgeräumten Zustand am nächsten Tag wieder übergeben wird.
- Werden für eingeladene Gäste mehr als die in der Klasse vorhandenen Stühle benötigt, muss das Ausleihen von Mobiliar aus weiteren Klassen abgesprochen werden.
- Zudem muss mit dem Hausmeister der Termin mit Anfangszeit und Ende geklärt werden.

Punkte, die im Vorfeld mit Eltern geklärt werden:
• Wer sorgt für das leibliche Wohl?
• Wer hilft im Anschluss bei den Aufräumarbeiten?
• Wer macht Fotos vom Fest?

Durchführung
Wird „nur" mit den Schülerinnen und Schülern an einem Schulmorgen gefeiert, beginnt man gemeinsam die Klasse für die Feier herzurichten, Tische zu rücken oder Dekoration anzubringen. Im Anschluss wird das gemeinsam erarbeitete Programm von den Schülerinnen und Schülern aufgeführt. Am Ende einer solchen Feier im Klassenverband steht das gemeinsame Aufräumen der Klasse.

Sind Gäste eingeladen, sollte die Klasse schon vorab mit den Schülerinnen und Schülern, eventuell mit einigen Eltern für die Feier vorbereitet werden. Haben sich die Gäste in der Klasse eingefunden, markiert eine kurze Begrüßung der Klassenlehrerin und des Klassenlehrers den Beginn des Programms oder der Aufführung. Es ist wichtig, dabei deutlich zu machen, dass sich die Kinder auf diesen Tag vorbereitet haben, bestimmt auch ein bisschen aufgeregt sind und zur Würdigung ihrer Beiträge aufmerksame, ruhige Zuschauer brauchen.

An dieser Stelle sollte auch der Hinweis nicht fehlen, dass es nach der Vorführung noch genügend Zeit zum Austausch zwischen den Eltern geben wird. Mit den Schülerinnen und Schülern, die in die Aufführung gerade nicht eingebunden sind, muss auch geklärt werden, dass sie die Beiträge ihrer Klassenkameradinnen und Klassenkameraden nicht stören und sich ruhig hinter der Bühne verhalten.

Durch ein vorbereitetes Programm sollten Schülerinnen und Schüler selbst führen und die Beiträge ankündigen. Im Anschluss an eine Aufführung sollte noch genügend Zeit zum Austausch zwischen den Eltern und zum Basteln oder Spielen der Kinder zur Verfügung stehen.

Ein Klassenfest mit Motto
Christina Robert/Heiko Rauenschwender

Über die herkömmlichen Anlässe (Jahreszeiten, Festtage, nach abgeschlossenen Einheiten wie z.B. Buchstabenfest) hinaus kann man Feste auch an eine Unterrichtssequenz koppeln und unter ein Motto zu stellen („Wir machen Zirkus", „Geister und Gespenster" oder „Leben im Dschungel"). Darauf werden die Verkleidungen, Raumdekoration, Aktivitäten und Lieder und sogar die Verpflegung abgestimmt.

Ein Dschungelfest z. B. kann zugleich Anlass sein, dass sich die Kinder ein wenig schminken oder verkleiden können. Im Unterricht lässt es sich wie folgt vorbereiten:

- Deutsch: Lesen kleiner Texte wie Michael Endes „Schnurpsenzoologie"
- Sachunterricht: Tiere in anderen Ländern, Zootiere
- Kunst: Basteln von Tiermasken
- Musik: Lieder wie „Die Affen rasen durch den Wald", „Der Papagei ein Vogel ist"
- Sport: Hangeln und Klettern in unterschiedlichen Bewegungslandschaften

Eltern können mit der Klassenleitung ein Organisationsteam bilden:

- Wann soll das Fest stattfinden? (Terminkollisionen vermeiden)
- Wo soll das Fest stattfinden? (Auf Raumbelegungen achten)
- Soll Öffentlichkeit hergestellt werden? (Presse informieren, Anbindung an eine Veranstaltung in der Schulumgebung suchen)
- Wer beteiligt sich am Auf- und Abbau? (Väter ansprechen)
- Wer kümmert sich um Dekorationsmaterial? (Schulfundus sichten, Eltern ansprechen)
- Wer betreut einen Stand? (Liste erstellen, auf Ablösungen achten)
- Wer ist für die Beschaffung der Verpflegung zuständig? (Elternverbindungen zu Geschäften usw. nutzen)
- Ist eine finanzielle Umlage erforderlich? (Klassenkasse überprüfen, Modus des Geldeinsammelns festlegen)
- Wer soll zusätzlich eingeladen werden? (Info an Fachlehrer)
- Sind Schulleitung, Hausmeister und Reinigungspersonal informiert? (Auf zeitlichen Vorlauf achten)

Soll das Dschungelfest im Klassenraum stattfinden, lässt sich dieser ohne viel Aufwand schnell mit Stofftieren, Bildern, größeren (auch künstlichen) Pflanzen und anderen Naturmaterialien (z. B. Bastmatten) dekorieren. Ansprechend für die Kinder ist auch ein gesundes „Dschungelbuffet", das frisches Obst und verschiedene Fruchtsäfte anbietet. Vielleicht lassen sich Eltern finden, die eine Schminkecke einrichten. Ein derartiges Fest ist einfach vorzubereiten und muss nicht mehr als einen Schulvormittag oder -nachmittag in Anspruch nehmen. Für die Kinder stellt es erfahrungsgemäß einen Höhepunkt im Schulleben dar.

7 Mit Kolleginnen und Kollegen zusammenarbeiten

Einführung:
Wie kooperiere ich mit meinen Kollegen?

Kooperationsfähigkeit gehört zu den Normen der Berufskultur: Schlechte Kooperation im Kollegium ist ein Auslöser für Unzufriedenheit im Beruf. Von guter Kooperation profitieren alle; hierzu gehört z. B., dass ein Kollegium für alle geltende Regeln entwickelt und damit über einen gemeinsam erarbeiteten Konsens in den wesentlichen pädagogischen und unterrichtlichen Fragen verfügt.

Zudem sollte ein Kollegium gut arbeitende Teams haben: Sie kommunizieren offen und haben klare Ziele; sie bereiten gemeinsame Vorhaben vor und unterstützen sich mit Materialien. Ihre Entscheidungen treffen sie in einem transparenten Prozess. Will man etwas voranbringen, auch als Kollegium insgesamt, muss das Ziel absehbar und müssen die Schritte überschaubar sein. Denn niemand gibt ohne weiteres etwas auf, was einem vertraut ist. Die erwarteten, versprochenen Verbesserungen sollten sich mit vertretbarem Aufwand erreichen lassen.

Über das „Ethos" der Schule gibt das Schulprogramm Auskunft. Das ist nicht nur eine folgenlose Absichtserklärung, vielmehr formuliert es möglichst konkret, was die Schule unter Erziehung und Unterricht versteht und wie sie mit den Eltern zusammenarbeitet. Das Schulprogramm dient also der Selbstverpflichtung: Das sind unsere grundlegenden Prinzipien und unsere Ziele. So arbeiten wir. Es dient der Selbstvergewisserung: Auf diese Weise überprüfen wir unsere Arbeit. Daran lassen wir uns messen.

Im Zentrum des Schulprogramms steht der – erziehende – Unterricht, und zwar mit einem Arbeitsplan (Das haben wir in diesem Schuljahr vor. Das wollen wir erreichen.) und am Ende des Schuljahres mit einem Arbeitsbericht (Das haben wir erreicht. Das ist uns gelungen. Daran müssen wir noch arbeiten.).

Diese Schulprogrammarbeit verlangt hohe Kooperationsbereitschaft. Zur Selbstreflexion im Kollegium gehören dann auch gemeinsame Unterrichtsvorbereitung und wechselseitige Hospitationen, möglichst auch Team-Teaching. Dabei ist es wichtig, dass die Kolleginnen und Kollegen gegenseitig ihre Arbeit würdigen. Doch viel zu selten nehmen Lehrer die Gelegenheit wahr, sich bei der Arbeit zuzusehen. Sich abschotten hinter geschlossenen Klassentüren, nebeneinanderher unterrichten und sich nicht in die Karten gucken lassen: Solches Einzelkämpfertum verstößt gegen die professionellen Standards.

Wilfried Schley empfiehlt für die hier notwendige Metakommunikation die folgenden Fragen:

- Wie erleben wir uns?
- Was hat sich entwickelt?
- Wie nehmen wir unsere Beziehungen nach außen wahr?
- Wie werden wir gesehen?
- Wie zufrieden sind wir mit den Ergebnissen?
- Wie organisieren wir uns?

Und man solle sich fragen:
- Wofür stehen wir? Was zeichnet uns aus?
- Was haben wir reichlich? Wovon haben wir eher zu viel?
- Was fehlt uns? Was leben wir zu wenig?

Hier wird deutlich, dass ich mich als Klassenlehrerin oder als Klassenlehrer stets in zwei Richtungen zu engagieren habe: für mich und für meine Klasse, aber auch für uns und unsere Schule.

Literatur

Helmke, A. (2004). Von der Evaluation zur Innovation. Pädagogische Nutzbarmachung und Vergleichsarbeiten in der Grundschule. In: Das Seminar. Heft 2
Hier wird das Konzept von Vergleichsarbeiten vorgestellt. Helmke zeigt, dass die Ergebnisse schulintern zu fachdidaktischen Aktivitäten anregen können, eine Standortbestimmung der Schule ermöglichen und auch Stärken wie Schwächen des Unterrichts aufdecken können.

Jürgens, E. (Hrsg.) (2004). Teamarbeit und Teamentwicklung. In: Schulverwaltung spezial. Heft 4
In diesem Themenheft hat Jürgens alle wichtigen Aspekte der Teamarbeit und der Teamentwicklung in Schulen vorgestellt. Bekannte Autoren und erfahrene Praktiker berichten darüber, was ein Team ist, wie man sich von der Gruppe zum Team entwickeln kann, stellen selbst organisierte Team-Checks vor und schildern Bedingungen erfolgreicher Teamarbeit.

Philipp, E./Rolff, H-G. (2004). Schulprogramme und Leitbilder entwickeln. Ein Arbeitsbuch. 4. Aufl. Weinheim: Beltz
Die Autoren beschreiben die einzelnen Schritte der Arbeit im Kollegium am Schulprogramm und zeigen handhabbare Planungsverfahren. Für sie gilt als Grundprinzip jeder Schul- und Unterrichtsentwicklung: „keine Maßnahme ohne Diagnose".

Schulentwicklung und Schulprogramm
Birgit Hacker/Birgit Illmann

Die lernende Schule

Schulen entwickeln sich alltäglich, oft auch zufällig und ungesteuert. Der Begriff „Schulentwicklung" aber meint eine zielgerichtete, systematische Weiterentwicklung von Schule. „Motor" der Schulentwicklung ist die Einzelschule, die sich als lernende Schule versteht (nach Per Dalin und Hans-Günter Rolff). Sie ist die pädagogische „Gestaltungseinheit" (Helmut Fend), in der sich die Schulentwicklung realisiert.

Steigerung der Schulqualität

Wesentlich für die Schulentwicklung ist die pädagogische Zielrichtung. Immer geht es um eine Steigerung der Schulqualität. Eine Qualitätsverbesserung kann sich auf drei Bereiche beziehen:

1. Unterrichtsentwicklung – Verbesserung der Lernprozesse der Schüler
Dieser Bereich ist der Kernbereich der Schulentwicklung. Letztlich müssen alle Maßnahmen beim Schüler ankommen, also im Bereich der Lernprozesse eine Qualitätssteigerung bewirken. Mögliche Themen sind:
* neue Formen individualisierten und differenzierten Lernens unter Einbeziehung neuer Medien,
* Umsetzung der Bildungsstandards,
* Verbesserung der Aufgabenkultur,
* Auswertung von Vergleichsarbeiten (wie Orientierungsarbeiten; VERA usw.),
* Kriterien für guten Unterricht.

2. Personalentwicklung – Weiterentwicklung der persönlichen, fachlichen, sozialen Kompetenzen im Kollegium
Mögliche Themen sind:
* veränderte Kooperations- und Arbeitsstrukturen im Kollegium,
* Maßnahmen zur Stärkung der Lehrkräfte.

3. Organisationsentwicklung – Verbesserung der Organisationsstrukturen im System Schule
Mögliche Themen sind:
* Übernahme von Verantwortung durch Schüler (Partizipation),
* Gestaltung der Zusammenarbeit von Elternhaus und Schule,
* effektivere Gestaltung von Konferenzen,
* Verbesserung des innerschulischen Informationsflusses.

„Wir und unsere Schule"

Die grundlegende Voraussetzung für einen solchen Prozess an der Schule ist ein Umdenken beim Lehrer: von „Ich und meine Klasse" zu „Wir und unsere Schule" (Michael Schratz). Der Lehrer kann nicht länger die Klassenzimmertür hinter sich schließen. Vielmehr geht es darum, sich mit anderen auf gemeinsame pädagogische Überzeugungen und Handlungslinien zu verständigen. Hier ist über das Kollegium und die Schulleitung hinaus die ganze Schulfamilie – also auch Eltern, Schüler, pädagogisches und nichtpädagogisches Personal – aufgerufen, sich gemeinsam auf den Weg zu begeben und über Selbstreflexion und Selbststeuerung gemeinsame Leitlinien pädagogischen Handelns zu finden.

Wie kann Schulentwicklung initiiert werden?

Sinnvoll ist es, von einem aktuellen Anlass auszugehen, der von allen oder vielen als herausfordernd oder auch belastend erlebt wird.

- *Beispiel 1:* Wie können wir unseren Unterricht schulerorientierter gestalten und dabei neue Formen des Lernens einsetzen? – Anlass könnte die Einführung eines neuen Lehrplans sein, in dem bestimmte Methoden verlangt werden.
- *Beispiel 2:* Wie können wir dafür sorgen, dass unsere Leistungsanforderungen in Proben angemessen und vergleichbar sind? – Anlass könnten Elternbeschwerden über zu schwere Probearbeiten sein.
- *Beispiel 3:* Gibt es Möglichkeiten, wie wir im Kollegium miteinander und voneinander lernen können? – Anlass könnte sein, dass mehrere Kollegen beim Schuljahresrückblick artikulieren, dass sie immer wieder leider nur „am Rande" mitbekämen, wenn Kollegen interessante Dinge im Unterricht machten, von denen sie gerne mehr erfahren würden.

Ein solches situations-, anlass- bzw. problemorientiertes Vorgehen ermöglicht, dass Schulentwicklung nicht als eine zusätzliche Belastung, sondern als Chance erfahren werden kann.

Ein anderes, eher programmatisches Vorgehen nimmt grundsätzliche Fragen zum Ausgangspunkt: Welchen Werten fühlen wir uns hier an dieser Schule verpflichtet? Was bedeutet für uns „gute Schule"? Aus einer solchen Reflexion und Diskussion entwickelt sich ein Leitbild, aus dem wiederum konkrete Konzepte zur Umsetzung dieser Leitideen abgeleitet werden. Dieses Vorgehen birgt die Gefahr, dass viel Papier entsteht, jedoch zu wenig konkreter Nutzen für Lehrer oder Schüler erkennbar ist.

Fünf Schritte auf dem Weg zum Schulprogramm
Birgit Hacker/Birgit Illmann

Wenn sich das Kollegium zum Schuljahresbeginn auf zwei, maximal drei der folgenden Ziele festlegt, entsteht ein Arbeitsplan für ein oder zwei Schuljahre. Dieser jährliche Arbeitsplan mit konkreten Arbeitsschritten ist bereits ein wesentlicher Bestandteil eines Schulprogramms. Üblicherweise ist diesem das Leitbild der Schule vorausgestellt, in dem die pädagogische Grundorientierung der Schule dargestellt wird. Selbstverständlich sollte sich die Arbeitsplanung auf diese Leitlinien beziehen, diese konkretisieren.

Schritt 1 – Ist-Analyse: Wie gut sind wir jetzt? Wo stehen wir?
Im ausgewählten Handlungsfeld wird der Ist-Zustand erfasst. Als Instrumente können Reflexion, Diskussion, Datenanalyse und Befragungen eingesetzt werden.

Zu Beispiel 1 (siehe S.153): Am Anfang steht die Eigenreflexion (Wie oft setze ich Frontalunterricht, Gruppenunterricht, Projektunterricht usw. ein? Welche Erfahrungen habe ich damit gemacht? Was hindert mich, bestimmte Formen öfters einzusetzen?). Es folgen eine Aussprache darüber im Kollegium und eine Fragebogenaktion mit den Schülern (Häufigkeit und Beliebtheit verschiedener Unterrichtsmethoden), die folgendes Ergebnis bringen: Wir variieren regelmäßig die Sozial- und Arbeitsformen innerhalb unseres Fachunterrichts. Allerdings findet noch kaum ein fächerübergreifendes Lernen in Projekten statt. Die Zusammenarbeit mit Fachlehrern erfolgt bisher noch nicht auf inhaltlicher Ebene im Unterricht.

Zu Beispiel 2 (siehe S.153): Eine Aussprache im Kollegium, eine erste Sichtung von Arbeiten in Parallelklassen und ein kurzer Elternfragebogen (über den Schwierigkeitsgrad der Proben) bringen folgendes Ergebnis: Jeder Lehrer konzipiert seine Proben selbstständig. Nur manchmal werden Proben informell ausgetauscht. Eltern empfinden die Leistungsanforderungen als uneinheitlich („Bei dem anderen Lehrer bekommt man leichter eine bessere Note!"). Durch die wenigen Absprachen machen wir uns angreifbar. Über die Orientierungsarbeiten waren einige Kollegen erschrocken, da sie Aufgabentypen in dieser Art bisher nicht von den Kindern verlangt haben.

Zu Beispiel 3 (siehe S.153): Gespräche im Kollegium (Wo arbeiten wir schon zusammen? Wo noch nicht? Könnten wir auch im Unterricht voneinander lernen? Wie?) bringen folgendes Ergebnis: Wir verstehen uns im Kollegium gut, arbeiten jedoch meist nur auf organisatorischer Ebene zusammen. Eine Zusammenarbeit auf inhaltlicher und didaktischer Ebene, vor allem mit dem Ziel, voneinander zu lernen, erscheint reizvoll. Die Bereitschaft dazu ist vorhanden, da eine entsprechende Vertrauensbasis gegeben ist.

Schritt 2 – Zielsetzungen: Wo wollen wir hin?

Das Ziel wird gemeinsam geklärt und vereinbart. Es sollte positiv formuliert, spezifisch, erreichbar, messbar und kontrollierbar sein. Achtung: Weniger ist mehr! Beginnen Sie mit kleinen Schritten, überfordern Sie sich nicht! Setzen Sie sich kleine, zu bewältigende Ziele für Bereiche, auf die Sie tatsächlich auch Einfluss haben.

Zu Beispiel 1: Wir wollen in diesem Schuljahr in jeder Klasse mindestens ein fächerübergreifendes Projekt umsetzen. Dabei arbeiten alle Lehrer dieser Klasse zusammen und tragen in ihrem Unterricht einen Teil zu dem Projekt bei.

Zu Beispiel 2: Unsere Leistungsmessung im Fach Mathematik soll im kommenden Schuljahr zwischen den Parallelklassen vergleichbarer werden und ein angemessenes Anforderungsniveau zum Ausgangspunkt nehmen.

Zu Beispiel 3: Wir lernen voneinander und miteinander durch kollegiale Hospitation.

Schritt 3 – Handlungsplanung: Wie gehen wir die Ziele an?

Es wird ein Konzept erstellt, in dem die Maßnahmen und Aktionen so konkret wie möglich festgeschrieben werden: Wer macht was wann wo wie bis wann?

Zu Beispiel 1: Alle Lehrer einer Klasse (oder Jahrgangsstufe) treffen sich, sichten und vergleichen die Lehrpläne und stimmen über ein Projekt ab. Das Projekt wird durchgeführt und dokumentiert (Fotos, Schülerergebnisse), über die Ergebnisse und Erfahrungen wird auf einer Konferenz berichtet. Die Dokumentationsergebnisse werden in einem Ordner gesammelt. Die Schüler füllen Feedback-Bogen aus, die ausgewertet werden … (alles mit konkreten Angaben: bis wann, durch wen).

Zu Beispiel 2: Im Jahrgangsteam werden Proben und Bewertungsmaßstäbe ausgetauscht und verglichen, d. h., es werden Aufgaben überprüft, Beurteilungskriterien reflektiert, Notenskalen verglichen; die Qualität der Aufgaben und Anforderungsniveaus in Vergleichsarbeiten beurteilt. Gemeinsam wird eine Probe im Fach Mathematik erstellt und anschließend kritisch-konstruktiv überarbeitet (Verständigung bedeutet: Abstimmung über Leistungsmaßstäbe, nicht aber Verpflichtung zum Schreiben gleicher Probearbeiten in Parallelklassen!). Ein Referent stellt während der schulinternen Fortbildung alternative Methoden der Leistungsbeurteilung vor. Wechselseitig korrigieren zwei Klassenlehrer von Parallelklassen eine Probe. In einem Probenordner werden die Proben gesammelt und für alle zur Verfügung gestellt. Zu diesem Thema wird Fachliteratur angeschafft ...

Zu Beispiel 3: Um gegenseitige Unterrichtsbesuche zu ermöglichen, wird ein Organisationsplan aufgestellt (z. B. Regelung der Vertretungen, Aushang der Hospitationstermine). Die Besuche werden systematisch vor- und nachbereitet. Wie sollte ein gelungenes Feedback aussehen? „Best practice"-Beispiele, also solche von gelungenen Unterrichtssequenzen werden ausgetauscht. Man informiert sich gegenseitig über Vorhaben und Erfolge. Mehrere Lehrer der Schule besuchen gemeinsam Fortbildungen, schulinterne Fortbildungen führen Kollegen der Schule durch, so werden vorhandene Ressourcen und Kompetenzen genutzt. Auf regelmäßigen Gesamtkonferenzen werden die Lernerfahrungen für alle zugänglich gemacht ...

Schritt 4: Umsetzung

Die Umsetzung erfolgt auf möglichst breiter Basis und am besten in Teams. Eine Gruppe von Kollegen ist für die Koordination und Steuerung zuständig.

Schritt 5: Evaluation

Diese Phase wird oft vergessen, doch sie ist unverzichtbar! Hier geht es darum, die Wirksamkeit der Maßnahmen zu überprüfen und so eine Erfolgskontrolle vorzunehmen. Das gibt Bestätigung und Legitimation oder aber Anlass zur Korrektur. Damit kann diese Phase direkt wieder Ausgangspunkt für einen erneuten Schulentwicklungszyklus sein (und entspricht dann dem Schritt 1). Geeignete Instrumente sind hier die Bilanzkonferenz, die Befragung und die Datenanalyse.

Verantwortung für die Schule und das Schulleben
Petra Braach

Die Schule ist der Ort, an dem wir einen sehr großen Anteil unserer Zeit verbringen. Diese Zeit sollten wir – auch aus egoistischen Gründen – optimal nutzen. Die Betonung liegt dabei auf dem WIR und meint alle am Schulleben Beteiligten. Eine Schule ist so gut, wie jedes einzelne Mitglied der Schulgemeinschaft es möglich macht. Zur Schulgemeinschaft gehören alle, die in der Schule arbeiten oder eine Verbindung zur Schule haben: Schülerinnen und Schüler, Eltern, Lehrerinnen und Lehrer, Betreuerinnen und Betreuer, Hausmeister, Sekretärin, Schulleitung, Träger der Schule und der Betreuungsmaßnahmen.

Einfluss auf das pädagogische Profil
Als Klassenlehrerin übernehmen Sie nicht nur die Verantwortung für Bildung und Erziehung der Ihnen anvertrauten Kinder. Sie sorgen dafür, dass die Kinder sich als Klassengemeinschaft fühlen, Verantwortung für sich und die anderen übernehmen, sich als Teil eines Ganzen empfinden. Sie haben außerdem entscheidenden Einfluss auf das pädagogische Profil, auf die Grundstimmung in der Schule:

* Ein Kollegium, das sich während der Pausen nur über die schlimmen Kinder und deren Eltern, über die zu hohen Ansprüche an den Beruf usw. beschwert, darf sich nicht wundern, wenn sich diese Negativeinstellung auf die anderen überträgt.
* Kollegen, die nicht pünktlich zum Unterrichtsbeginn in ihren Klassen sind, sollten sich nicht über zu spät kommende Schüler beklagen.

Gewiss, es geht jedem einmal nicht so gut, jeder ist mal unzufrieden und hat das Bedürfnis, dies auch zu äußern. Wichtig ist nur, dass solche Äußerungen nicht in einer Negativspirale enden. Ein Kollegium, das sich offen austauscht, kann problemlos auch Negativstimmungen verarbeiten.

Unterrichtsvorbereitung im Team
Jeder ist für seinen Unterricht verantwortlich. Die gemeinsame Unterrichtsvorbereitung von Kollegen eines Jahrgangs ist eine ideale Strategie, um ein „Burnout" zu vermeiden. Die Ideen aller Kollegen werden eingebracht. Jeder übernimmt Verantwortung für einen Teil der Vorbereitungsarbeit (man muss nicht alles alleine erledigen). Dabei tauschen sie sich automatisch auch über Erfolge und Misserfolge aus, überlegen neue Strategien oder beraten sich im Umgang mit schwierigen Kindern.

Eltern

Diese haben eine nicht zu unterschätzende Verantwortung in der Schulgemeinschaft. Binden Sie sie mit in die schulische Arbeit ein. Zu den vielen Möglichkeiten gehört:

* Eltern zu Unterrichtsbesuchen anregen,
* gemeinsam Klassenveranstaltungen planen und umsetzen,
* um Unterstützung bitten (Lesemütter oder -väter, Eltern als Begleitung bei Ausflügen),
* Hausbesuche anbieten, bei denen es nicht um Problemlösungen, sondern um gegenseitiges Kennenlernen geht. Ein hervorragender „Türöffner" ist der Kaffeeklatsch in heimischer Umgebung der Eltern, er baut Vertrauen auf, das Sie mit noch so vielen Elterngesprächen in der Schule kaum erreichen können.
* Hilfe erbitten (bei der Säuberung des Schulgartens, beim Umräumen des Klassenraums, der Gestaltung der Flure).

Natürlich werden Sie nie alle Eltern damit erreichen – das ist zu akzeptieren. Sie erreichen aber diejenigen, die gerne mitarbeiten und mitgestalten wollen. Gehen Sie auf deren Ideen ein, geben Sie ihnen die Möglichkeit, sich für die Schule verantwortlich zu fühlen.

Schulträger

Oft fehlen den Schulträgern die finanziellen Mittel, die Klassenräume und Schulflure neu zu streichen. Eine gute Gelegenheit für eine Eltern-Lehrer-Kind-Aktion. Wer besorgt das nötige Handwerkszeug? Wer kann preiswert Farbe besorgen? Wer räumt die Klasse aus? Wer streicht an, säubert und räumt ein? Binden Sie auch den Hausmeister in solche Aktionen ein. Bitten Sie ihn um Hilfe und Anregungen, fragen Sie ihn nach seiner Meinung. Bei dem anschließenden Grillfest (jeder bringt etwas mit) sind alle stolz auf das Geleistete, und es werden wahrscheinlich schon neue Unternehmungen angedacht.

Eine solche Aktion kann auch die Aktivität des Schulträgers beflügeln. Abgesehen davon, dass er sicher bereit sein wird, Farbe und Werkzeug zur Verfügung zu stellen, wird er sich bei der gezeigten Eigenaktivität auch eher zu anderen notwendigen Arbeiten bereiterklären.

Die Erfahrung zeigt: Jammern nützt wenig. Aktionen mit einer positiven Ausstrahlung (auch mit Pressebeteiligung) bringen in der Regel auch positive Reaktionen. Laden Sie einen Vertreter des Schulträgers ein. Zeigen Sie ihm das eigenständig Geleistete und erzählen Sie „so nebenbei", was am Schulgebäude noch verbessert werden könnte.

Aktive Teilnahme

Nehmen Sie an Aktionen der Betreuungsmaßnahmen Ihrer Schule teil. Nutzen Sie von Zeit zu Zeit das Mittagessen der offenen Ganztagsschule (z. B. an Konferenztagen) zum Plausch mit den Kindern und den Betreuerinnen. Sie lernen Ihre Schülerinnen und Schüler von einer ganz anderen Seite kennen, erfahren, ob es Probleme mit den Schularbeiten gibt. Tauschen Sie sich mit den Betreuerinnen über Unterrichtsthemen aus, die diese auch im Nachmittagsbereich aufgreifen können.

Planen Sie als Kollegium gemeinsam mit Kindern, Eltern und Betreuern ein Fest. Laden Sie die Schulsekretärin, den Hausmeister, Vertreter des Schulträgers und Vereine aus der Nachbarschaft dazu ein. Spätestens am Ende des Festes stellt sich ein schönes „Wir-Gefühl" ein, das alle Beteiligten beflügelt.

Sollte eine von Ihnen mit viel Mühe geplante Aktion misslingen, so ist das sicher ärgerlich. Lernen Sie aus den Erfahrungen. Vielleicht war es der falsche Zeitpunkt? Die Vorbereitungsphase doch zu kurz? Reflektieren Sie, woran es wohl gelegen haben könnte, befragen Sie alle Beteiligten – und planen Sie dann eine neue Aktion.

Nutzen Sie die positive Energie, die sich ergibt, wenn unterschiedliche Gruppen Verantwortung für die Schule und das Schulleben tragen. Viele der am Schulleben Beteiligten brauchen nur einen kleinen Anstoß, z. B. das Gefühl, gebraucht zu werden oder in Teilbereichen Verantwortung übernehmen zu können, um aktiv zu werden.

Klassenlehrerwechsel
Martina Dorn

Jeder Lehrer steht in seiner Schullaufbahn vielfach vor der Aufgabe, eine neue Klasse als Klassenlehrer zu übernehmen. Dieser Wechsel stellt sowohl die Schüler als auch den neuen Klassenlehrer vor Herausforderungen. Für die Schüler fällt mit ihrem ehemaligen Klassenlehrer eine vertraute Bezugsperson weg. An den neuen Lehrer, seine Vorstellungen und seine Persönlichkeit, müssen sie sich erst gewöhnen. Umgekehrt sieht sich der Lehrer einer bereits nach gewissen Regeln funktionierenden Gruppe von Schülern gegenüber. Beachtet er bei der Übernahme der Klasse einige rechtliche, pädagogische, organisatorische und fachliche Aspekte, kann dieser Wechsel dennoch für alle Beteiligten möglichst reibungslos und angenehm gestaltet werden.

Grundsätzlich darf eines nicht fehlen: das Gespräch mit dem Vorlehrer über dessen Erfahrungen in und mit der Klasse, mit dem einzelnen Kind,

über aufgetretene Schwierigkeiten und Probleme, aber auch über ange-
bahnte Initiativen, eingeleitete Fördermaßnahmen, diagnostische Erkenntnisse usw.

Das amtliche Schriftwesen

Die rechtlichen Vorgaben, die bei der Übernahme einer neuen Klasse zu
beachten sind, betreffen in erster Linie das amtliche Schriftwesen des Klassenlehrers; hierzu sind die in den jeweiligen Bundesländern gültigen Regelungen und Vorschriften zu beachten. Besondere Bedeutung haben die
Schülerakten, in der Regel bestehend aus dem Schülerbogen, den Zeugnis-
durchschriften und allen sonstigen den einzelnen Schüler betreffenden Unterlagen, wie das Anmeldeblatt, Tests, Erklärungen über das Sorgerecht
und der Schriftwechsel mit fachlichen Institutionen. Mithilfe dieser Dokumente gewinnt der Lehrer die wichtigsten Informationen über jeden seiner
neuen Schüler. Dabei muss er sich überlegen, wie viel er im Vorfeld über die
einzelnen Schüler erfahren möchte und inwieweit er ihnen unvoreinge-
nommen gegenübertreten kann. Informationen über körperliche Auffälligkeiten, Medikamentengebrauch und Fragen des Sorgerechts sind unbedingt vor Schulbeginn in Erfahrung zu bringen. Änderungen im laufenden
Schuljahr, die Inhalte der Schülerakte betreffen, müssen ihr hinzugefügt
werden.

Gleich zu Beginn des Schuljahres muss der Klassenlehrer die Schülerliste
überprüfen. Dazu trägt er die Klassenstärke ein und überprüft Schüler-
adressen und -telefonnummern. Zudem muss er seinen Stundenplan und
den seiner Klasse in das dafür vorgesehene Formular eintragen und bei der
Schulleitung vorlegen.

Die Organisation im Vorfeld

Während viele Dokumente erst mit Beginn des neuen Schuljahres bearbeitet werden können, kann in organisatorischer Hinsicht einiges bereits im
Vorfeld erledigt werden. Hierbei ist zunächst die Klassenraumgestaltung zu
überdenken:

- Welche Sitzordnung entspricht der eigenen Unterrichtskonzeption?
- Ist im Klassenzimmer genügend Stauraum für Hefte, Materialien, Musik-
  instrumente usw. vorhanden?
- Reicht der Platz für einen Sitzkreis, eine Leseecke oder einen Differenzie-
  rungsbereich? Ist ein zusätzlicher Gruppenraum vorhanden?
- Wie soll der Arbeitsplatz des Lehrers strukturiert sein? Welche Hilfsmit-
  tel sind unbedingt notwendig, wie z.B. Erste-Hilfe-Set, Schreib- und
  Bastelutensilien, Ablagen usw.?

Weiterhin muss die Beschaffung der Lern- und Arbeitsmaterialien geplant werden:

* Welche Materialien benötigen die Kinder für die einzelnen Fächer?
* Gibt es darüber bestehende schulinterne Absprachen oder ist eine neue Kooperation mit anderen Lehrkräften möglich?
* Können Materialien aus vorhergehenden Jahrgangsstufen oder von Geschwistern wieder verwendet werden?
* Übernimmt der Lehrer selbst die Beschaffung der Materialien oder gibt er eine schriftliche Einkaufsliste an die Eltern?

Außerdem ist es nützlich, sich einen Überblick über die an der Schule bestehende Sammlung von Unterrichtsmaterialien, Büchern, Zeitschriften und Räumlichkeiten zu verschaffen und diese bei der Erstellung des Klassenlehrplans zu berücksichtigen. Dabei empfiehlt es sich, den Klassenlehrplan in den einzelnen Fächern am Heimat- und Sachunterricht zu orientieren. Die Lehrerhandbücher bieten dazu meist ausgearbeitete Entwürfe für eine Jahresverteilung an, die sich als Grundlage eignen. Eine solche Planung ermöglicht es, rechtzeitig für die Themen zusätzliche Literatur und Materialien zu beschaffen. Geschieht dies in Kooperation mit dem zukünftigen Parallellehrer, spart das für alle Beteiligten viel Zeit, die anderweitig für den Unterricht genutzt werden kann. Wird diese Absprache über die Unterrichtsvorbereitung hinaus auch auf Leistungs-, Probe- und Bewertungsfragen ausgedehnt, erleichtert das nicht zuletzt auch die Elternarbeit. Ein grober Plan über die Verteilung der Probearbeiten für das ganze Schuljahr ist dabei sinnvoll, ermöglicht eine Übersicht über den zu bewältigenden Stoff und strukturiert den Unterricht.

Im oben bereits erwähnten Gespräch mit dem Vorlehrer der zu übernehmenden Klasse sollte neben der Absprache mit den Kollegen der gleichen Jahrgangsstufe unbedingt vor Schuljahresbeginn auch ein Austausch darüber erfolgen, ob der gesamte Lehrplan in allen Fächern als Grundlage vorausgesetzt werden kann, wo bisher die Schwerpunkte lagen und welche Materialien und Arbeitsformen den Kindern bekannt sind. Am Anfang der neuen Jahrgangsstufe ist eine Wiederholung in sämtlichen Bereichen einzuplanen.

Die ersten Schulwochen

Nicht nur die Planung des Schuljahres steht bei der Übernahme einer Klasse an, sondern es ist auch die Entwicklung einer eigenen Unterrichtskonzeption vonnöten. Dazu gehört eine genaue Vorstellung davon, welche Arbeits- und Lernformen die Schüler in den einzelnen Fächern beherrschen sollen. Das gilt ebenso für die Einführung von Materialien, deren Handhabung geklärt und geübt werden muss. Weiterhin muss sich der Klassenlehrer darüber im Klaren sein, welche offenen Arbeitsformen (Wochenplan, Freiarbeit) er einführen will und auf welche Weise dies geschehen soll.

Für die Schüler ist es wichtig, dass Neuerungen klar und deutlich formuliert werden. Dennoch empfiehlt es sich, auf Vertrautes zurückzugreifen, um den Schülern den Wechsel zu erleichtern. Zusätzlich tragen Kennenlernspiele, die gemeinsame Klassenraumgestaltung, ein Klassenmaskottchen, die Planung eines Wandertags, die Einführung eines Geburtstagsrituals usw. zu einem harmonischen Übergang bei.

Bereits in der ersten Schulwoche sollten gemeinsam mit den Schülern die Klassen- und Gesprächsregeln erarbeitet werden. Zudem werden Dienste und Ämter vergeben und erste Rituale eingeführt. Auch der zukünftige Tagesablauf (Morgenkreis, Wochenabschluss, Vorviertelstunde, Rhythmisierungen) wird nach und nach eingeführt. Die Einhaltung der aufgestellten Regeln muss ab sofort durch den Lehrer und die Klassengemeinschaft konsequent eingefordert werden. Dabei ist es wichtig, dass Lehrer und Schüler gemeinsam besprechen, wie mit Verstößen umgegangen wird.

Nicht nur die Schüler und der neue Klassenlehrer müssen sich kennenlernen. In den ersten Wochen muss sich der Klassenlehrer auf einem Elternabend den Eltern vorstellen. Bei dieser Gelegenheit kann er sein Unterrichtskonzept erläutern, die Kooperation mit Kollegen und mögliche Formen der weiteren Zusammenarbeit mit Eltern ansprechen.

Die Chance des Neuanfangs

Ein Wechsel ohne Schwierigkeiten ist keine Selbstverständlichkeit. Aber der Wechsel des Klassenlehrers ist für alle Beteiligten die Chance, neu anzufangen, Neues zu lernen und Erfahrungen zu sammeln. Eine gute Organisation seitens des neuen Lehrers, die rechtlich, pädagogisch und fachlich durchdacht ist, schafft den Raum, diese Chancen bewusst zu nutzen, ohne dabei im Chaos des Neuanfangs zu versinken.

Leistungsmessung
Klaus Metzger

Die Leistung von Kindern in der Schule ist von vielerlei Faktoren abhängig: vom sozioökonomischen Status und dem Bildungsniveau der Eltern, ihrem Erziehungs- und Unterstützungsverhalten; vom Klassenkontext, der Altersgruppe, dem Fachbereich; der Medienumwelt; von individuellen Lernvoraussetzungen, kognitiver Motivation, Verarbeitungsprozessen, aktiver

Lernzeit, Anstrengungsbereitschaft, Lernstrategien; von den Unterrichtsprozessen (Interaktions- und Instruktionsgeschehen) usw. Leistung meint
Ergebnisse von mit Anstrengung verbundenen Handlungen und Tätigkeiten, die an soziokulturell normierten Gütekriterien gemessen werden; durch
Leistung werden bestimmte gesellschaftliche Berechtigungen erlangt.

Ein pädagogischer Leistungsbegriff darf über einige Punkte nicht hin-
weggehen:
• Leistung ist mehr als das Messen von Ergebnissen, es beinhaltet auch
  den Prozess.
• Leistung hängt von vielen Faktoren ab, auch vom Unterricht.
• Leistung ist nicht nur Fächern zuzuordnen.
• Leistung entsteht auch beim sozialen Lernen.
• Leistung braucht Ermutigung, Motivierung und Vielfalt.

Funktion der Leistungsfeststellung
Die Leistungsfeststellung hat eine vierfache pädagogische Funktion:
• für Lehrer: Sie erhalten eine kritisch zu überdenkende Auskunft über den
  Ertrag ihrer Lehrertätigkeit, die sich auf die weitere Planung und Organisation von Unterrichtsprozessen sowie auf Maßnahmen der individuellen Förderung auswirkt.
• für Schüler: Die Rückmeldung hat Auswirkungen auf die Eigenkontrolle,
  Motivation, Disziplinierung und Sozialisation.
• für Eltern: Hier erfüllt sie eine Berichtsfunktion und gibt Hinweise auf
  Unterstützung und positives Einwirken auf den Lernprozess.
• Sie wirkt als Sanktionierung.

Bezugsnormen
Das Feststellen von Leistung ist formal ein Messen, inhaltlich aber immer
auch ein Bewerten, und bezieht sich immer auf einen Vergleich.
• Soziale Bezugsnorm: Leistung eines Schüler im Verhältnis zu der Leis-
  tung einer Gruppe (Klasse).
• Kriteriale/sachliche Bezugsnorm: Anforderungen, die unabhängig von
  einer Gruppe und deren Leistungen sind.
• Individuelle Bezugsnorm: Lernfortschritt des einzelnen Schülers.

Die Bezugsnormen sind nicht frei von Problemen. So fördert die soziale
Bezugsnorm tendenziell eher das Konkurrenzverhalten als die Kooperation; und die Frage, inwieweit die individuelle Bezugsnorm „durchschlagen"
darf, kann wohl nur mit dem Verweis auf pädagogische Entscheidungsfrei-
räume halbwegs geklärt werden.

Messen von Schülerleistungen
Auch für die Leistungsfeststellung im schulischen Bereich gelten die allgemeinen Gütekriterien der

- Objektivität – die Ergebnisse sollten unabhängig sein von der messenden Person; Durchführung, Auswertung und Bewertung sollten objektiv gestaltet sein;
- Reliabilität – die Zuverlässigkeit einer Messung bezeichnet ihre Genauigkeit und Sicherheit; zuverlässig ist eine Messung dann, wenn sie nicht durch Messfehler verfälscht wurde;
- Validität – sie beschreibt die Gültigkeit einer Messung, d.h., es muss immer das gemessen werden, was man auch vorgibt zu messen.

Probleme der Leistungsfeststellung
Die Gütekriterien werden von einer Reihe einfacher alltäglicher Phänomene und psychologischer Effekte unterlaufen. Am deutlichsten wird das, wenn man sich dabei die Bewertung von Schülertexten vorstellt.
Phänomene:

- Unterschiedliche Beurteiler beurteilen unterschiedlich.
- Ein und dieselbe Lehrkraft kann selbst über einen mittleren Zeitraum hinweg kaum stabil bewerten.
- Erwägungen fließen mit ein, die weder auf vorangegangenen Unterricht noch auf fachliche Zielsetzungen zu beziehen sind.
- Beurteiler können durch Informationen über den Schreiber mit ihrer Benotung in eine bestimmte Richtung gelenkt werden.
- Mängel etwa der sprachlich-formalen Gestaltung beeinflussen die Notengebung selbst dann negativ, wenn man sie nicht berücksichtigen will.
- Zu Beginn des Beurteilungsvorgangs vorliegende Arbeiten werden in der Regel strenger bewertet.
- Beurteiler tendieren entweder zu Strenge, zu Milde oder zur Mitte.

Psychologische Effekte:

- Primacy-Effekt: Der erste Eindruck, den man von einer Person hat, führt zu einem spontanen Urteil, das alle folgenden Bewertungen beeinflusst.
- Rosenthal-Effekt: Spontane Zuneigung oder Ablehnung, Vorinformationen über Personen und daraus gebildete Meinungen beeinflussen die Bewertung; das kann dazu führen, dass ein ganz bestimmtes Verhalten, eine ganz bestimmte Leistung erwartet wird.
- Halo-Effekt: Eine Eigenschaft, ein Merkmal wird als so markant wahrgenommen, dass es die anderen Bewertungen beeinflusst.

- Interferenz-Effekt: Bewerter (und Beobachter) neigen dazu, eigene Persönlichkeitsmerkmale bzw. deren Gegenteil anderen Personen zuzuschreiben bzw. aus in Situationen beobachteten Verhaltensweisen auf Charaktereigenschaften zu schließen.
- Logical-Error-Effekt: Ein Merkmal wird aufgrund von Alltagstheorien mit weiteren Eigenschaften verknüpft.

Damit nicht genug, es kommen noch drei Problemfelder hinzu:
- Schwellenproblem: Beurteilt werden kann nur, was die Schwelle der sinnlich wahrnehmbaren Darstellung überschreitet – also z. B. nicht, welche Gedanken, welche Strategien ein Schüler bei der Lösung einer Aufgabe verfolgt hat.
- Rundungsproblem: Zeugnisnoten dürfen nur „glatte" Noten sein, daher muss entweder ab- oder aufgerundet werden; dabei könnten einige Schüler überwiegend benachteiligt oder bevorzugt werden.
- Stichprobenproblem: Festgestellt werden immer nur Ausschnitte aus dem Gelernten – nicht das Grundkönnen oder -wissen eines Schülers, nur das Prüfungskönnen und -wissen wird beurteilungsrelevant.

Neue Lern- und Leistungskultur
Aus konstruktivistischer Sicht gilt heute, dass Lernen von außen nur angeregt werden kann, es letztlich eine Entscheidung des Lerners ist, ob, was und wie er lernt. Kognitive Prozesse sind zudem abhängig von individuellem (Vor-)Wissen, individueller Erfahrung und Interpretation, hängen also auch von den individuellen „Anschlussmöglichkeiten" jedes Einzelnen ab.

Die „neue" Lern- und Leistungskultur setzt auf die Bedeutung der Reflexion über das Lernen und die Selbststeuerung der Lernenden als konstitutive Elemente; das beinhaltet, den Schülern in Gesprächen Möglichkeiten der Selbstbeurteilung zu eröffnen. Lernen stellt sich vielfältig dar; es ist nicht ganz einfach, das zu akzeptieren. Unter diesem Aspekt wären zur Leistungsfeststellung Portfolios, Lerntagebücher usw. besonders geeignet. Verändert hat sich der Blick auf „den" Fehler. Er ist nicht mehr (nur) Signal für Defizite, sondern dient individuellen Förderansätzen.

Leistungsfeststellung sollte den Prinzipien der Transparenz, der Partizipation, der Selbstverantwortung sowie des Dialogs Rechnung tragen und
- produktbezogen und prozessbezogen sein,
- inhaltlich differenziert und diagnostisch sein,
- Fremd- und Selbstbeurteilungen einschließen,
- die Fähigkeiten zur Reflexion über die eigene Leistung und das Monitoring (Steuerung des eigenen Lernens) fördern.

Beurteilungskonzept
Reinhold Christiani

Gerechtes Beurteilen steht für Schüler oben auf der Werteskala der Lehrertätigkeit. Der Eindruck, Noten würden „aus dem Bauch heraus" oder nach Vorlieben vergeben, ist verhängnisvoll. Doch wie kann man das Arbeits- und Sozialverhalten sowie die fachlichen Leistungen professionell, nicht also bloß zufällig und willkürlich, beobachten und beurteilen und so den persönlichen Filter ausschalten?

Schülerbeobachtung
Gewiss: Beim Beobachten wie beim Beurteilen ist keiner ohne Fehler. Doch diese lassen sich durch ständige Kontrolle des eigenen Verhaltens wirksam einschränken. Dazu einige Beispiele:
- Selbstbeobachtung z. B. am Ende eines Unterrichtstages: permanente Selbstüberprüfung,
- Beobachtungsstichproben zeitlich begrenzt festlegen,
- mit formalisierten Fragebögen gegenseitig hospitieren (bei gutem Vertrauensverhältnis),
- Beobachtungen in regelmäßigen Teambesprechungen austauschen, sich auf blinde Flecken aufmerksam machen,
- Beobachtungs- ebenso wie Beurteilungsgesichtspunkte austauschen und abstimmen,
- sich über Konsequenzen aus den Beobachtungen verständigen.

Beschreibungen
Vor vorschnellen Generalisierungen und Pauschalurteilen schützen Beschreibungen. Hier einige praktikable Instrumentarien, um beobachtetes Schülerverhalten erinnerbar zu halten:
- persönliches Unterrichtstagebuch (wenig zeit- und arbeitsaufwändig: freie Notizen),
- Notizen über auffälliges Verhalten,
- Arbeit mit Leitfragen: Entwicklungsverläufe der Schüler verfolgen,
- Ergebnisse aus den Teambesprechungen festhalten.

Selbstdiagnosen
Wer sich bewusst macht, dass Urteile fehlerhaft sein können, zeigt die erforderliche Reflektiertheit. Professionell zeigt sich ein Kollegium, wenn es bewusst zu seiner Urteilsunsicherheit steht: Es bildet keine vorschnellen Urteile. Es ist vielmehr bemüht, seine Urteile durch umfassende Informati-

on und Diskussion zu verbessern, und zwar auch durch Selbstdiagnosen. Dazu gehören dann ebenfalls:

- Schüleräußerungen zur Beurteilung durch ihre Lehrer,
- Schülermeinungen für unterrichtsbezogene Selbstdiagnosen,
- Verwendung von Beurteilungskategorien zur Unterrichtsqualität aus Schülersicht,
- Kurzbefragungen zur Wirkung seines eigenen Unterrichts anhand von Checklisten.

Beurteilungsmaßstab der Schule
Zum Beurteilen braucht man ein Kriterium, einen Maßstab, an dem man das Verhalten misst. Hat die Schule einen im Kollegium abgestimmten und auch für Schüler und Eltern transparenten Beurteilungsmaßstab? Dann hat sie sich auf Indikatoren geeinigt: auf Aspekte, die für schulisches Lernen wichtig sind, die im Unterricht angestrebt werden und dort zu beobachten sind. Sie konkretisieren die erzieherischen und fachlichen Aufgaben. Der Beurteilungsmaßstab wird üblicherweise in das Schulprogramm aufgenommen – als Ausweis dessen, welche Vorstellungen die Schule von Unterricht und Erziehung hat und vor allem auch welche Erwartungen damit an Eltern und Schüler geknüpft sind.

Beurteilungspraxis
Es kommt entscheidend darauf an, Konsens über ein pädagogisches Leistungsverständnis im Kollegium herbeizuführen. Man einigt sich über die Handhabung von Klassenarbeiten, z.B. gilt: nur überprüfen, was auch durchgenommen und gründlich geübt ist; Arbeiten in angstfreier, nicht rivalisierender Atmosphäre schreiben lassen; ihren Stellenwert nicht überbewerten; keinen Notenspiegel vorsehen; nicht nach der Gauß'schen Normalverteilung bewerten; aus wenigen Noten für Klassenarbeiten keine Durchschnittswerte errechnen.

Zudem muss es Konsens über Art und Umfang der Arbeiten, über die Art der Fehlerkennzeichnung und über die Berichtigungspraxis geben. Die Leistungsbewertung wird transparent durch klare Formulierung der Leistungserwartungen – auch Erwartungen der Schüler berücksichtigen – und nachvollziehbare Entscheidungen. Übrigens, auch eine für die Schüler erkennbare Einstellung des Lehrers zur individuellen Förderung erhöht die Akzeptanz der Leistungserwartung.

Untersuchungen zeigen, dass Leistungskontrollen das Lernen positiv beeinflussen können: Förderlich sind z.B. begleitende Tests (Multiple Choice, mündliche Überprüfungen, Lehrerbeobachtungen, Lernprotokolle und

Portfolio); vorbereitende Tests (Vorkenntnisse prüfen); selbstverständlich auch zeitnahe und verständliche Rückmeldungen und auch die Selbstevaluation der Schüler.

Zeugnisse

In den meisten Ländern ist es möglich oder erwünscht, die Noten auf dem Zeugnis zu erläutern; auf diese Weise werden die Noten nicht nur veranschaulicht, sondern häufig auch relativiert. Jedenfalls lassen sich wichtige Gesichtspunkte verdeutlichen und weitere Förderabsichten ankündigen. Wo Eltern und Lehrpersonen kontinuierlich im Gespräch sind, bieten Zeugnisse ohnehin keine Überraschung, sondern sind eher im Rahmen der Zeugnisausgabe Grundlage für das Gespräch mit den Eltern (oft besser: zusammen mit ihrem Kind). Entscheidet man sich für ergänzende Beschreibungen, muss man diese mit den Noten in Passung bringen und für alle eindeutig verständlich formulieren.

Geht es um Kopfnoten zum Verhalten, wird die Klassenlehrerin im Regelfall die Note vorschlagen und durch die anderen in der Klasse unterrichtenden Lehrer bestätigen lassen. Diskrepanzen im Urteil sollte man sofort klären. Wo liegen die Ursachen hierfür: am jeweiligen Unterrichtskonzept, an der Klassenführung, an anderen pädagogischen Wertvorstellungen? Womöglich sind hier ergänzende Beschreibungen, bezogen auf ein bestimmtes Fach, erforderlich. Jedenfalls gibt eine Durchschnittsnote keinen Sinn.

Alternativ zu den Beschreibungen empfiehlt sich der persönlich gehaltene Zeugnisbrief mit der Du-Anrede. Damit konzentriert sich der Blick auf das Kind und seine Entwicklung. Man richtet seine Aussagen unmittelbar an das Kind – und seine Eltern; dadurch wird der Text persönlicher, weniger formal.

Abstimmungsbedarf

Das Schülerverhalten wird – wie die fachlichen Schulleistungen auch – von komplexen, sich wechselseitig bedingenden Faktoren bestimmt. Durch keine Perfektionierung des Messvorgangs wird man das voll in den Griff bekommen. So hat man seine liebe Not mit den Noten, aber auch mit der Beurteilung in Textform. Um gleichwohl eine gerechte und verlässliche Beurteilungspraxis zu garantieren, müssen die Noten wie die zusätzlichen Texte mit den in der Klasse unterrichtenden Lehrpersonen sorgfältig abgestimmt sein.

In der Grundschule und in der Förderschule, wo meist nur zwei oder drei Lehrer in einer Klasse unterrichten, lässt sich dies recht leicht bewerkstelligen.

Zeugnisse
Michaela Suermann

Wenn eine Klassenlehrerin zum ersten Mal im Berufsleben ein Zeugnis für „ihre" Schülerinnen und Schüler schreibt, sollte sie sich zunächst mit den entsprechenden Traditionen an der Schule vertraut machen. Dazu kann sie das Kollegium befragen und klären, ob sich z.B. der Zeugnistext direkt an das Kind richtet oder in der dritten Person geschrieben wird.

Nach Absprache mit der Schulleiterin oder dem Schulleiter besteht vielleicht die Möglichkeit, sich in der Schule archivierte Zeugnisse auszuleihen und so Anregungen für das eigene Zeugnisschreiben zu finden. Dies gilt ebenso für die Lehrkräfte, die neu an einer Schule eine Klasse übernommen haben und für diese Kinder die Zeugnisse zum ersten Mal schreiben.

Als Klassenlehrerin ist es meine Aufgabe, das Zeugnis für alle Lernbereiche zu schreiben, sodass ich zu Fächern, die ich nicht selbst in der Klasse unterrichte, Informationen von Kolleginnen und Kollegen benötige. Im Hinblick auf den mit der Schulleitung abgestimmten Termin zur Vorlage der Zeugnisse ist es wichtig, dass mir die Fachkolleginnen rechtzeitig ihre Beiträge übergeben. Die Schulleiterin liest die Zeugnistexte und macht mir gegebenenfalls Änderungsvorschläge. Im gegenseitigen Einvernehmen einige ich mich mit der Schulleitung auf den endgültigen Zeugnistext.

Den Zeugnistext entwerfen

Im Laufe des Schul(halb)jahres sammle ich als Klassenlehrerin in Zusammenarbeit mit meinen Kollegen verschiedene Informationen über den Lern- und Leistungsstand jedes Kindes sowie über das soziale Miteinander im Klassenverband. Das Zeugnisschreiben beginnt mit der Gewichtung dieser Informationen. Regelmäßige Notizen helfen mir, eine Entwicklung im Arbeits- und Sozialverhalten wie auch zu allen Lernbereichen zu erkennen und im Zeugnistext zu berücksichtigen.

Die Daten und Informationen, die ich im Schuljahresverlauf aus Klassenarbeiten, aus regelmäßigen Notizen zum Unterricht, aus Gesprächen mit Kolleginnen und Kollegen und in Elterngesprächen gesammelt und schriftlich notiert habe, fasse ich in Form eines oder zweier knapper Sätze im Zeugnis zusammen. So stehen im Zeugnis ausschließlich solche Informationen und Daten der Kinder, die ich auch belegen kann.

Der Zeugnistext selbst hebt die Lern- und Verhaltensentwicklung des Kindes im Laufe des Schuljahres hervor. Zugleich gibt er auch einen Ausblick, wie und woran das Kind in Zukunft – im nächsten Halb- bzw. Schuljahr – weiterlernen sollte bzw. gezielt gefördert wird.

Das Zeugnis übergeben

In der Regel ist es die Aufgabe der Klassenlehrerin oder des Klassenlehrers, die Zeugnisse den Kindern (auch gemeinsam mit den Eltern) auszuhändigen. Je nach Tradition an der Schule bieten sich für die Ausgabe der Zeugnisse verschiedene Möglichkeiten. Das erste Zeugnis am Ende des ersten Schuljahres kann z. B. im Rahmen eines Gesprächs mit den Eltern und dem Kind ausgehändigt werden, wobei das Kind sein Zeugnis den Eltern selbst vorlesen und so zugleich seinen Lernfortschritt im Lesen zeigen kann.

Im Unterricht schreiben die Kinder auch ein Zeugnis für ihre Klassenlehrerin oder ihren Klassenlehrer und überreichen dieses dann ebenfalls am Tag der Zeugnisübergabe. Auch hier zeigt sich ein Lernfortschritt – dieses Mal im Schreiben.

Pausenregeln
Petra Braach

Ein weitgehend gewaltfreies Miteinander setzt klare Regeln voraus, auf deren Einhaltung wir konsequent achten müssen. Das Kollegium muss sich darüber im Klaren sein, was es erreichen will. Es muss Einigkeit darüber bestehen, welches Verhalten noch toleriert wird und was als nicht akzeptabel angesehen wird. Wichtig ist auch die Absprache über Konsequenzen, die auf unangemessenes Verhalten folgen.

Die Regeln sollten mit denen erarbeitet werden, für die sie gelten – also mit den Schülerinnen und Schülern. Diese sind es, die während der Pause am ehesten merken, wenn etwas nicht klappt, wenn es Streitereien bei unterschiedlichen Interessen gibt. Fragen Sie Ihre Schüler, was sie am liebsten in der Pause spielen und was sie dabei stört oder ärgert.

- In welchen Bereichen des Schulhofes gibt es gehäuft Raufereien und wo geht es harmonisch zu? Woran könnte das liegen: Stören sich unterschiedliche Gruppen beim Spiel? Liegen Ruhezone und Fußballareal zu nah beieinander? Können sich Kinder mit gleichen Interessen ungestört beschäftigen?
- Wechseln sich die Kinder beim Wippen, Rutschen, Balancieren ab, oder werden diese Spielmöglichkeiten von Einzelnen beherrscht?

Gehen Sie mit Ihren Schülerinnen und Schülern über den Schulhof. Lassen Sie sich zeigen, wo das Pausenspiel klappt und wo es vermehrt Konflikte gibt. Erarbeiten Sie die unterschiedlichen Schulhofbereiche mit den Kindern in Form einer Mindmap oder einer Plus-minus-Liste. So bekommen Sie und die Kinder schnell einen Überblick über das Pausengeschehen.

Auf dieser Grundlage können Sie mit ihnen überlegen, welche Regeln sinnvoll für eine entspannte Pausenatmosphäre sind. Ziel sollte es sein, möglichst wenig Regeln zu haben, deren Einhaltung die Kinder auch selbst überprüfen können.

Beispiele:

- Ausgeliehene Pausenspielgeräte am Ende der Pause zurückbringen. Einfache Regelung: Jedes Kind bekommt eine Ausleihkarte mit Namen, die es bei der von Schülern der vierten Klasse betriebenen Ausleihe abgibt. Bei Rückgabe des Spielgerätes erhält es die Ausleihkarte zurück. So ist leicht zu überprüfen, welche Kinder ihr ausgeliehenes Spielgerät nicht zurückgebracht haben. Sie können gezielt angesprochen und zur Rückgabe aufgefordert werden. Keine Ausleihe ohne Karte.
- Beim Fußballspiel die Regeln beachten. Kinder, die häufig Fußball spielen, bestimmen aus ihren Reihen im wöchentlichen Wechsel einen Schiedsrichter, der das Spiel beobachtet und auch gelbe und rote Karten verteilt. Durch den regelmäßigen Wechsel des Schiedsrichters ist auf Dauer ein objektives Schiedsrichterverhalten gewährleistet.
- Bei den Spielplatzgeräten den großen Ansturm und damit verbundene Konflikte durch eine Nutzungsverteilung verringern. Die ersten und zweiten Klassen nutzen die Geräte in der ersten Pause; die dritten und vierten in der zweiten Pause.

Möglicherweise sind nicht genügend Spielmöglichkeiten vorhanden – was zu vermehrten Konflikten führt, weil die Kinder sich nicht richtig austoben können und ihre Kräfte dann bei Streitereien einsetzen. Versuchen Sie nicht, störendes Verhalten an allen Schulhofstellen gleichzeitig zu beseitigen. Konzentrieren Sie sich auf die wenigen Situationen, in denen das Störverhalten extrem ist. Besprechen Sie mit den Kindern auch die (im Kollegium festgelegten) Konsequenzen bei Nichteinhalten der Regeln.

Nach Einführung der neuen Regeln (höchstens drei – mehr sind nicht kontrollierbar und lassen sich kaum bedenken) sollte etwa einmal wöchentlich ein Austausch mit den Kindern darüber stattfinden. Vergessen Sie nicht, die Kinder zu loben, wenn es geklappt hat. Sicher schaffen es nicht alle, die Regeln konsequent einzuhalten. Durch die regelmäßige Rückmeldung treten die Regeln den Kindern immer mehr ins Bewusstsein. Nach und nach werden es (fast) alle schaffen. Darüber hinaus wird die Arbeit an den konkret benannten Störstellen nach und nach auch das Gesamtverhalten der Kinder positiv beeinflussen.

Gespräche über Kinder
Judith Schmischke

Lehrerinnen und Lehrer sprechen immerzu über Kinder. Zumeist geschieht dies ungeplant als Pausen- oder Tür-und-Angel-Gespräch. Diese Form des raschen Informationsaustausches bedeutet eine kurzfristige Entlastung im Trubel des Schulalltags. Klassenlehrerinnen und Klassenlehrer arrangieren jedoch darüber hinaus aus unterschiedlichen Gründen intensivere Gesprächssituationen mit den anderen im Team. Mögliche Anlässe sind: gemeinsame Unterrichtsplanung, Förderplanung, Vorgehen bei Disziplinproblemen.

Gespräche über Kinder sollten – wie alle Gespräche über andere Menschen – von einer Grundhaltung der Akzeptanz und Wertschätzung getragen sein. Grundsätzlich sollte stets überlegt werden, ob der Betroffene nicht an dem Gespräch teilnehmen kann. Da dies bei Gesprächen über Kinder im Schulbetrieb schwierig ist, muss die Klassenleitung hier ganz besonders der „Anwalt" des Kindes sein. Dabei sind die persönliche Situation sowie die Interessen und Motive des Kindes stets mit zu bedenken. Zwischenzeitliche Identifikationsrunden beziehen unterschiedliche Darstellungen des Protagonisten mit ein: Jeder Beteiligte äußert sich im Zusammenhang mit einer bestimmten Fragestellung nach dem Schema: „Ich (als die betroffene Schülerin, der betroffene Schüler) ..."

Oftmals bleiben Gespräche ineffektiv, weil sie unstrukturiert und ohne klare Zielsetzung sind. Demnach ist es Aufgabe der Klassenlehrerin, diese Gespräche

•	zu initiieren	Abklärung folgender Fragen: Welchen Anlass gibt es? Wann und wo soll das Gespräch stattfinden? Welcher Rahmen (rechtlich und organisatorisch) ist notwendig?
•	vorzubereiten	Einladung der Kollegen sowie der Schulleitung, betroffener Kinder oder Eltern, außerschulischer Kooperationspartner, Referenten
•	zu leiten	inhaltliche und organisatorische Strukturierung, Gesprächsführung
•	festzuhalten	Führen oder Delegieren eines Gesprächsprotokolls
•	fortzuführen	Organisation des weiteren Verlaufs

Je klarer die Zielsetzung und die Struktur eines Gespräches sind, desto effizienter wird sein Ergebnis sein. Die Klassenlehrerin als Leiterin dieser Gespräche sollte sich folglich mit folgenden beiden Aspekten intensiv auseinandersetzen:

Zielsetzungen für Gespräche im Team

Aufbau und Erhalt förderlicher Beziehungen der Lehrpersonen untereinander: Es ist den Kindern dienlich und für alle Beteiligten angenehm und ermutigend, in einer guten Atmosphäre zu arbeiten. Eine solche Atmosphäre schaffe ich als Klassenlehrerin durch Offenheit, Klarheit und Transparenz. Für Fachlehrer ist es nicht einfach, sich in bestehende räumliche (Klassenraumgestaltung), organisatorische (Abläufe) und inhaltliche (Themen, Regeln, Rituale) Strukturen einpassen zu müssen, ohne darauf Einfluss nehmen zu können.

Zudem ist für die Kinder stets der Klassenlehrer die anerkannte Führungsperson. Stellen Sie als Klassenleitung den Kollegen Ihre Strukturen vor, erläutern Sie diese und sprechen Sie sie miteinander ab. Ergänzen und modifizieren Sie Ihre Vorstellungen durch Ideen der Kollegen. Lassen Sie anderes zu, es ergänzt Ihre Überlegungen. Informieren Sie das Team kontinuierlich über alle relevanten Abläufe und Ereignisse, damit möglichst alle einen gleichen Kenntnisstand haben.

Austauschen von Erfahrungen: Viele Augen sehen mehr als zwei. Beobachtungen sind immer selektiv und subjektiv. Erst das Zusammenführen vieler Beobachtungen und Erfahrungen mit Klassen und einzelnen Kindern lässt ein Gesamtbild entstehen.

Schaffen Sie eine vertrauensvolle Gesprächssituation, in der sich alle Beteiligten einbringen können, und nutzen Sie den psychohygienischen Wert eines Austausches: Geteiltes Leid ist halbes Leid, und geteilte Freude ist doppelte Freude. Aber lassen Sie nicht zu, dass insbesondere das Teilen unangenehmer Erfahrungen in ein kollektives Klagen mündet, das handlungsunfähig macht. Durch eine geschickte Gesprächsleitung können Sie genügend Raum zur Aussprache geben und anschließend gemeinsam kons/truktive Auswege suchen.

Gemeinsame Zielvereinbarungen: Gemeinsame Erziehungs- und Unterrichtsarbeit wird dann gelingen, wenn alle „an einem Strang ziehen". Dazu muss dieser Strang jedoch klar definiert sind:
• Welche Ziele verfolgen wir für diese Klasse/dieses Kind?
• Welche Angebote und Mittel setzen wir dafür ein?

- Woran machen wir das Erreichen der Ziele fest?
- Welchen Zeitraum setzen wir uns bis zum Erfolg?
- Wer übernimmt verantwortlich was?

Klären von Schwierigkeiten: Wo Menschen zusammenarbeiten, kommt es auch zu Schwierigkeiten oder Konflikten. In einem Team ist es nötig, solchen Störungen Raum und Zeit zu geben. Schaffen Sie eine Gesprächskultur, in der es erwünscht und akzeptiert ist, aufkommende Probleme frühzeitig zu thematisieren. Im Falle eines bereits aufgetretenen Konflikts sind auch für Lehrpersonen die Strukturen der Streitschlichtung hilfreich.

Strukturelle Vorschläge für Gespräche im Team
Sorgen Sie für günstige Voraussetzungen. Zu guten äußeren Bedingungen gehört ein Gesprächszeitpunkt, der niemanden übermäßig belastet oder hetzt. Ein Zeitpunkt im Anschluss an den Unterricht nach einer kurzen Verschnaufpause ist z. B. einem überhasteten Gespräch in der Pause vorzuziehen. Zudem bietet ein ruhiger, angemessener Raum einen förderlichen Gesprächsrahmen.

Es ist für die Teilnehmer sehr angenehm, wenn das Gespräch nicht andauernd von Telefonklingeln oder eintretenden Kollegen unterbrochen wird. Adäquate Sitzgelegenheiten sind Erstklässlerstühlen vorzuziehen. Schaffen Sie einen klaren Zeit- und Kontextrahmen: Das Gespräch beginnt pünktlich und endet verlässlich zu einem vorher festgesetzten Zeitpunkt. Seien Sie ein konsequenter „Zeitwächter" (auch wenn dies eine anstrengende Aufgabe ist!).

Die Qualität des Gespräches ergibt sich nicht aus seiner Länge; ein klar strukturierter kurzer Austausch kann sehr ergiebig sein. Legen Sie gemeinsam ein deutlich benanntes – im besten Fall visualisiertes – Thema für den Austausch fest. Bestehen Sie ebenso unbeirrt auf dem Verfolgen des relevanten Themenstrangs. Nur wenn Sie Abweicher und Ausschweifer immer wieder zum Punkt zurückbringen, werden Sie gute Ergebnisse erreichen.

Leiten Sie das Gespräch oder delegieren Sie die Gesprächsleitung. Schon wenn nur vier Menschen sich unterhalten, ist es wichtig, dass jemand dafür sorgt, dass alle angemessen zu Wort kommen.

Halten Sie die Ergebnisse durch ein Protokoll fest (auch das kann delegiert werden) und sorgen Sie dafür, dass jeder Teilnehmer es bekommt. Dies dient der Gedächtnisstütze und gewährleistet, dass Missverständnisse vermieden werden und alle von den gleichen Ergebnissen ausgehen.

Gesprächsprotokoll
Datum:
Es geht um die Klasse/die Schülerin/den Schüler:

Beteiligte des Gesprächs:

Zielvereinbarungen:

Dazu eingesetzte Angebote und Mittel:

Das Erreichen des Zieles wird festgemacht an:

Verteilung der Aufgaben:

Vorläufig angesetzte Dauer:

Weitere Vereinbarungen:

Nächstes Gespräch am:

Klassenlehrer in einer jahrgangsübergreifenden Klasse
Carsten Krühler

Seit längerem unterrichte ich eine Klasse mit den Jahrgängen 1 bis 4. Schon vorher haben wir Kinder mit unterschiedlichen Leistungen, Erfahrungen und Potenzialen in unseren – scheinbar homogenen – Jahrgangsklassen differenziert unterrichten müssen, um jedem erfolgreiches Lernen zu ermöglichen. So fiel dem gesamten Kollegium unserer Schule die Entscheidung leicht, diesen letzten konsequenten Schritt durchzuführen und Lerngruppen mit allen Jahrgängen aufzubauen.

Wenn Kinder aus vier Jahrgängen gemeinsam miteinander und voneinander lernen sollen, ist die Lehrerrolle eine grundsätzlich andere als die traditionelle, in deren Verständnis beim Klassenlehrer alle Fäden zusammenlaufen und der seine Klasse in frontalen Phasen unterrichtet, damit er sein umfangreiches Wissen an die Kinder weitergeben kann. Die Rolle verändert sich. Dieser Prozess muss auch dem Klassenlehrer bewusst werden. Damit ein stimmiges Gesamtkonzept entstehen kann, müssen alle Lehrerinnen und Lehrer einer Schule regelmäßig miteinander kommunizieren. Sie sollten sowohl in anderen Schulen mit ähnlichen oder auch abweichenden Konzepten hospitieren, damit sie für die Diskussion in den Konferenzen eine verlässliche Gesprächsgrundlage haben. Auf diese Weise lässt sich ein Schulkonzept zum jahrgangsübergreifenden Unterricht entwickeln. Priorität genießt dabei die Haltung, auch Fehler machen zu dürfen, sich als lernendes Kollegium zu verstehen. So vermeidet man Frustrationen und Überforderung und ermöglicht eine produktive Weiterentwicklung des Konzeptes.

Partner und Lernbegleiter der Kinder

Meine Aufgabe als Klassenlehrer ist es, den Schülern ein Höchstmaß an Aktivität, Selbst- und Mitverantwortung, Motivation, Wissens- und Kompetenzzuwachs zu ermöglichen. Im Unterricht bleibt mir Zeit, die Kinder zu beobachten und zu beraten. Ich beobachte, wie sie arbeiten, auf welche Weise sie sich Hilfe holen, wann sie Beratung brauchen oder sich Auszeiten nehmen.

Diese Beobachtungen notiere ich regelmäßig in einer Kladde, in der für jedes Kind einige Seiten reserviert sind. Regelmäßig, einmal pro Woche, spreche ich mit jedem Kind über sein Lernen. Über die Woche verteilt gelingt dies gut. Auch diese Gesprächsergebnisse halte ich in der Kladde fest. Muss ich später Lernentwicklungsberichte schreiben, sind diese gesammelten Notizen eine große Hilfe. Wichtig ist, dass die anderen Lehrerinnen, die in meiner Klasse unterrichten, eine ähnliche Praxis pflegen, damit wir uns über unser Unterrichtskonzept, über die Lernentwicklung, den Leistungsstand einzelner Kinder und letztendlich auch über die Leistungsbewertung kontinuierlich und zuverlässig beraten können.

Teamarbeit

In unserer Schule gibt es keinen Kollegen mehr, der für sich alleine arbeiten muss und alleine vor einer Klasse steht, oder manchmal gar mit dem Rücken zur Wand. Mit den Jahren hat sich ein Unterrichten im Team entwickelt. Bei uns haben sich Teams aus Sonderpädagogen, Klassenlehrern und Praktikanten etabliert. In wöchentlichen Sitzungen planen sie die Arbeit der Klasse, unterstützt durch regelmäßige Supervision.

Diese Teamarbeit ist eine wichtige Voraussetzung zur Einrichtung jahrgangsübergreifender Klassen. Die Teamarbeit entlastet: Ich bin kein Einzelkämpfer (mehr). Arbeiten werden aufgeteilt oder delegiert. Probleme werden gemeinsam besprochen, und es wird gemeinsam nach Lösungswegen gesucht. In der wöchentlichen Teamsitzung laufen die Fäden immer zusammen, sodass stets ein aktuelles „Update" von Arbeit und Spiel, von Sozialverhalten und Fähigkeitsniveau der Kinder vorhanden ist.

Abkehr von frontalen Phasen

Verabschieden sollte sich der Klassenlehrer in jahrgangsübergreifenden Klassen vom Frontalunterricht. Ich stelle mir sogar die Frage, ob alle Kinder dasselbe lernen müssen? Natürlich gibt es gemeinsame Lernziele, Mindestanforderungen für die Kinder, Grundtechniken und -fertigkeiten, die sie alle lernen müssen, das ist keine Frage. Wer das Einmaleins nicht beherrscht, kann nicht weiterrechnen, das muss jedem Kind klar sein.

Vieles lernen die Kinder aber auch durch Beobachtung, durch die Orientierung an den älteren Mitschülern, und die Älteren festigen vieles durch ihr Erklären. Große Kinder lesen kleinen Kindern vor, stöbern mit ihnen gemeinsam in schönen Büchern. Dies unterstützt den Leselernprozess der Schulanfänger, ohne dass ich etwas dazu beitragen muss.

Zu vielen Fragestellungen kann ich Kleingruppen bilden und mit einzelnen Kindern gemeinsam über Lerninhalte sprechen, während die anderen Kinder frei arbeiten. Der Tausender kann so mit den Schülern des dritten Schuljahres schneller erschlossen werden, da es nur eine Handvoll Kinder sind.

Mit im Kreis können sowohl Kinder des zweiten Schuljahres sitzen, die das schon verstehen, als auch Kinder des vierten Schuljahres, die im Rechnen noch nicht so weit sind und die Wiederholung brauchen. Ein „Abteilungsunterricht", in dem die Jahrgänge im gleichen Raum getrennt unterrichtet werden, sollte vermieden werden.

Die Kinder des dritten und vierten Schuljahres bekommen den Auftrag, eine Forscherarbeit zu schreiben. Sie suchen sich ein Thema aus, zu dem sie eigene Recherchen anstellen müssen. Will ein Schüler über Kamele forschen, sucht er im Internet nach Texten und Bildern, fährt in den Zoo (gemeinsam mit anderen Kindern, die über ein Tier forschen) oder entleiht sich entsprechende Bücher aus dem Bücherbus.

Forscht ein Kind über Indianer, kann es vielleicht ein entsprechendes Museum besuchen und dort einen Fachmann interviewen. Wichtig ist, dass die Kinder lernen, ihr Wissen zu erweitern, indem sie Techniken erlernen, mit denen sie sich Informationen beschaffen und diese verarbeiten können. Der Inhalt ist dafür zweitrangig, wird eher zum Träger des Lernenlernens. Die so erworbene Selbstständigkeit befähigt die Kinder auch zum Besuch einer weiterführenden Schule.

Ich selber möchte nicht mehr in Jahrgangsklassen unterrichten. Die Chancen, die die Altersmischung bietet, sind groß, sowohl für Pädagogen als auch für die Kinder.

Klassenregeln: auch für Fachlehrer
Manfred Pollert

„Also, bei mir gelten folgende Regeln", gibt die neue Lehrerin für das Fach Kunst im zweiten Schuljahr bekannt. Das kann gutgehen, muss es aber nicht. Im ersten Schuljahr haben sich nach und nach bereits wichtige Absprachen in der Klasse ergeben. Die Klassenlehrerin ist für die Kinder zunächst die vertraute und verlässliche Bezugsperson. Sie schafft mit dem abgesprochenen Rahmen für das Miteinanderarbeiten und das Zusammenleben in der Klasse die nötige Sicherheit. Auch Rituale haben sich längst entwickelt.

Kontinuität und Verlässlichkeit herstellen
Es hat sich darum bewährt, in der ersten Klassenrunde zu fragen: „Wie habt ihr das bisher bei Frau X im Kunstunterricht gemacht?" Die Kinder werden von den Absprachen und Regelungen berichten, dabei auch das notwendige und bisher benutzte Arbeitsmaterial für den Fachunterricht vorzeigen. Dabei spüren sie: Wir sind der neuen Lehrerin wichtig.

Vor dieser ersten Stunde einer neuen Lehrerin oder eines Lehrers in meiner Klasse habe ich als Klassenlehrer stets das Gespräch gesucht und vorab darüber informiert, was für die Kinder im vorangegangenen Schuljahr zur Gewohnheit geworden war. Wenn möglich habe ich an der ersten Stunde sogar teilgenommen, wenigstens für die Dauer der Kennenlern-Gesprächsrunde. Als Schulleiter war das für mich sicher leichter, doch habe ich mich bemüht, es auch den Kollegen und Kolleginnen zu ermöglichen. Die Kinder gewinnen dadurch die Sicherheit, dass auch die neue Kollegin mit ihnen in gewohnter Weise umgehen wird.

Natürlich wird jede Fachlehrerin und jeder Fachlehrer den Unterricht so gestalten, wie sie es für richtig halten. Das muss auch so sein. Wer jedoch die eingeübten Verhaltensweisen einer Klasse am Anfang übernimmt und das, was ihm nicht gefällt, erst später nach und nach – aber gemeinsam mit den Kindern – ändert, tut sich selbst einen Gefallen und beugt unnötigem Widerstand vor.

8 Mit Eltern zusammenarbeiten

Einführung:
Wie kooperiere ich mit den Eltern?

Der staatliche Erziehungsauftrag der Schule sei nicht auf Wissensvermittlung beschränkt, vielmehr habe er auch die Gesamterziehung des jungen Menschen und damit auch seine Erziehung zum Sozialverhalten zum Gegenstand, so lautet eine Begründung des Bundesverwaltungsgerichts aus dem Jahre 1981. Dabei verwies das Gericht auf die höchstrichterliche Rechtsprechung, derzufolge die Schule zur Persönlichkeitsentwicklung des Schülers beitragen und ihn zu einem selbstverantwortlichen Mitglied der Gesellschaft heranbilden solle.

Im Übrigen sei vornehmstes Ziel der Landesverfassung, die Bereitschaft zum sozialen Handeln zu wecken und die Jugend im Geiste der Menschlichkeit zu erziehen. Dabei gelte selbstverständlich, dass die Schule für die unterschiedlichen Wertvorstellungen auf diesem Gebiet offen zu sein und jeden Versuch einer Indoktrinierung zu unterlassen habe.

Seinerzeit ging es um die Frage: Darf die Schule überhaupt Schülerverhalten – und dann auch noch soziales Verhalten – beurteilen?

Gewiss, in erster Linie sind die Eltern für die Erziehung verantwortlich. Umso wichtiger, mit ihnen ins Gespräch zu kommen, und zwar besonders in den Fällen, in denen Erziehungsvorstellungen und Erziehungspraktiken weit auseinanderklaffen. Was das Arbeitsfeld Elternhaus/Schule betrifft, so ist vieles in Gesetzen und Erlassen geregelt, von der Elternmitwirkung bis zur Elternmitarbeit im Unterricht, von den verschiedenen Gremien bis zum Elternsprechtag. Wenn man diese Vorschriften wie ein lästiges Übel formal abarbeitet, entstehen Verdruss und Lustlosigkeit auf allen Seiten.

Eltern – auch schwierige – wollen nicht abgefertigt werden. Man muss ihnen das Gefühl geben, dass regelmäßige Zusammenarbeit wichtig ist. In extrem schwierigen Fällen, auch dessen man muss sich bewusst sein, ist es eher angebracht, dem Kind den Konflikt mit seinen Eltern zu ersparen. Wichtiger kann es in solchen Fällen sein, dass das Kind Zutrauen gewinnt, dass es den Vormittag in der Schule als ermutigend und angenehm erlebt.

Wenn Eltern wissen, dass dem Lehrer das Wohl des Kindes am Herzen liegt, er sich bemüht, es zu fördern, und seinen Beruf gern ausübt, wenn sie spüren, dass ihr Kind gern zur Schule kommt, dann schließt das die Eltern für die Belange der Schule auf. Steht der Klassenlehrer mit seiner ganzen Persönlichkeit hinter dem, was und wie er es tut, hat er auch die erforderliche Autorität.

Ohne Eltern und gegen Eltern geht Schule nicht. Deshalb ist ein kontinuierlicher Informationsfluss unerlässlich (z. B. durch Mitteilungsheft, Telefonkontakte, Sprechzeiten). Man kann die Eltern in die Schule holen (Hospitation, Eltern-Kind-Nachmittag; Elternstammtisch, auch um einmal Dampf abzulassen). Man kann ihnen Gelegenheit geben, ihre Kompetenzen zu nutzen: z.B. bei gemeinsamen Ausflügen, beim Vorlesen im Unterricht, bei der Betreuung über Mittag). Man kann Hilfen organisieren, damit Hausaufgaben nicht den häuslichen Frieden stören. Wenn erwünscht, kann auch ein Elternbesuch die Herzen der Eltern öffnen; hier ist allerdings Fingerspitzengefühl angebracht.

Im Schulprogramm sollte das erarbeitete Konzept, wie die Eltern in das Schulleben eingebunden sind, dokumentiert sein.

Literatur

Knapp, R. (2001). Elternarbeit in der Grundschule. Grundlagen, Elternberatung und -seminare, Mitarbeit im Schulleben. Berlin: Cornelsen Scriptor
Im Mittelpunkt stehen die vielfältigen Möglichkeiten für eine erfolgreiche Zusammenarbeit von Schule und Eltern. Sie reichen vom ersten Elternabend bis zur Beteiligung von Eltern am Schulleben und im Unterricht.

Träbert, D. (2006). Was tun? So lernt mein Kind ganz konzentriert. Das Schritt-für-Schritt-Erfolgsprogramm. Lichtenau: AOL
Ein Praxisbuch mit theoretischen Grundlagen und aussagekräftigen Beispielen und Tipps. Viele Übungen verlangen mit Absicht die enge Zusammenarbeit von Elternhaus und Schule auf diesem Gebiet.

Elternhaus und Schule
Rudolf Knapp

Das Kind ist für beide Seiten die gemeinsame Bezugsperson. Daher ist es wichtig, sich zum Wohl des Kindes zumindest in den Grundzielen von Erziehung abzustimmen und zusammenzuarbeiten. Wenn Kollegium und Elternschaft das geschafft haben, stellen Sie als Klassenlehrerin Ihre Bildungs- und Erziehungsarbeit den Eltern gegenüber mit Bezug drauf vor. Für die Kooperation von Erziehungsberechtigten und Lehrkräften in der Schule hat der Gesetzgeber einen rechtlichen Rahmen geschaffen, der bestimmte Möglichkeiten und Gremien zur Mitwirkung von Erziehungsberechtigten in der Schule fest vorsieht.

Eltern einbeziehen

Dieser Rahmen füllt sich jedoch nur dann konkret, wenn die Eltern mithelfen, die Schule zu einem Ort lebensvollen Lernens zu machen, und hierbei ihre eigenen Lebenserfahrungen und Kompetenzen einbringen. Dafür müssen sie aber sehr oft erst motiviert werden und erfahren, dass sich die Zusammenarbeit für Ihre Kinder und sie selbst lohnt. Die Elternmitwirkung in der Schule hat zwar vorrangig das Wohl des Kindes im Blick, dient aber auch dazu, dass sich die Erwachsenen in Elternhaus und Schule gegenseitig unterstützen, voneinander lernen und sich dabei persönlich weiterentwickeln. Es sollte Ihnen als Klassenlehrerin aber bewusst sein, dass die Eltern ihr Hauptinteresse auf ihr Kind richten und darauf achten, ob es ihm in der Schule gutgeht und es erfolgreich lernt.

Vertrauen herstellen

Falsche und einseitige Erwartungen an Eltern, bei denen eventuell nur die eigenen Wertmaßstäbe bezüglich optimaler Erziehungsbedingungen im Familienumfeld der Kinder herangezogen werden, können den Aufbau einer Vertrauensebene verhindern. Erst durch gute Kontakte mit ihnen vor allem auf der Klassenebene wächst das Vertrauen nach und nach. Dies zeigt sich dann in gegenseitiger Akzeptanz und Wertschätzung. Einige Eltern bleiben allerdings dauerhaft zurückhaltend.

Kontakt aufnehmen

Für die meisten Lehrerinnen und Lehrer bedeutet die Zusammenarbeit mit Eltern eine sehr zeitintensive und arbeitsreiche Aufgabe. Es ist daher verständlich, wenn sie Elternarbeit so praktizieren, dass diese sie nicht überfordert. Dabei müssen Sie als Klassenlehrerin keine Fülle an Kontakten knüpfen. Doch was Sie gemeinsam mit den Erziehungsberechtigten Ihrer Schülerinnen und Schüler machen, sollte gut durchdacht sein. Dass Sie hierbei auch Ihr didaktisch-methodisches Können einsetzen, ist selbstverständlich. Das Recht der Eltern, ihre Kinder nach eigenen Wertmaßstäben zu erziehen, und der schulische Erziehungs- und Bildungsauftrag müssen zum Wohl der Kinder aufeinander abgestimmt werden. Dies erfordert einen Kooperationsprozess von den Eltern mit Ihnen, der nicht ohne Spannungen verläuft.

Die Lebenswelten der Kinder kennen

Erziehungs- und Bildungsarbeit in der Klasse gründet auf der Kenntnis der Lebensverhältnisse und Lebenswelten von Kindern und deren Familien. Die jeweils einzigartige Kindheit und Jugend der Schülerinnen und Schüler wird durch ganz unterschiedliche Familien und das hier stattfindende gemeinsame Leben maßgeblich geprägt. Über die einzelnen Familien Details von den Erziehungsberechtigten zu erfahren, ist für Ihr pädagogisch qualitatives Arbeiten in der Klasse und ganz sicher auch für die Zusammenarbeit daher unverzichtbar.

Sie als Klassenlehrerin müssen den Eltern Brücken bauen, um mit ihnen ins Gespräch und in eine kontinuierliche Kooperation zu kommen. Ihre Ideen hierzu sind gerade zu Beginn gefragt. Der Funke zu einer vertrauensvollen Zusammenarbeit springt allerdings in der Grundschule leicht über, da die meisten Erziehungsberechtigten während der Grundschulzeit ihres Kindes für ein Zusammenwirken mit der Schule besonders aufgeschlossen sind.

Als Plattform für eine intensive Partnerschaft eignet sich vor allem die Klassenpflegschaft bzw. die Klassenelternschaft, d.h. die regelmäßige Zusammenkunft der Eltern aller Kinder einer Klasse.

Erwartungen an Eltern
Rudolf Knapp

Eltern haben ihre Elternrechte zum Wohl des Kindes auszuüben. Das gilt als Grundsatz. Sie dürfen sie also nicht eigennutzig zur Selbstverwirklichung benutzen. Die Rechte und Pflichten der Eltern, für ihr minderjähriges Kind zu sorgen (die „elterliche Sorge"), gliedert der Gesetzgeber in die *Personensorge* (Betreuung, Pflege, Erziehung, Aufenthaltsbestimmungsrecht, Aufsicht, Umgangsregelung, Herausgabeanspruch); die *Vermögenssorge* (Verwaltung des Kindesvermögens, dessen Vermehrung, Erhaltung sowie Verwertung) und die *gesetzliche Vertretung* des Kindes in allen Angelegenheiten (rechtsgeschäftliche Handlungen, Anträge auf Ausbildungsbeihilfen und Jugendhilfeleistungen, Einwilligung in ärztliche Behandlung, Vertretung bei der Geltendmachung und gerichtlichen Durchsetzung von Rechtsansprüchen aller Art).

Die Klassenlehrerin und der Klassenlehrer sollten wissen, wem das Sorgerecht bei den Kindern in ihrer Klasse zusteht. Sie sind dann informiert, wer für die Entscheidungen in Angelegenheiten des täglichen Lebens sowie in Fragen des Schulverhältnisses (z.B. Entschuldigung im Falle von Krankheit oder Zustimmung zur Teilnahme an zusätzlichen schulischen Veranstaltungen) zuständig ist. Sie können bei Kindern, deren Eltern nicht verheiratet sind oder getrennt leben, eine Erklärung von den Eltern erbitten, ob Alleinsorge oder gemeinsame Sorge besteht.

Elternrecht und staatlicher Erziehungsauftrag der Schule
Der Staat greift ein, wenn Eltern dem Erziehungsanspruch ihrer Kinder nicht gerecht werden, unterstützt und ergänzt ihre pädagogische Verpflichtung durch Angebote und Maßnahmen der Jugendhilfe. Er kann aber auch eine unzureichende elterliche Erziehung ersetzen (§ 1 Abs. 3 SGB VIII,

§ 1666 BGB). Elternrecht und staatlicher Erziehungs- und Bildungsauftrag sind beide dem Leitprinzip des Kindeswohls, aber auch dem Anspruch des Kindes auf Erziehung (s. § 1 KJHG) verpflichtet. Diese gemeinsame Aufgabe ist nur durch ein sinnvoll aufeinander bezogenes Zusammenwirken zu erfüllen.

Dabei ist die Schule verpflichtet, sowohl die Entwicklung des einzelnen Schülers als auch die Entwicklung aller Schüler zu fördern. Sollten Sie als Klassenlehrerin familiäre Probleme bei Kindern feststellen, so ist es Ihre Aufgabe, nach Rücksprache mit den in Ihrer Klasse tätigen Kolleginnen die Schulleitung um Kontaktaufnahme mit dem Schul- und Jugendamt der Stadt zu bitten, damit Sie Rat und Hilfe erhalten.

Mitwirkung von Eltern in der Schule

Aus Art. 6 Abs. 2 GG lässt sich ein Individualrecht der Eltern zur Mitwirkung in der Schule ableiten, das auf das einzelne Kind bezogen ist. Die Landesgesetzgeber haben ergänzend hierzu Elterngremien mit Mitwirkungsrechten in unterschiedlicher Ausgestaltung und mit unterschiedlichem Umfang geschaffen.

Durch Mitwirkungsgesetze wird der Einfluss der Eltern in Form von Mitentscheidung und Beteiligung (als Anhörungs-, Anregungs-, Beratungs- und Vorschlagsrecht) auf die Gestaltung von Unterricht und Schulleben vom Gesetzgeber ausdrücklich gewünscht und rechtlich abgesichert. Die Beteiligung lässt sich differenzieren in:

- *Anhörung* (Abgabe einer Stellungnahme zu einem bestimmten Sachverhalt),
- *Beratung* (zielt auf einen wechselseitigen Austausch von Erfahrungen, Meinungen, Vorstellungen, Wünschen),
- *Anregungen, Vorschläge* (Anregungen beziehen sich auf Maßnahmen oder Vorhaben, die erwogen werden können; Vorschläge beziehen sich konkret auf einen gegebenen Sachverhalt oder bestimmte Maßnahmen).

In den einzelnen Ländern gibt es eine rechtliche Grundlage für ein gemeinsames Entscheidungsgremium von Lehrpersonen und Eltern im Hinblick auf die Bildungs- und Erziehungsarbeit an der einzelnen Schule. Es entscheidet z.B., wie die Beratung an der Schule aussehen soll, oder legt die Grundsätze zur zeitlichen Koordinierung von Hausaufgaben und Leistungsüberprüfungen fest. Die Entscheidung bedeutet so viel, dass eine Angelegenheit abschließend geregelt wird. Die rechtsverbindliche Regelung ist von den Betroffenen zu beachten.

Informationspflicht der Schule

Damit die Eltern fundiert an der Gestaltung des Schulwesens mitwirken können und sich eine vertrauensvolle Zusammenarbeit zwischen ihnen und der Schule ergeben kann, ist es Pflicht der Schule, die Eltern entsprechend zu informieren. Erziehungsberechtigte sollten dieses Informationsangebot wahrnehmen, um ihr Elternrecht qualitativ und effizient in der Schule verwirklichen zu können.

Als Klassenlehrerin haben Sie den Erziehungsberechtigten zu Beginn des Schuljahres mitzuteilen, was Sie pädagogisch und im Unterricht vorhaben. Sie haben die Anregungen der Eltern hierzu mit in Ihre Überlegungen einzubeziehen. Mit Blick auf das einzelne Kind ist es Ihre Pflicht, die Erziehungsberechtigten über die Entwicklung ihres Kindes im Lern-, Leistungs- und Sozialverhalten auf dem Laufenden zu halten. Für die Beratung der Eltern sind Sprechstunden und Sprechtage durchzuführen. Diese Beratungsangebote der Schule sollten die Eltern im Interesse ihres Kindes und zur Vertiefung einer vertrauensvollen Zusammenarbeit zwischen Schule und Elternhaus wahrnehmen. Die Beratung ist dringend erforderlich bei Lern- und Leistungsproblemen, Verhaltensauffälligkeiten, aber auch beim Übergang in eine andere Schule oder in weiterführende Schulen der Sekundarstufe I.

Pflichten der Eltern

Die Erziehungsberechtigten haben die Schule bei der Verwirklichung ihrer pädagogischen Aufgaben zu unterstützen. Sie sind verantwortlich dafür, dass sie ihr Kind für den Schulbesuch entsprechend ausstatten und sich darum kümmern, dass es regelmäßig am Unterricht und an anderen verbindlichen schulischen Veranstaltungen (z.B. Ausflüge, Fahrten, Erkundungen, Arbeitsgemeinschaften) teilnimmt. Die Schule verlangt zudem, dass die Schülerinnen und Schüler

- sich auf den Unterricht vorbereiten,
- aktiv im Unterricht mitarbeiten,
- die gestellten Aufgaben erledigen,
- die für den Unterricht benötigten Lern- und Arbeitsmittel mitbringen,
- die Ordnung in der Schule einhalten und
- den für einen geordneten Schulbetrieb erforderlichen Anordnungen der Schulleitung und der Lehrkräfte folgen.

Bei allen diesen Punkten geht es häufig nicht ohne die Mithilfe der Eltern.

Einladungen und Mitteilungen
Rudolf Knapp

Fassen Sie die Einladung zum Elternabend bzw. zur Klassenpflegschaftssitzung nicht zu förmlich ab, bauen Sie eventuell ein passendes Bild als Blickfang ein und schreiben Sie in einfacher, verständlicher Sprache. Umreißen Sie kurz Ihr Anliegen und den gedachten Verlauf. Eine Absenderangabe, eine freundliche Anrede und die notwendigen Informationen wie Termin, vorgesehenes Ende, Ort und Tagesordnungspunkte sind selbstverständlich. Zu Beginn sollte ein Punkt stehen, der Ihnen ermöglicht, etwas aus dem Schulalltag zu erzählen, was die meisten Eltern interessiert. So sind die Eltern gleich aufgeschlossen dabei. Die Einladung schließt „mit freundlichen Grüßen" und der Unterschrift. Damit Sie wissen, mit wie vielen Eltern Sie rechnen können, bitten Sie um eine Rückmeldung.

Kurz-Mitteilungen an die Eltern

Es hat sich bewährt, die Eltern durch Eintrag in das Hausaufgabenheft des Kindes zu informieren. Hier stehen dann z. B. neben den täglichen Aufgaben für die Fächer und Lernbereiche Hinweise auf die Stundenplanänderung, auf die nicht zu vergessenden Sportsachen, auf zusätzlich benötigtes Material für den Kunstunterricht. Nicht zu empfehlen (weil besser im persönlichen Gespräch zu vermitteln) ist es, in dieses Hausaufgabenheft Bemerkungen zum Sozialverhalten oder zu Lern- und Leistungsproblemen zu schreiben. Aussagen zu bestimmten Leistungen passen besser zur betreffenden Leistungsbewertung selbst. Um ausführliche Elternmitteilungen, die nicht ins Hausaufgabenheft geschrieben werden, zusammenhängend verfügbar zu haben, bietet sich eine Mitteilungsmappe an. In ihr werden auch die Elternbriefe abgeheftet. Alle wichtigen Mitteilungen sollten Sie sich von den Eltern mit Unterschrift abzeichnen lassen. So sind Sie sicher, dass Ihre Botschaft angekommen ist.

Elternbriefe

Es gibt Briefe, mit denen Sie die Eltern zum Sprechtag, zum Elternabend, zum Klassen- oder Schulfest, zur Mitarbeit in der Klasse oder im Rahmen von Projekten einladen. Dazu gehören auch die Mitteilungen zum Wandertag, zur Erkundung eines Betriebes, verbunden mit der Bitte an die Eltern, dass ihr Kind teilnehmen kann.

Eine zweite Gruppe von Briefen – allerdings selten genutzt – umfasst Ihre Informationen an Eltern, in denen Sie sich z. B. über die Bedeutung von Hausaufgaben äußern, Bildungs- und Erziehungsfragen ansprechen, auf bestimmte aktuelle Gefährdungen der Kinder aufmerksam machen, den Sinn einer neu einzurichtenden Leseecke oder Klassenbücherei beschreiben, die notwendige Differenzierung erläutern.

Elternsprechtag mit Kindern
Manfred Pollert

Zwei Dinge fand ich für mich selbst als Schüler unerträglich: den Elternsprechtag, bei dem ich nur durch den Filter meines Vaters erfuhr, was meine Lehrer über mich zu sagen hatten, und Elternsprechtage, an denen ich zwar teilnehmen durfte, aber nicht mit mir, sondern nur über mich geredet wurde. Darum habe ich Elternsprechtage immer als Kindersprechtage gestaltet, bei denen die Eltern mehr zuhörten oder nur Fragen stellten. Wenn irgend möglich stimme ich mich vor diesen Gesprächen mit allen Fachlehrerinnen, die in meiner Klasse arbeiten, ab und lasse mir aus ihrer Sicht Hinweise zu Lern- und Arbeitsverhalten und zu den Leistungen geben.

Ziel des Sprechtags
Eltern und Kind sollen wahrnehmen, was das Kind schon kann, wo es stark ist, wo es noch nicht so erfolgreich arbeitet oder Hilfe braucht. Vom ersten Schuljahr an benutze ich ein Gesprächsblatt. Bis zum vierten Schuljahr dokumentiere ich damit die Entwicklung des Kindes. Das Blatt hat drei Teile und hilft dem Kind, zunächst zu erkennen, was es besonders gern tut und was beim Lernen oder Verhalten zu kurz kommt. Die Bereiche können in dem Blatt jeweils mit einer kleinen Zeichnung versehen werden. Als Gesprächsleiter zeige ich am Ende dieses ersten Teils des Gespräches zusammenfassend auf, was so in Ordnung oder besonders gut ist und wo Änderung des Lern- oder Arbeitsverhaltens angesagt sind.

Im zweiten Teil des Gesprächs geht es darum, was das Kind in den einzelnen Bereichen wirklich leistet, was es kann oder noch nicht so gut kann, wo es Probleme gibt oder wo es besonderen Ansporn oder gezielte Hilfe benötigt. Eltern und Kind erfahren so möglichst genau, wo seine Stärken liegen, wo es sich unterfordert und sich mehr anstrengen müsste. Wir überlegen jedoch auch sofort gemeinsam, wie wir die Probleme angehen können. Am Schluss steht dann eine Vereinbarung mit dem Kind. Dabei ist mir wichtig, dass das Kind im Gespräch zu einem „ich will" geführt wird. Denn jedes „du sollst" oder „du musst" hält als Aufforderung der Erwachsenen nicht lange vor, wenn es das Kind nicht wirklich will.

Vereinbarungen und optisch gekennzeichnete Schwerpunkte sind wiederum auch mit den anderen im Kollegium zu besprechen, damit alle „am gleichen Strang" ziehen und das Kind in seinem eigenen Wollen unterstützen. In den Klassen- und Versetzungskonferenzen dienen die nach und nach entstandenen Protokolle als Hilfe für die Beurteilungen des Kindes.

**Kinder- und Elternsprechtag mit Ufuk und Herrn Pollert
am 25. September**

1. Das tue ich am liebsten in der Schule (bitte ankreuzen)

Spielen	Rechnen
Bauen	Schreiben
Malen und Basteln	Drucken
Spielen am Computer	Mit Sachen und Pflanzen arbeiten
Schreiben am Computer	Tiere versorgen und beobachten
Singen	Sport

2. Das kann ich, aber da muss ich noch üben (bitte ankreuzen)

Gesprächsregeln	Streit ohne Gewalt
Anstrengen	Mit anderen arbeiten
Angefangenes beenden	Kopfrechnen
Arbeit im Mathebuch	Mit der Lauttafel arbeiten
Tagebuch schreiben	Etwas klar erzählen

3. Da muss ich mich besonders anstrengen (bitte ergänzen)

Ich will _____

Telefongespräche und Elternsprechtermine
Rudolf Knapp

Für alle Kontakte mit den Eltern gilt, dass Sie diese als Personen ernst nehmen. Geben Sie daher als Klassenlehrerin oder Klassenlehrer durch einfühlende und aufrichtige Anteilnahme zu erkennen, dass Sie sich bemühen, deren Probleme und damit zusammenhängende Gefühle zu verstehen und gemeinsam den besten Lösungsweg für das Kind zu finden. So ist Ihr Gegenüber auch bereit, Ihre Argumente anzuhören. Sie erschweren allerdings die Gesprächsgrundlage, wenn Sie sich sprachlich und zugleich inhaltlich zu komplex ausdrücken. Wenn Sie sich über ein Kind in Ihrer Klasse sehr aufgeregt haben, ist es nicht klug, sofort mit den Eltern Kontakt aufzunehmen und vielleicht sogar vorschnell ein Urteil zu fällen. Sie tun sich selbst und den Eltern als Ihren Kooperationspartnern eher einen Gefallen damit, wenn Sie abwarten, bis Sie Ihre Emotionen wieder kontrollieren können.

Telefongespräche

Kontakte können durch das Telefon angebahnt und im Verlaufe der Zusammenarbeit mit den Eltern gepflegt werden. Schwierige und problematische Sachverhalte lassen sich allerdings besser unter vier Augen besprechen. Das Telefon kann dazu dienen, sich gegenseitig kurzfristige organisatorische Mitteilungen zu machen oder ein persönliches Gespräch mit den Eltern terminlich festzulegen.

Meist sind es die Eltern, die anrufen. Viele von ihnen haben allerdings etwas Angst, mit Ihnen als Klassenlehrerin per Telefon zu sprechen. Verkürzen Sie daher nicht die ersten Äußerungen, greifen Sie nicht ungeduldig ein. Wenig sinnvoll ist Ihr Angebot auf dem ersten Elternabend: „Ich bin immer für Sie da, wenn es ein Problem mit Ihrem Kind gibt. Rufen Sie mich ruhig an." Besser ist es, an einem Elternabend auf Ihre feste Sprechzeit in der Schule zu verweisen und das Telefonieren nur für den besonderen, eiligen Fall anzubieten.

Zurückhaltung beim Telefonieren sollten Sie auch als Grundsatz für sich selbst beherzigen. Nicht jede Rangelei zwischen den Jungen, nicht jedes freche Wort oder rüpelhafte Verhalten eines Kindes muss der Mutter oder dem Vater des Kindes umgehend mitgeteilt werden. Abgesehen davon, dass Sie auf die Schnelle nicht den gesamten Zusammenhang des für Sie ärgerlichen Ereignisses am Telefon erläutern können, wird ein vielleicht ohnehin schwieriges Kind erneut belastet.

Tipps

- Fragen Sie sich vor jedem Telefonat mit den Eltern: Ist es berechtigt und sinnvoll oder bringt ein Gespräch unter vier Augen und mit mehr Zeit ein voraussichtlich besseres Ergebnis?
- Legen Sie alle notwendigen Informationen und Unterlagen bereit.
- Bei heiklen Fällen sollten Sie das Telefonat stichwortartig vorbereiten. Sie können sich dann besser auf das eigentliche Ziel Ihres Anrufs konzentrieren und notwendige Argumente zusammenstellen.
- Straffen Sie Ihre vielleicht sonst übliche „Small-talk-Phase" zu Beginn. Sie ist zwar für das Schaffen einer positiven Gesprächsatmosphäre wichtig, sollte sich aber auf einen höflichen Gesprächseinstieg beschränken, weil sonst zu viel Zeit verlorengeht.

- Werden Sie angerufen, notieren Sie sich bitte den Namen des Anrufers und den seines Kindes. So können Sie Ihren Gesprächspartner stets mit Namen anreden, was die Beziehung auf eine bessere persönliche Ebene stellt.
- Rufen Sie an, so teilen Sie Ihrem Gesprächspartner nach den kurzen einleitenden Worten den Grund Ihres Anrufes klar und gut verständlich und möglichst freundlich mit. Kommen Sie zügig nach Erreichen des Gesprächsziels zum Ende. Ein freundlicher Satz des Dankes von Ihrer Seite bringt einen höflichen Abschluss.
- Halten Sie das Ergebnis des Telefonats in Stichpunkten fest. Vielleicht wollen oder müssen Sie sich noch einmal darauf beziehen. Auch für den Erfahrungsaustausch mit dem Kollegium oder bei Rücksprache mit der Schulleitung sind diese eine gute Gedächtnisstütze.

Sprechstunden und Sprechtage
Rudolf Knapp

Kurze Gespräche am Unterrichtsvormittag, die sogenannten „Tür-und-Angel-Gespräche", schaffen morgens früh Kontakte beim Bringen der Schulanfänger und mittags beim Abholen, allerdings sind sie meist flüchtig und oberflächlich. Sich dabei spontan entwickelnde Gespräche sind daher wenig geeignet, um ein inhaltlich wichtiges Thema aufzugreifen. Manchmal werden Sie von Eltern älterer Kinder auch in der Pause aufgesucht, weil etwas vermeintlich ganz Wichtiges geklärt werden muss. Sicherlich ist die Pausenzeit genauso ungeeignet für seriöse Gespräche wie die Zeit vor Schulbeginn. Das sollte aber für Sie kein Anlass sein, sich unfreundlich zu verhalten und auf Ihr Anrecht auf eine Erholungspause im Kollegenkreis hinzuweisen. Besser ist es, den Eltern vorzuschlagen, einen Termin für ein neues Gespräch zu vereinbaren, an dem dann mehr Zeit verfügbar ist.

Elternsprechstunden
Als Lehrerin oder Lehrer sind Sie dienstlich verpflichtet, solche festen Sprechzeiten für das Gespräch mit den Eltern Ihrer Schülerinnen und Schüler anzubieten. Diese Sprechzeiten liegen außerhalb Ihres Unterrichts. Sie werden gemeinsam mit den Sprechzeiten der Kolleginnen und Kollegen von der Lehrerkonferenz koordiniert. Am besten geben Sie die Sprechstunde so früh wie möglich den Eltern bekannt. Ideal für die Bekanntgabe ist der erste Eltern- oder Klassenpflegschaftsabend. Sonst sollten Sie den Kindern einen Brief mit dem Termin mit nach Hause geben. Kann eine Mutter oder ein Vater wegen Berufstätigkeit Ihre Sprechzeit nicht aufsuchen, verabreden

Sie einen passenden Zeitpunkt. Da die Sprechstunde wenig Zeit (eine Stunde pro Woche) bietet, nehmen Eltern sie nur selten wahr. Es muss schon etwas Besonderes anliegen, wenn sie sich für die kurze Zeit, die zur Verfügung steht, auf den Weg zur Schule machen. Oft wird daher über das Telefon Verbindung zu Ihnen aufgenommen. Manchmal wollen sich die Eltern nur vergewissern, ob alles das, was ihr Kind zu Hause erzählt, wirklich zutrifft oder ausgedacht ist. Es bleibt Ihnen daher manchmal nichts anderes übrig, als gemeinsam nach einem Termin zu schauen, an dem Sie sich gründlich miteinander austauschen und zusammen mit den Eltern nach einer möglichen Lösung suchen können.

Elternsprechtage
Sie bieten die Möglichkeit, das Verständnis für die eigene schulische Arbeit, aber auch für die Probleme und Sorgen der Eltern und somit für das notwendige Miteinander von Elternhaus und Schule zu fördern. Für Eltern gerade eingeschulter Kinder gibt es z. B. viele Fragen, die Zeit brauchen, um sie zu beantworten. Da geht es um Hausaufgaben und die mögliche Unterstützung hierbei. Es wird gefragt, ob das Kind auch gut mitarbeitet, sich anständig benimmt. Sprechtage sind auch besonders gefragt vor dem Übergang in die weiterführenden Schulen der Sekundarstufe I. Wichtige Fragen sind hier z. B.: Welche Schule ist für mein Kind die richtige? Schafft mein Kind die wachsenden Anforderungen? Sollten wir noch besondere Fördermaßnahmen überlegen? Zur Gesprächsatmosphäre gehört auch, den Besprechungsraum angemessen herzurichten und geeignete Sitzmöglichkeiten anzubieten. Die Gespräche sollten Sie gut vorbereiten und festlegen, was Sie unbedingt ansprechen und mitteilen wollen. Versuchen Sie, beim Thema zu bleiben, um keine Zeit zu verschenken.

Sie machen sich daher am besten vor Beginn des Sprechtages zu jedem Kind Notizen. Halten Sie nicht nur fest, was Ihnen während der Schulzeit negativ aufgefallen ist. Sie notieren sich vielmehr auch die besonderen Fähigkeiten des betreffenden Kindes. Machen Sie sich klar:
• Welche Punkte möchte ich bei den Eltern ansprechen?
• Welche Maßnahmen möchte ich zur Förderung des Kindes vorschlagen?
• Wie steige ich ins Gespräch ein?
• Wie kann ich zu einem lebendigen Austausch kommen?

Halten Sie Stichworte vom Gesprächsverlauf und der getroffenen Absprache fest. So fällt es Ihnen zum Abschluss der Sprechzeit leicht, das Wesentliche zusammenzufassen, sich die Richtigkeit Ihrer Notizen bestätigen zu lassen und das Gesprächsende anzukündigen.

Gespräche mit Eltern
Dorothee Braun

Gespräche mit Eltern haben unterschiedliche Funktionen: *Informationsaustausch* (z. B. über die geplante Klassenfahrt), *Klärungshilfe* (z. B. Überlegungen, wie mit Schwierigkeiten umzugehen ist), *Förderplanung* (Transparenz über schulische Förderangebote sowie Vereinbarungen über häusliche Förderangebote), *Konfliktgespräche* (um Missverständnisse, Meinungsverschiedenheiten anzusprechen und möglichst auszuräumen).

Jedem Gespräch sollte eine persönliche Klärung über Inhalt, Funktion und Zielsetzung vorangehen: Worum geht es mir? Was will ich erreichen? Welchen sachlichen Erfordernissen unterliege ich? Welchen Entscheidungsspielraum habe ich? Wie bin ich persönlich involviert? Gleichzeitig lohnt ein Perspektivwechsel: Worum geht es den Eltern? Was möchten sie erreichen? Was würde ich an ihrer Stelle denken und fühlen?

Das Gelingen von Gesprächen
Manchmal scheitern Gespräche, obwohl alle Beteiligten zunächst die beste Absicht zur Kommunikation haben und auch das Beste für das Kind wollen. Hier einige Grundsätze:

- Werden Sie sich vorher Ihrer inneren Einstellungen bewusst und bedenken Sie mögliche Schwierigkeiten.
- Nehmen Sie Ihre Gefühle an, handeln Sie gleichzeitig aus einer professionellen Grundhaltung heraus.
- Achten Sie auf *gegenseitige* Wertschätzung.
- Halten Sie während des Gespräches den Kontakt aufrecht und thematisieren Sie Störungen – auch atmosphärische – auf der Metaebene.
- Signalisieren Sie den Eltern Akzeptanz, indem Sie aktiv zuhören, Gemeinsamkeiten hervorheben anstatt Unterschiede aufzuzeigen.
- Ermöglichen Sie „Win-win-Situationen". Bieten Sie Kompromisse an. Signalisieren Sie Verständnis für den Standpunkt der Eltern. Regen Sie gemeinsame Überlegungen an, was zu tun ist. Wenn Sie etwas Bestimmtes erreichen wollen, bieten Sie dafür etwas anderes an.
- Deeskalieren Sie, wenn sich Fronten aufgebaut haben, indem Sie Ruhe und Gelassenheit bewahren, die Sorgen der Eltern als verständliche Anliegen benennen, sich einen Sachverhalt noch einmal erzählen lassen, den kleinsten gemeinsamen Nenner betonen.

Ein ungestörter Raum ist unabdingbar: ein Schild (Besprechung, bitte nicht stören!) verhindert, dass z. B. die Reinigungskräfte hereinkommen. Stellen

Sie genügend Stühle bereit und achten Sie auf eine günstige Sitzposition. Setzen Sie sich seitlich zu den Eltern und nicht frontal. Der Gesprächstisch ist so vorbereitet, dass Unterlagen, gegebenenfalls auch Stifte und Papier bereitliegen. Indem Sie Kaffee, Mineralwasser oder auch Kekse anbieten, signalisieren Sie ein Willkommen und stellen Kontakt her.

Gesprächsstruktur
Machen Sie sich mit der nachstehenden Gesprächsstruktur vertraut. Sie können die einzelnen Punkte in einem Gesprächsprotokoll in Stichworten festhalten. Nehmen Sie dort unbedingt auch die Äußerungen der Eltern auf. Zum Schluss vereinbaren Sie am besten einen weiteren Gesprächstermin und notieren ihn als letzten Punkt im Protokoll. Alle Beteiligten – auch die Eltern – bekommen eine Kopie und können sich den Verlauf des Gesprächs immer wieder vergegenwärtigen.

Zeit und Organisation: Wie viel Zeit haben wir? Was ist zu regeln?

Blitzlicht: Wie geht es mir im Moment? Jeder berichtet kurz. Dadurch wird das Ankommen gefördert und die Möglichkeit eröffnet, in Kontakt zu treten.

Klärung von Themen und Zielen: Worüber sprechen wir? Welche Ziele haben wir? Durch das Festlegen von Themen erhält das Gespräch eine überschaubare Struktur. Die anvisierten Ziele betonen die Ergebnisorientierung.

Gespräch oder Beratung: Welche Aspekte und Dimensionen beinhaltet das Thema? Wie können wir unsere Ziele erreichen? Hier erfolgen Austausch und Planung des weiteren Vorgehens.

Zusammenfassung und Ausblick: Was ist erreicht? Wann sprechen wir uns wieder? Hier werden noch einmal die wesentlichen Ergebnisse festgehalten. Außerdem verständigen sich die Gesprächspartner über einen Folgetermin.

Metakommunikation: Wie habe ich mich während des Gespräches gefühlt? Wie geht es mir jetzt? Jeder berichtet kurz. Damit wird die Möglichkeit eröffnet, das Gespräch emotional zu bewerten und sich aus dem Gespräch zu lösen. Die hier angesprochenen Aspekte dienen Ihnen gleichzeitig als Rückmeldung.

Elterngespräche: Checkliste
Reinhold Heimer

Wir verständigen uns über Sprache. Aber es ist nicht der Inhalt meiner Worte allein, der meine Botschaft ausmacht: Um die Zahl der Missverständnisse möglichst gering zu halten oder im Idealfall sogar auszuschalten, muss ich mir bewusst sein, dass ich über die durch Sprache vermittelten Inhalte auch nichtsprachliche Signale aussende, die vom Gesprächspartner interpretiert werden.

Nichtsprachliche Signale sind vor allem:
Sprechweise: Stimmlage, Lautstärke, Sprechtempo
Verhalten/Körpersprache: Mimik, Gestik, Blickkontakt, Körperhaltung

Als Klassenlehrer werde ich immer wieder anlassbezogene Elterngespräche führen müssen. Meine Kolleginnen und Kollegen informiere ich rechtzeitig über anstehende Gesprächstermine und Anlässe. Ich hole ihre Meinung ein und kann ihre Positionen mit vertreten. Das ist wichtig, um den Eltern im Rahmen des Gesprächs auch aufzeigen zu können, dass ich hier nicht meine private Meinung kundtue. Für die konkrete Planung, Durchführung und Analyse eines Elterngesprächs kann die folgende Auflistung hilfreich sein:

Gesprächsplanung
• Wie lade ich ein (mündlich, schriftlich)?
• Ist der vorgeschlagene Termin elternfreundlich?
• Welche Voraussetzungen sind notwendig (Raum, Atmosphäre, keine Störungen, Zeit)?
• Was ist der Anlass für das Gespräch?
• Mit welchem Anliegen gehe ich in das Gespräch?
• Welche Erwartungen (Ziele) verfolge ich mit dem Gespräch?
• Welche Erwartungen (Ziele) haben meine Gesprächspartner?
• Welche Erwartungen (Ziele) haben meine Kollegen?

Gesprächsführung
• positiv beginnen,
• angenehme Gesprächssituation herstellen,
• dem Gesprächspartner Anerkennung und Wertschätzung vermitteln,
• klären, warum und worüber wir reden,
• das eigene Anliegen klar – ohne Schuldzuweisungen – benennen,
• keine Verallgemeinerungen oder Vermutungen,

- einen Dialog führen,
- gemeinsame und unterschiedliche Einschätzungen festhalten,
- aktiv zuhören,
- gemeinsam eine Lösung suchen,
- eine Vereinbarung treffen und die damit verbundenen Erwartungen eventuell schriftlich festhalten,
- Gespräch positiv beenden.

Gesprächsanalyse
- Sind meine Erwartungen erfüllt worden?
- Wenn nein, warum nicht?
- Sind die Erwartungen meines Gesprächspartners erfüllt worden?
- Wenn nein, warum nicht?
- Sind Absprachen getroffen worden? Wenn ja, welche?
- Rückmeldung an meine Kollegen?
- Was ist als Nächstes zu tun?

Hausbesuche
Rudolf Knapp

Hausbesuche werden heute selten gemacht. Sie müssen ja auch nicht sein, keiner verpflichtet Sie dazu. Wenn Sie Hausbesuche als wichtige Kontaktmöglichkeit ansehen, dann wäre es gut, über Ihr Anliegen gleich beim ersten Elternabend zu sprechen. Gute Erfahrungen mit Hausbesuchen bei ausländischen Eltern zeigen: Diese Form der Kontakte nimmt etwas von der Schwellenangst und baut Vertrauen auf. Sind nur einige Mütter oder Väter dafür, so schreiben Sie deren Namen und Adresse auf. Mit dem Besuch sollten Sie dann aber nicht lange warten. Ein positiver Anlass ist sicher der bessere Einstieg in ein Gespräch: der bevorstehende Wandertag oder der Herbergsaufenthalt, den oder die Sie noch erläutern wollen (z. B. Regelung von Aufsicht und Unfallschutz, was mitgenommen werden muss und was nicht, die Taschengeldfrage usw.), die gezielte Einladung zu einer schulischen Veranstaltung oder zum Mithelfen bei einer schulischen Aktion.

Der zeitliche Rahmen
Er wird so abgesprochen, dass beide Seiten sich darauf einstellen können. Es wäre schön, wenn Mutter und Vater des Kindes anwesend sein könnten. Sie bekommen beim Hausbesuch Einblick in die individuell gestaltete Lebenswelt der Familie, den täglichen sozialen und räumlichen Kontext Ihrer Schülerinnen und Schüler. Sie erhalten Informationen über Sitten,

Gebräuche, Vorlieben, Familienstrukturen (Rollenverständnis). Der Einbezug des Kindes in häusliche Aufgaben und Pflichten wird vielleicht angesprochen.

Eindrücke

In den Interaktionen zwischen Kind und Eltern wird Ihnen die Qualität der Beziehung sowie die Bedeutung des Kindes in der Familie sichtbar. So gewinnen Sie ein Bild von der sozialen und psychischen Situation des Kindes im häuslichen Umfeld. Allerdings ist es ein erster flüchtiger Eindruck. Seien Sie vorsichtig mit zu eiligen Rückschlüssen. Viele Eltern empfinden Ihr Kommen als eine gute Idee, da Sie ihnen mit Ihrem Besuch eine Ehre erweisen. Hier haben die Eltern Heimvorteil und fühlen sich sicherer als in der schulischen Atmosphäre.

Denken Sie bei Besuchen von ausländischen Eltern an deren nationale oder religiöse Feiertage. Termine an solchen Tagen sind unpassend. Bei muslimischen Eltern sollten Sie mehr Zeit einkalkulieren als bei deutschen. Sie möchten Ihnen oft gern die Wohnung zeigen, mit Ihnen auch über die Arbeit, die Gesundheit usw. sprechen. Sie sind sehr gastfreundlich. Lehnen Sie die angebotene Tasse Tee und das Gebäck nicht ab. Wenn Sie bei der Begrüßung ein Duftwasser in die Hand geschüttet bekommen, sollten Sie diese Zeremonie nicht ausschlagen. Das Wasser dient der Erfrischung.

Gesprächsführung

Zu Beginn werden Sie den Zweck des Besuches ansprechen. Unklug ist es, sofort etwas Negatives über das Kind in der Schule zu erzählen. Wichtig ist: Zuhören! Fragen, die Sie bewegen, bitte offen und ehrlich stellen, aber nicht zu kompliziert formulieren. Sonst bekommt Ihre Schülerin, die eventuell bei ausländischen Eltern als Dolmetscherin fungiert, auch Schwierigkeiten. Vertreten Sie Ihre pädagogischen Vorstellungen selbstbewusst. Vermeiden Sie es beim Besuch einer muslimischen Familie, über Kopftücher oder Koranschulen zu sprechen. Es ist für dieses Thema jetzt nicht der richtige Ort. Fühlen Sie sich bei an Sie gerichteten rechtlichen Fragen unsicher, dann sagen Sie klar, warum Sie nicht antworten können.

Wenn Sie Eltern zu Hause besuchen wollen, informieren Sie die Schulleitung und tragen den geplanten Besuch aus versicherungsrechtlichen Gründen ins Fahrten- oder Wegebuch ein.

Ihre Eindrücke vom Hausbesuch sollten Sie an die in Ihrer Klasse tätigen Kolleginnen weitergeben. Vor allem die positiven Erfahrungen eignen sich hierzu. Vielleicht findet sich auch ein eigener Tagesordnungspunkt in der nächsten Lehrerkonferenz?

Impulse zur Elternmitarbeit
Rudolf Knapp

Schon beim ersten Elternabend sollten Sie die Eltern darauf aufmerksam machen, dass Sie die Mitarbeit im Schulalltag für sehr wichtig halten. Die Eltern können sich dann später in verschiedene Listen eintragen, wie z. B. Betreuung beim Lesen, Beratung bei Freier Arbeit, Mithilfe bei der Kontrolle von Übungsblättern, Begleitung der Klasse beim Sport, bei Ausflügen. Um unnötiges Nachfragen zu vermeiden, sollten die Eltern in die Listen auch ihre Telefonnummern eintragen und die bevorzugten Tage bzw. Stunden. Wenn für die einzelnen Aktivitäten mehrere Mütter und Väter gewonnen werden können, entsteht nicht der Eindruck, dass nun deren Kinder bevorzugt behandelt werden. Manchmal ist es sinnvoll, Schülergruppen zu bilden, denen sie dann als Klassenlehrerin bzw. Klassenlehrer bestimmte Helferinnen und Helfer zuordnen.

Mitarbeit bei Schulfesten

Wenn die Erziehungsberechtigten mit in das Schulleben der Grundschule einbezogen werden, entfaltet es seine erzieherische Wirkung im Hinblick auf die Kinder voll. Feste und Feiern, aber auch Schulwanderungen, Schulfahrten sind ein wichtiger Bestandteil des Schullebens. Die gemeinsame Planung und Durchführung schulischer Veranstaltungen schafft schulische Möglichkeiten für mitmenschliche Begegnungen und intensive Zusammenarbeit. Gerade Feste bieten viele Gelegenheiten, in denen sich Eltern engagieren und den Gesamtablauf mitgestalten können. Die Zusammenarbeit darf sich aber nicht darauf beschränken, dass einzelne Eltern nur die Versorgung der Kinder und der anderen Eltern übernehmen. Eltern sollten möglichst von vornherein mitplanen, ihre Ideen einbringen und ihren Sachverstand mit einfließen lassen. Bei Klassenfesten sollten Sie auch um kollegiale Unterstützung bitten. Manchmal bietet es sich an, dass das Lehrerteam Ihrer Klasse gemeinsam mit den Kindern und Eltern einen Beitrag zum Schulfest organisiert.

Ausländische Eltern zur Mitarbeit gewinnen

Das Anliegen eines Schulfestes trägt die Schulleitung z. B. den Elternvertretern der türkischen Landsmannschaft vor. Sie werden um aktiv gestaltende Teilnahme gebeten. Um alle türkischen Familien zu erreichen, suchen diese Elternvertreter ihre Landsleute persönlich auf. Eine Namensliste der türkischen Kinder hilft ihnen dabei. Sie versammeln später die Eltern in der Schule (das Lehrerzimmer steht ihnen zur Verfügung) und bereiten ihre

Beiträge vor. Als Klassenlehrerin informieren Sie alle ausländischen Kinder Ihrer Klasse. Auch die Familien anderer Nationalitäten werden aufgesucht. Die Planungsgruppe trifft sich dann, um die Ergebnisse aus den einzelnen Gruppenkontakten zu beraten und ein Programm aufzustellen. Das Programm darf nicht zu umfangreich werden. Es sollte genügend Zeit für die gewünschte Kommunikation der Teilnehmenden bleiben.

Mitarbeit beim Schullandheimaufenthalt
Schullandheimaufenthalte beinhalten im Vergleich zu den Schulwanderungen auch Phasen von Unterricht. Manche Klassenlehrerinnen und Klassenlehrer sehen z. B. in einem fünftägigen Aufenthalt eine gute Möglichkeit, das Abschiednehmen von ihrer vierten Klasse vorzubereiten. Der Unterricht wird während dieser Zeit einem ganztägigen Rhythmus angepasst. Er verläuft aufgelockert und wird nicht durch den Pausengong unterbrochen. Günstig ist die Projektform mit einem zentralen Thema, das viele Eigenaktivitäten von Gruppen vorsieht.

Begleitende Mütter und Väter – auf Dauer für diese Zeit oder im Wechsel anwesend – übernehmen oft gern die Essenszubereitung, das Lagerfeuer, aber auch das gemeinsame Musizieren, das sie vielleicht mit der Gitarre begleiten können. Spannend finden es einige Kinder, wenn ein Vater oder eine Mutter mal abends aus „alten Zeiten" erzählt. Auch das Darstellen beruflicher Alltagsarbeit von Müttern und Vätern, eventuell verbunden mit der Besichtigung eines Arbeitsplatzes oder Betriebes, bringt den Kindern viele neue Einsichten.

Weitere Möglichkeiten, Eltern einzubeziehen
Mütter und Väter helfen gerne mit, wenn ein Projekttag oder eine Projektwoche ansteht. Bei Schulhausverschönerungen sind sie ansprechbar. Manche engagieren sich bei der Organisation und Durchführung von Sportfesten, bei Flohmärkten, beim Erstellen einer Schulzeitung. Auch um neue Arbeitsmittel für die Kinder zu entwickeln, z. B. für das Lesen und Rechnen oder das Basteln einer Kartei für den Sachunterricht, sind viele gerne dabei.

Für das Leitbild als Teil des Schulprogramms an Ihrer Grundschule möchte das Kollegium z. B. wichtige Grundsätze im Einverständnis mit den Eltern abklären. Formulieren Sie dafür zunächst ein Thesenpapier mit Ihnen wichtigen pädagogischen Aussagen. Dies gibt die Schulleitung an die Klassenpflegschaften und dann weiter an die Schulpflegschaft, das oberste Elterngremium an der Schule. Die Thesen werden hier diskutiert: Halten Sie diese Punkte auch für wichtig? Welche Aspekte fehlen noch? Müssten einige

Sätze das Anliegen deutlicher ausdrücken? Die Ergebnisse übergeben die Klassenlehrerinnen und Klassenlehrer an eine neu gebildete Redaktionsgruppe. Mindestens ein Mitglied aus der Elternschaft sollte ihr angehören. Die Redaktionsgruppe kann dann eine vorläufige Endfassung zur Vorlage für das Entscheidungsgremium der Schule vorbereiten.

Hospitationsmöglichkeiten für Eltern
Rudolf Knapp

Die Kinder erleben die Anwesenheit von Eltern im Unterricht als Wertschätzung der gemeinsamen Arbeit mit ihrer Lehrerin. Sie finden es spannend und aufregend und bekommen mit: Mütter und Väter setzen sich für uns unmittelbar ein. Sie haben ein Interesse daran, dass wir alle möglichst viel lernen.

Da für die meisten Eltern die eigene Schulzeit recht lange zurückliegt, wollen sie gerne erfahren, wie heute unterrichtet wird. Die Eltern erleben ihr Kind in der Gruppe der Gleichaltrigen beim zielorientierten Lernen. Das ist eine ganz andere Situation als zu Hause. Sie sind vielleicht überrascht, wie gut sich ihr Kind in der Schule verhält und wie aktiv es bei der Sache ist. Eltern missverstehen allerdings einen solchen Unterrichtsbesuch, wenn sie ihn als Kontrolle auffassen, um festzustellen, ob es ihrem Kind auch in der Schule gutgeht und ob überhaupt genug gelernt wird. Es geht vielmehr darum, Einsicht zu gewinnen in den Unterrichtsalltag der Schulklasse. So sind Eltern eher bereit, diese Arbeit in der Schule zu stützen. Ihre Bereitschaft zu weiterer Zusammenarbeit wächst.

Voraussetzung für eine sinnvolle Teilnahme der Eltern ist, dass sie eine kurze, gut verständliche Einführung in den Unterricht erhalten, den sie sehen werden, und dass sie sich nachher mit der betreffenden Lehrerin darüber austauschen können. Dadurch erhalten Sie vielleicht ergänzende Hinweise für Ihren Unterricht, die Ihnen helfen können, das einzelne Kind besser in seiner Persönlichkeit zu sehen.

Die Anwesenheit von Eltern bleibt nicht ohne Einfluss auf den Unterricht. Sich mit seinem Unterricht zu öffnen, bedarf des gegenseitigen Vertrauens und Verständnisses. Nicht alle Stunden, Fächer und Unterrichtszeiten sind für Unterrichtsbesuche geeignet. Der Gesetzgeber spricht den Eltern ausdrücklich ein Anrecht auf den Besuch des Unterrichts zu. Sie können daher nicht einfach ablehnen. Folgende Hinweise helfen bei der Vorbereitung:
- Eine Hospitation von Eltern ist erst dann sinnvoll, wenn die Kinder sich mit Ihnen zusammen als Lerngemeinschaft gefunden haben und die Gruppenregeln wie selbstverständlich eingehalten werden.

- Bereits in der ersten Klassenpflegschaftssitzung sollten Sie auf das Angebot zum Unterrichtsbesuch hinweisen. Wer wann einen von Ihnen vorgeschlagenen Termin wahrnehmen möchte, klären Sie individuell ab (welche Unterrichtszeit, wie lange).
- Statt einer „Schaustunde" sollten Sie den Eltern lieber ein realistisches Bild vom Schulalltag vermitteln.
- Die Besuchsgruppe der Eltern sollte nicht mehr als fünf oder sechs Personen umfassen, lieber weniger. Sonst ist der Unterricht zu stark fremdbestimmt und die Aussprache nachher erschwert.
- Auch die Kinder müssen Sie auf den Besuch einzelner Eltern oder einer kleinen Elterngruppe vorbereiten. So können Sie vermeiden, dass zurückhaltende, scheue Kinder sich noch weniger Mitarbeit zutrauen und die ganz Selbstbewussten sich zeigen wollen.
- Stellen Sie vor Eintreffen der Besucher die entsprechende Anzahl an großen Stühlen bereit. Als gute Beobachtungsplätze gelten die Seitenwand und der hintere Teil des Klassenraumes. So werden die Kinder nicht dauernd abgelenkt, und die Erwachsenen fühlen sich nicht auf dem Präsentierteller.
- Am betreffenden Tag erläutern Sie den Eltern kurz und verständlich, was Sie mit den Kindern vorhaben (Ziele/Themen) und die besonderen Sozial- oder Arbeitsformen. Die Situation in der Klasse ist von vornherein entspannter, wenn Sie diese Vorabinformation im Beisein Ihrer Schülerinnen und Schüler geben.
- Wenn Eltern z. B. nur Phasen Freier Arbeit beobachten können, haben sie keine Gelegenheit, die Zusammenarbeit im Klassenverband mitzubekommen.

Hospitieren
Carsten Krühler

Wenn sich Schulen auf ein offenes Unterrichtskonzept geeinigt haben und Prinzipien der Freien Arbeit oder des Wochenplans anwenden, fällt es vielen Eltern schwer zu verstehen, was ihre Kinder überhaupt in der Schule lernen oder ob sie genug lernen. Eltern dürfen dabei nicht außen vor bleiben. Elternvertreter sollten in gemeinsamen Arbeitskreisen mit Kolleginnen überlegen, wie die Arbeit an der Schule transparent gemacht werden kann.

Hierzu zählt eindeutig die Unterrichtshospitation. In regelmäßigen Abständen, mindestens zweimal im Schulhalbjahr, sollen die Eltern den Unterricht ihres Kindes besuchen. Hierbei geht es primär darum, das eigene Kind zu beobachten, wie es arbeitet, was es lernt. Tut es dies alleine oder eher mit Hilfe von anderen? Für die Hospitation sollten feste Regeln gelten, die mit allen Eltern und Kollegen vereinbart und abgesprochen werden, denn auch die Eltern fühlen sich unsicher, wissen häufig nicht, wie sie sich verhalten sollen. Darf ich meinem Kind helfen? Wo kann ich sitzen? Darf ich im Klassenraum umhergehen?

Die Schule neu erfahren
Die meisten Eltern verbinden mit der Grundschule aus eigener Erfahrung den klassischen Frontalunterricht. Mit ihren Kindern erfahren diese Eltern nun eine völlig andere Schulwelt. Einige sind begeistert, wenn ihr Kind nicht an den anderen gemessen wird, viele sind jedoch zuerst skeptisch oder bleiben es die gesamte Grundschulzeit über. Gerade deswegen ist es wichtig, die Eltern von Beginn an ins Boot zu holen, ihre Sorgen ernst zu nehmen. Auf thematischen Elternabenden können erste Begegnungen mit den Unterrichtsmethoden der Klasse bzw. der Schule gemacht werden. Hier wird die Struktur der Freien Arbeit erklärt, und die Eltern erfahren, dass die Kinder hierbei sehr viel lernen. Wichtig ist, dass die Klassenlehrerin von ihrer Arbeit überzeugt ist und dass sie die Entwicklung im Kollegium mitträgt. Eine Methodengleichheit muss im Kollegium nicht bestehen, jedoch sollte jede Kollegin die Möglichkeit haben, sich etwas Neues zuzutrauen und dies auch gemeinsam mit anderen weiterzuentwickeln.

Ein Abschlussgespräch am Ende des Vormittags gehört zur Hospitation, um sich über die aktuellen Beobachtungen und Eindrücke auszutauschen.

9 Übergänge organisieren

Einführung:
Wie helfe ich den Kindern bei Übergängen?

Der Übergang in die Schule ist der entscheidende Wendepunkt in der Biografie des Kindes. Die Kinder wechseln mit hohen Erwartungen in die Rolle „Schulkind". Die Eltern hoffen auf gute Leistungen, und viele gehen schon zum Schulstart von dem späteren „Königsweg" für ihre Kinder aus, vom Übergang ins Gymnasium.

Für die Schule ist wichtig zu wissen, dass der Schulstart auch für viele Eltern eine Belastung darstellt, nicht nur für die Kinder: Noch während der Kindergartenzeit wollen sie ihr Kind auf die Schule gezielt vorbereiten (Übungsmappen) und fordern dem Kind mehr Anpassungsleistungen ab.

Für die Schulanfänger ist alles neu (Bezugsgruppe, Raum, Zeitvorgaben, Regeln, Anforderungen). Darauf muss der Anfangsunterricht sein Konzept abstellen: behutsam in die neue Rolle einführen, Kontinuität herstellen, die Ausgangslage erfassen, an das Vorwissen der Kinder anknüpfen. Die Anforderungen sollen so gestellt werden, dass die Schulanfänger Erfolg haben können (Angelika Speck-Hamdan).

Der Übergang am Ende der Grundschulzeit ist für die meisten Eltern und für die Kinder nicht weniger belastend. Deshalb darf die Klasse 4 nicht zur Teststrecke werden. Alle Beurteilungsverfahren, seien es Klassenarbeiten oder Tests, sollten in einer dem Kind angemessenen Atmosphäre durchgeführt werden – und nicht ohne die Eltern hierüber zu informieren.

Die bevorstehende Entscheidung ist schwerwiegend, nur schwer korrigierbar, mit weitreichenden Folgen für den weiteren Bildungsweg. Deshalb setzen Eltern alles daran, die Weichenstellung in ihrem Sinn zu beeinflussen. Eltern mit höherem Bildungsniveau sind ohnehin unabhängiger von der Empfehlung des Lehrers. Sie entscheiden sich auch entgegen der Empfehlung für das Gymnasium.

Gleichwohl erwarten Eltern verlässliche Orientierungs- und Entscheidungshilfen. Deshalb sollten Eltern und Lehrer kontinuierlich im Gespräch sein. Wichtig hierbei: größtmögliche Transparenz, Übergangsprobleme beim Namen nennen (z.B. Arbeitsverhalten, Selbstständigkeit, Leistungsbereitschaft), Absprachen treffen. Dabei sollte in jedem Fall das Bemühen der Klassenlehrerin erkennbar sein, den optimalen Bildungsweg zu finden. Hier ist allerdings vor übertriebenen Erwartungen in die Gültigkeit von Schulerfolgsprognosen zu warnen – Behutsamkeit ist angebracht.

Ungleich einschneidender ist der Übergang in die Förderschule. Er erfolgt häufig zu einem besonders frühen Zeitpunkt, und vielfach gegen den Willen ihrer Eltern. Dabei wirkt sich die sozial schwache Herkunft oft benachteiligend für das Kind aus. Es bleibt in seinen Bildungsmöglichkeiten eingeschränkt, denn es kann nicht mehr am gemeinsamen Lernen mit den anderen Kindern in der allgemeinen Schule teilnehmen. Hinzu kommt: Zu viele verlassen die Förderschule ohne Abschluss.

Die Feststellung des sonderpädagogischen Förderbedarfs steht in der Kritik: Die Entscheidungskriterien sind – einer Untersuchung zufolge – unscharf; das Gutachtenergebnis läuft konsequent auf die vorgesehene Schule zu; die Entscheidung hängt vom schulischen Angebot ab. Die Intelligenzdiagnostik spielt immer noch die entscheidende Rolle. Und 90 Prozent der Verfahren führen tatsächlich zur Feststellung von sonderpädagogischem Förderbedarf.

Literatur

Bartnitzky, Horst/Christiani, Reinhold (Hrsg.) (2004). Die Fundgrube für jeden Tag. Das Nachschlagewerk für junge Lehrerinnen und Lehrer. 5. Aufl. Berlin: Cornelsen Scriptor
Diese Fundgrube bietet unter dem Stichwort Schullaufbahn zu allen diesbezüglichen Aspekten Praxisvorschläge: vom Sitzenbleiben und Überspringen bis zum Übergang in weiterführende Schulen und in die Förderschule.

Christiani, Reinhold (Hrsg.) (2005). Schuleingangsphase: neu gestalten. 3. Aufl. Berlin: Cornelsen Scriptor
Wie kann der Schulanfang angesichts der großen Herausforderungen optimal gestaltet werden. Hierzu findet man Orientierungshilfen namhafter Fachdidaktiker und ausgewiesener Praktiker zur Diagnose und zur individuellen Förderung ebenso wie zur Begründung und zur Organisation jahrgangsübergreifender Klassen.

Knörzer, W./Grass, K. (1995). Den Anfang der Schulzeit pädagogisch gestalten. 5. Aufl. Weinheim: Beltz
Hier werden wichtige Aspekte des Schulanfangs in einem breiten Überblick vorgestellt, theoretisch fundiert und mit vielen praktischen Beispielen.

Kooperation mit Kindergärten und Kindertagesstätten
Klaus Metzger

Grundlegende gesellschaftliche Veränderungen, etwa der demografische Wandel oder die Vielfalt kindlicher Biografien, und veränderte Anforderungen der Wirtschafts- und Arbeitswelt führten in vielen Bundesländern zu neuen Entwicklungen im Elementarbereich, die vor allem gekennzeichnet sind durch eine „neue Nähe" zu den Grundschulen.

An manchen Bundesländern sind kooperative Formen bereits institutionalisiert, etwa Vorkurse in deutscher Sprache, die gemeinsam von Kitas und Grundschulen durchgeführt werden.

Basierend auf wissenschaftlichen Erkenntnissen wurden/werden Bildungspläne entwickelt, die vor allem die Anschlussfähigkeit an die Primarstufe im Blick haben und den Bildungsverlauf neu strukturieren.

Inhaltlich geht es darum, durch die Verknüpfung von Spielen und Lernen die Bedingungen und Potenziale der Kinder so früh wie möglich zu berücksichtigen und

- kooperatives Lernen und Lernen am Modell zu verstärken,
- eigenaktives, selbsttätiges Lernen zu initiieren,
- entdeckendes Lernen und Lernen aus Fehlern zuzulassen,
- Lernen ganzheitlich anzulegen und
- Lernumgebungen auf individuelle Interessen abzustimmen.

Nimmt man diese Entwicklungen als Klassenleiterin oder Klassenleiter ernst, erwachsen neue Aufgaben, die sich unter dem Stichwort *Kooperation* zusammenfassen lassen. Wenn es ein Anliegen ist, die Anschlussfähigkeit zu verbessern, müssen alle Seiten, Eltern, Erzieherinnen und Lehrerinnen, dazu beitragen.

Kontakte knüpfen: Wichtig ist es, frühzeitig Kontakt zu den die Schule umgebenden Einrichtungen aufzunehmen. Informell erhält man so eine Menge wichtiger Informationen zu einer Gruppe, die demnächst eingeschult wird. So können im Einvernehmen mit den Eltern (siehe letzter Absatz!) bereits frühzeitig individualisierte Möglichkeiten aufgezeigt werden, mit denen die Eltern den Übergang ihrer Kinder hilfreich begleiten und fördern können.

Eltern informieren: Stellen Sie sich als vielleicht nächste Klassenlehrerin einer ersten Klasse an einem Elternabend im Kindergarten vor; sprechen Sie über schulische Anforderungen, aber auch darüber, wie die positive Erwartung der Kinder auf die Schule unterstützt werden kann. Vielleicht hat das Kollegium der Schule eine kleine Broschüre erarbeitet, die Eltern und Kindern Ideen und Anstöße gibt und die an diesem Elternabend ausgehändigt werden kann.

Sich selbst informieren: Der Übergang gelingt leichter, wenn die Grundschule auf den in den Tageseinrichtungen erworbenen Kompetenzen aufbaut. Sprechen Sie mit den Erzieherinnen über die Konzeption der Einrichtung, über pädagogische Schwerpunkte und den Modus der Vorbereitung der Kinder auf die Schule (Stichwort „Schulfähigkeit" als Kompetenz aller beteiligten Systeme und Personen).

Besuche: Laden Sie Kindergartengruppen zu sich in den Unterricht ein. Nicht nur das Kennenlernen der Kinder untereinander ist wertvoll, sondern auch die frühzeitige Erfahrung, wie ein Schulvormittag abläuft, wie im Unterricht gearbeitet wird usw. Vorstellbar sind auch Probebesuche einzelner Kinder; das ist vor allem in den Bundesländern mit flexiblem Einschulungsalter anzuraten. Alle Aktivitäten sollten unter der Prämisse laufen, dass Kindertageseinrichtungen nicht Zulieferer für die Grundschulen, sondern Partner auf allen Ebenen sind.

Ein Problem darf allerdings nicht unterschätzt werden: die elterliche Zustimmung. Gerade unter datenschutzrechtlicher Perspektive ist es notwendig, sich genau darüber zu informieren, welche Regelungen der Kooperationspraxis es im jeweiligen Bundesland gibt. Kindertagesstätten haben in der Regel keinen eigenständigen Bildungs- und Erziehungsauftrag. Daher ist auf vielen vorstellbaren (und wichtigen) Feldern der Kooperation eine Vollmacht bzw. eine Einwilligung der Eltern notwendig, auf die keinesfalls verzichtet werden darf, will man sich nicht juristische Schwierigkeiten einhandeln.

Schuleingangsphase
Reinhold Christiani

Die Einrichtung einer Schuleingangsphase steht in mehreren Bundesländern auf der Tagesordnung, weil die deutschen Grundschulen immer noch zu viele Kinder zurückstellen und nicht versetzen.

Auch von der vorzeitigen Einschulung wird zu wenig Gebrauch gemacht. Kindergarten und Schule sind in ihrer Beratung zu diesem Thema sehr zurückhaltend. Voraussetzung für den Erfolg vorzeitigen Einschulens ist nicht nur die akzeptierende Haltung der Lehrkraft, sondern auch die Unterstützung der Erzieherin. Jedoch: Den frühen Beginn unterstützenden und gezielten Lernens als Chance zu verstehen, fällt hierzulande immer schon schwer.

Die Zielsetzung
• keine Zurückstellung mehr zu Schulbeginn, stattdessen gezielte Förderung,
• kein Sitzenbleiben mehr, stattdessen individuelle Verweilzeiten in jahrgangsübergreifenden Klassen und
• demzufolge: keine normierten Anforderungen mehr zu Schulbeginn, stattdessen Individualisierung der Lernziele und der Lernwege.

Jedes Kind wird unter diesen Bedingungen in die Grundschule aufgenommen, und es soll dort auch bleiben. Schulreife ist also keine Bringschuld der Kinder mehr.

Die entsprechende Organisationsform: jahrgangsübergreifende Klassen

Das Konzept Schuleingangsphase ist mit der Organisationsform der jahrgangsübergreifenden Klasse verknüpft. Denn Jahrgangsklassen begünstigen den Glauben an die Notwendigkeit homogener Lerngruppen, die man durch Zurückstellung, Nichtversetzung und Überspringen immer wieder glaubt gleichschalten zu müssen (Peter Petersen: Bankrott der Jahrgangsklasse).

In jahrgangsübergreifenden Klassen hingegen kann ein Kind – ohne die Lerngruppe wegen Sitzenbleibens oder Vorversetzung wechseln zu müssen – mit Kindern eines niedrigeren Jahrgangs gleichsam „rückgreifend" lernen, ohne Stigmatisierung, ohne sein Selbstbild zu gefährden. Und es kann selbstverständlich auch „vorgreifend" lernen.

Die erzieherischen Erfolge liegen auf der Hand; berichtet wird von folgenden Erfahrungen:

• Gegenseitiges Helfen ist auf echte Wissensvermittlung und Lernhilfe ausgerichtet.
• Unterschiedlichkeit wird akzeptiert.
• Die Entwicklungschancen steigen aufgrund des weiteren Erziehungsspektrums und des Rollenwechsels (vom „Kleinen" zum „Großen" in der Lerngruppe).
• Mit- und Füreinander nehmen zu, Konkurrenzdenken nimmt ab.

Die gängigsten Modelle

1 und 2: Dies ist das Standardmodell für jahrgangsübergreifende Klassen. Kombiniert man allerdings nur zwei Jahrgänge, wird das Anregungspotenzial sehr reduziert. Die starke jährliche Fluktuation bringt große Unruhe. Die Lerngruppe hat nur ein Jahr Bestand. Danach verlässt bereits die Hälfte der Kinder (ca. 14) diese Gruppe.

1 bis 3: Pädagogisch wirksamer ist es, die drei ersten Jahrgänge zusammenzufassen (ca. 8 Kinder je Jahrgang). Was hier an Klassenleben und Lernkultur grundgelegt ist und sich über Jahre entwickelt hat, wird nahtlos an die jährlich hinzukommenden Erstklässler weitergegeben (so auch bei Petersens Stammgruppe oder bei Montessori).

1 bis 4: Noch besser, um noch mehr Kontinuität zu gewährleisten, ist es, alle Jahrgänge zusammenzulegen. Hier wird in der Lerngruppe jedes Jahr nur etwa ein Viertel der Kinder (6 bis 7) ersetzt. Der große Vorteil: Die Kinder haben über einen längeren Zeitraum Kontakt zu deutlich älteren oder jüngeren Mitschülern, wodurch sie ein breites Angebot von Lernanreizen erhalten.

Pädagogisch-didaktisches Profil

Was für jede Innovation wichtig ist, gilt auch hier: Sie will solide vorbereitet sein. Dazu muss es Personen geben, die für Kontinuität sorgen und die Fäden zusammenhalten. Entscheidend hängt der Erfolg von der Schulleitung ab. Ebenso wichtig: Das Kollegium muss sich ein Bild davon machen können, was in welche Richtung verändert werden soll und warum sich der Einsatz lohnt. Man muss an Beispielen sehen, wie es funktioniert. Der Einsatz ist enorm: Es gilt, unterschiedliche Lernwege für jedes Kind der verschiedenen Jahrgänge in der Lerngruppe vorzubereiten. Das ist zwar zeitaufwändig, dafür aber – berichten die Schulen – verläuft der Unterricht weitaus entspannter.

Jahrgangsübergreifendes Unterrichten verlangt ein pädagogisch-didaktisches Profil. Bloßer Abteilungsunterricht mit herkömmlichem Frontalunterricht verfehlt das Ziel.

Zwar ist die Forschungslage unbefriedigend, und die wenigen verfügbaren Ergebnisse fallen eher ernüchternd aus. Gleichwohl ist es erstaunlich, dass bisher so wenige Schulen die enorme erzieherische Kraft, die in dieser Organisationsform steckt, nutzen – zumal wenn sie über ein gutes Differenzierungskonzept verfügen.

Zurückstellen, Sitzenbleiben, Überspringen
Michaela Suermann

Zurückstellung

Bereits beim Schulstart von den anderen getrennt zu werden, erleben Kinder und ihre Eltern in aller Regel als eine schmerzhafte Ausgrenzung. An der Wirksamkeit einer verspäteten Einschulung bestehen jedoch Zweifel. Wir können uns nicht für festgesetzte Anforderungen die „geeigneten" Kinder aussuchen. Wir stellen auch keine pauschalen Anforderungen, an denen Kinder sich zu bewähren haben oder versagen.

Im Übrigen macht das Konzept der jahrgangsübergreifenden Klassen die Zurückstellung endgültig überflüssig. Sie ist deshalb überflüssig, weil sich hier die Frage der Schulfähigkeit nicht mehr stellt. Die Schule kann den eingeschulten Kindern auch eine längere Verweildauer bieten und sie ohne Zeitdruck und ohne die negativen Folgen von Zurückstellung oder Nichtversetzung auch erst an die Schulfähigkeit heranführen.

Im Anfangsunterricht sorge ich als Klassenlehrerin dafür, dass die Kinder ohne allzu große Brüche in ihre Schülerrolle hineinwachsen. Ich fördere gezielt ihre Lernkompetenz und werde durch konsequente Individualisierung der großen Heterogenität der Schulanfänger gerecht.

Sitzenbleiben

Zweifel bestehen auch an der pädagogischen Wirksamkeit des Sitzenbleibens; dies wird durch die Ergebnisse der internationalen Vergleichsstudien bestätigt. Demnach gehört das Sitzenbleiben – gleichsam ein K.-o.-Schlag für die Betroffenen – zu den leistungsmindernden Faktoren. Der erwartete Lerneffekt bleibt in aller Regel aus, und die Sitzenbleiber verlieren ein Jahr Zeit.

Dass hohe Selektivität nicht unbedingt gute Schülerleistungen zur Folge hat, zeigen erfolgreiche Länder wie Baden-Württemberg, das gute Gesamtleistungen trotz unterdurchschnittlich hoher Sitzenbleiberquote aufweist.

Zwar stellt sich bei jahrgangsübergreifenden Klassen das Problem des Sitzenbleibens – oder des freiwilligen Rücktritts – gar nicht. Zu bedenken bleibt aber, dass es hier näher liegt, die Wiederholung einer Klasse zu empfehlen; denn hier verliert sich der stigmatisierende Charakter, und die Eltern stimmen eher zu. Das wäre dann allerdings kontraproduktiv.

Als Klassenlehrerin habe ich den Vorsitz in der Klassenkonferenz, sodass es mir zufällt, einen kontinuierlichen Austausch mit den beteiligten Lehrkräften über die Lern- und Leistungsentwicklung der Kinder zu gewährleisten. Ich bin vor allem bei dem Kind gefordert, dessen Lernbiografie nicht kontinuierlich verläuft. Mit Unterstützung der Fachlehrkräfte lote ich aus, wie wir dieses Kind in der nächsthöheren Klasse weiterhin erfolgreich fördern können – um so das Sitzenbleiben möglichst ganz zu vermeiden. Bis zum Ende der Grundschulzeit muss es uns dann gelingen, dass jedes Kind – durch zielerreichendes Lernen – die unverzichtbaren Grundlagen erworben hat.

Wünschenswert wäre es, wenn die Schulen auch in ihrem Schulprogramm oder in ihrem jährlichen Arbeitsbericht zum Thema Sitzenbleiben und zum Überspringen die Schulöffentlichkeit informieren. Wie verändert sich die Sitzenbleiber- und Überspringerquote? Wie ist das Verhältnis von Jungen und Mädchen? Welche Konzepte werden angeboten, um Sitzenbleiben zu vermeiden?

Überspringen

Hier gibt es häufig Bedenken bei Lehrkräften und bei Eltern, denn man will kein unnötiges Risiko eingehen. Deshalb muss zunächst die Bereitschaft vorhanden sein, für das Kind den besten Weg zu finden. Zuvor wird geprüft, ob das Kind wohl aufgrund seiner Leistungsfähigkeit in der nächsthöheren Klasse mitarbeiten könnte. Dazu gibt die Schule den Eltern Entscheidungshilfen: Wie beurteilen wir die Arbeitsweise, seine Initiative, sein Interesse? Wie sehr sind Denkfähigkeit, Gedächtnis und Selbstkonzept ausgeprägt?

Ergebnisse der Begabtenförderung legen nahe, dass 10% der Schüler ohne Weiteres eine Jahrgangsstufe überspringen könnten. Dabei wirkt sich die richtige Jahrgangsstufe ohnehin positiver aus als die meisten Bemühungen um innere Differenzierung. Man sollte also die Entscheidung für das Überspringen erleichtern. Das ist z. B. dadurch möglich, dass das Kind probeweise die nächste Klasse besucht. Das bietet sich geradezu in Phasen Freier Arbeit an, wenn Klassentüren offen stehen und man eine andere Klasse einfach aufsuchen kann. Der Vorteil bei jahrgangsübergreifenden Klassen ist klar: Das Kind muss gar nicht erst seine Lerngruppe wechseln.

Wenn ich als Klassenlehrerin bei einer Schülerin oder einem Schüler kontinuierlich überdurchschnittlich gute Leistungen beobachte, tausche ich mich mit den beteiligten Fachlehrkräften aus. Hierbei geht es nicht nur um die kognitiven Fähigkeiten, sondern auch um die soziale Entwicklung. Wenn ich dann das Überspringen für eine denkbare Möglichkeit der weiteren Förderung halte, suche ich das Gespräch mit den Eltern. Anschließend muss die Klassenkonferenz die Versetzung beschließen und die Schulleitung über die Klassenzuweisung entscheiden.

Übergang in die Förderschule: Bericht über die bisherige Förderung
Heide Luckfiel

Wenn der Unterricht und die individuelle Förderung in der Grundschule dem besonderen Förderbedarf eines Kindes über längere Zeit nicht gerecht werden können, sollte man an eine sonderpädagogische Förderung denken. Spätestens zu diesem Zeitpunkt muss die Grundschule überprüfen, ob alle zur Verfügung stehenden Fördermöglichkeiten ausgeschöpft wurden.

Die Schulaufsicht, die auf Antrag der Eltern oder der Schule ein Verfahren zur Feststellung des sonderpädagogischen Förderbedarfs und zur Festlegung des Förderschwerpunktes eröffnet, macht ihre Entscheidung in der Hauptsache von einem vollständigen und nachvollziehbaren Bericht über die bisherige Förderung an der Grundschule abhängig.

Hier und da findet man in den Berichten unter dem Punkt „Fördermaßnahmen" Stichpunkte wie: Gespräche mit Kindern und deren Eltern, Ermahnungen, zusätzliche Erklärung zum durchgenommenen Arbeitsauftrag sowie der Hinweis: „hat am Förderunterricht teilgenommen". Möglicherweise sind diese zusätzlichen Angebote ausreichend bei vorübergehenden Irritationen oder bei punktuell auftretenden Lernschwierigkeiten und Verhaltensproblemen. Diese bedürfen der besonderen Beachtung, sollten jedoch in der Grundschule ausgeglichen werden.

Unabhängig davon, ob es sich um vorübergehende, leichtere Schwierigkeiten handelt oder ob sonderpädagogische Maßnahmen in Betracht kommen, gilt es, die Fördermaßnahmen an der Grundschule systematisch zu planen und zu dokumentieren.

Bereits mit der Einschulung setzen die Beobachtungen des Entwicklungsstandes der Schülerinnen und Schüler und deren Lernfortschritts ein. Besondere Aufmerksamkeit richtet sich auf diejenigen Kinder, die sich in ihrer Entwicklung und ihren Lernmöglichkeiten von ihrer Altersgruppe stark unterscheiden. Auf diese Weise bekommt man im Übrigen auch die besonders begabten Schülerinnen und Schüler in den Blick.

Bei entwicklungsverzögerten Kindern gilt es festzustellen:
- Was kann das Kind bereits, was kann es manchmal, was kann es noch gar nicht?
- Unter welchen Bedingungen kann es die Aufgabe erfüllen?
- Welche Hilfe braucht es dementsprechend?
- Wie kann das zusätzliche individuelle Angebot organisiert werden und wie oft soll die Hilfe angeboten werden?

Unter der Voraussetzung, dass die Entwicklungsschritte aufeinander aufbauen, muss die individuelle Förderung bei den Anforderungen ansetzen, die das Kind bereits erfüllen kann.

Arbeitsverhalten/Schriftspracherwerb
Klaus ist seit einem halben Jahr in der Schule. Er beteiligt sich nicht aktiv am Unterricht. Er orientiert sich bei seinen Nachbarn und versucht es ihnen gleichzutun. Bei schriftlichen Aufgaben gelingt ihm das kaum, bei praktischen Aufgaben dagegen gut. Er hat als Klassendienst die Blumenpflege übernommen. Die Lehrerin hat ihm gezeigt, worauf es ankommt. Diese Aufgabe erledigt er zuverlässig und umsichtig.

Beteiligung immer	manchmal	noch nicht	weitere Beobachtungen
angeleitete praktische Arbeit	sucht Vorbild, orientiert sich durch Nachmachen	arbeitet noch nicht ohne Orientierung/ Anleitung	ist zunächst interessiert, später träumt er

Aus dem Beobachten erwächst eine Hypothese, z.B. dass das Sprachverständnis und die Sprachlernstrategien von Klaus noch nicht altersgerecht entwickelt sind. Vielleicht hat er bisher ausschließlich auf den Inhalt von

Gesprochenem geachtet, aber seine Aufmerksamkeit noch nicht auf die Struktur der Sprache gerichtet. Die genauere Überprüfung ergibt vielleicht, dass die phonologische Bewusstheit noch nicht hinreichend erworben ist. Hier müsste die Förderung ansetzen.

In einem Förder- und Entwicklungsplan dokumentiert man den kontinuierlich festgestellten Entwicklungsstand, den als Nächstes angestrebten Entwicklungsschritt und die zum Ziel führenden Maßnahmen.

Weiter soll dokumentiert werden, wie die bereits vorhanden Fähigkeiten und Stärken des Kindes für die gesamte Entwicklung genutzt worden sind:
• Wie und mit welchen Mitteln kann sein Interesse an einem Thema wachgehalten werden?
• Wie lassen sich seine Zuverlässigkeit und sein Ordnungssinn nutzen?
• Wie kann die Orientierung an den Mitschülern seine Entwicklungsschwächen positiv beeinflussen?

In einem weiteren Schwerpunkt der Dokumentation sollte die Kooperation in sämtlichen vorhandenen Förderangeboten dargestellt werden: Inwieweit wird im Klassenunterricht auf die besonderen Schwierigkeiten eingegangen?
• Welche Unterrichtsorganisation bietet sich dafür an?
• Ist der Förderunterricht auf den individuellen Förderaspekt ausgerichtet (oder wiederholt er nur das, was das Kind noch nicht kann)?
• Geht das Nachmittagsangebot auf den jeweiligen Förderschwerpunkt ein? (Dann sollten z.B. die Hausaufgaben durch einen Lehrer und nicht durch einen Betreuer angeleitet werden.)
• Sind die Eltern über die Fördernotwendigkeiten informiert, beraten und – sofern notwendig und erwünscht – angeleitet?
• Konnte das jeweilige Ziel durch die Förderangebote erreicht werden?
• Welche Konsequenzen werden aus dem Evaluationsergebnis gezogen?

Wenn die Förderangebote der Grundschule systematisch geplant, durchgeführt und dokumentiert sind, erhält die Lehrerin selbst mehr Sicherheit. Die Elternberatung kann dann auch in den meisten Fällen sachlich und verständlich durchgeführt werden. Und nicht zuletzt erhält die Schulaufsicht einen Überblick über die Förder- und Entwicklungsarbeit. Sie hat eine wichtige und unabdingbare Grundlage, eine angemessene Entscheidung über die Eröffnung eines Verfahrens zur Feststellung des sonderpädagogischen Förderbedarfs zu stellen.

Übergang in die Förderschule: Elternberatung
Heide Luckfiel

Sie haben das Kind über einen längeren Zeitraum (ca. ein halbes Jahr) in seiner Lern- und Leistungsentwicklung sorgfältig beobachtet. Diese Beobachtungen bildeten neben Ihrem Fachwissen und der Organisation des Schullebens die Grundlage für einen individuellen Förderplan für das Kind. Entsprechend wurde das Kind unterrichtet und gefördert. Mit den Eltern haben Sie regelmäßig über die Entwicklung des Kindes gesprochen. Sicher konnten Sie auch über Fortschritte berichten, an denen die Eltern möglicherweise Anteil hatten. Wenn es Probleme oder Klagen gab, konnten Sie vielleicht mit den Eltern besprechen, welches der nächste gemeinsam angestrebte Entwicklungsschritt sein könnte und wie er zu erreichen sei.

Dennoch haben Sie nun Bedenken, ob Ihre bisherigen Angebote dem Förderbedarf des Kindes gerecht werden. Da Sie alle individuellen Förderangebote geplant, dokumentiert und durchgeführt haben, gibt es keinerlei Grund für Sie, zu denken, Sie seien Ihren Aufgaben als Lehrperson nicht gerecht geworden oder Sie seien gar ein schlechter Lehrer.

Sie haben sich mit Kollegen in einer Klassenkonferenz und auch mit der Schulleitung beraten. In der Schule sind Sie schließlich übereingekommen: Weitere und differenziertere Förderangebote stehen in der Grundschule nicht zur Verfügung. Die Schule schlägt vor, das Verfahren zur Feststellung des sonderpädagogischen Förderbedarfs und zur Festlegung des Förderortes zu beantragen.

Vor der Beantragung des Verfahrens ist der nächste Schritt, die Eltern über die Absicht der Schule zu informieren. Dies ist unverzichtbar, denn Eltern und Schule sind beide gemeinsam für die Erziehungs- und Bildungsarbeit verantwortlich. Auch unabhängig davon, dass dies in den Bestimmungen so vorgesehen ist, geht es bei einem solch einschneidenden Schritt nicht ohne enge Kooperation von Schule und Elternhaus und nicht ohne ein gutes Vertrauensverhältnis. Beide Seiten tun gut daran, den jeweils anderen Partner in seiner Zuständigkeit anzuerkennen und zu respektieren. Dies gilt auch, wenn die Meinungen über verantwortliches Erziehungsverhalten und angemessene Förderung weit auseinandergehen.

Es lohnt sich, bereits vor dem Gespräch die Situation mit den Augen der jeweils anderen Seite zu betrachten. Die eigene Position wird eventuell relativiert, die Argumente können deutlicher akzentuiert werden. Bei gutem Einfühlungsvermögen in die Situation der Eltern können Sie sich selbst mit Ihrer persönlichen Meinung zurücknehmen, ohne die Vorstellungen der Schule aus dem Auge zu verlieren. So lassen sich auch die Gesprächsstrategie, die pädagogischen Argumente und die Vorschläge zum weiteren Vorgehen besser planen. Häufig verläuft das Gespräch weniger spannungsgeladen, wenn sich die Eltern in ihrer Position verstanden fühlen. Sie sind dann eher dazu bereit, sachliche Argumente anzuerkennen.

Wahrscheinlich wollen die Eltern in dem Beratungsgespräch wissen, welche Förderschule für ihr Kind infrage kommt, welches Bildungsangebot dort dem Kind zur Verfügung steht, welchen Schulabschluss es schließlich erreichen kann. Sie stehen dann vor der schwierigen Aufgabe, Aussagen über den weiteren Bildungsweg des Kindes machen zu sollen, noch bevor dessen Grundlagen in dem pädagogischen Gutachten festgestellt werden.

Die Probleme, die sich jetzt auftun können, sind vielfältig: Sie müssten differenzierte Aussagen über Organisation und Inhalt der sonderpädagogischen Förderung an den Förderschulen machen. Da dies nicht Ihre Schulform ist, werden Ihnen nicht alle Details der sonderpädagogischen Förderung bekannt sein. Zudem erwarten die Eltern eine klare Aussage, Sie hingegen dürfen keine Festlegung im Vorfeld des Verfahrens treffen. Sie wollen die Eltern von der Notwendigkeit des Verfahrens und des Besuchs einer Förderschule überzeugen, können die Vorbehalte der Eltern gegenüber Förderschulen aber nicht wirklich entkräften. Flüchten Sie nun nicht in das Argument, das Kind brauche eine kleine Lerngruppe – stellt doch die Lerngruppe nicht den Förderbedarf dar, sondern ermöglicht lediglich dessen Umsetzung.

Wie können Sie sich vorbereiten?
Nutzen Sie im Vorfeld, z. B. im Rahmen einer Konferenz, die Kooperationsangebote der Förderschulen. Sie können Informationen über die Organisation und Arbeitsweise der Schulen erhalten. Eine Beratung zu dem konkreten Kind ist in der Regel nicht gemeint. Ob Ihre Fördermöglichkeiten an der Grundschule wirklich ausgeschöpft sind, müssen Sie selbst zusammen mit der Schulleitung entscheiden.

Eltern beklagen im Laufe des Verfahrens häufig, Sie seien von der Grundschule nicht richtig und vollständig beraten worden. Vermeiden Sie deshalb, die schulischen Probleme des Kindes „kleinzureden" und in der Folge die Förderschule als Übergangslösung darzustellen. Selbstverständlich werden Kinder, die der sonderpädagogischen Förderung nicht länger bedürfen, in die allgemeinen Schulen rückgeführt. Aber Sie sind kein Hellseher, der wissen kann, wie sich das Kind entwickelt.

Machen Sie klare Aussagen zum Ablauf des Verfahrens. Eltern sind in dem Gespräch verständlicherweise oft aufgeregt. Hilfreich und der Sache dienlich ist ein Schaubild, das die Eltern mitnehmen können. Missverständnisse lassen sich so vermeiden oder bereits zu Beginn des Verfahrens klären. Ein Protokoll, das am Ende des Gesprächs verlesen und unterschrieben wird, dient dem gleichen Zweck. Dabei werden auch die Bedenken der Eltern festgehalten. Zur Information über den Ablauf des Verfahrens gehört auch der Hinweis auf die Beteiligung der Eltern an dem Verfahren. Ebenso sollten die Eltern wissen, dass sie gegen den Bescheid des Schulamtes schriftlich Widerspruch einlegen können.

Möglicherweise gelingt es auch, den Antrag zur Feststellung des sonderpädagogischen Förderbedarfs mit den Eltern gemeinsam zu stellen. Selbst wenn die Eltern mit der Beantragung des Feststellungsverfahrens nicht einverstanden sind, sollten Sie den Antrag auf Eröffnung stellen. Sie haben sorgfältig zum Besten des Kindes gearbeitet und kommen nun in einem weiteren Schritt Ihrer Verantwortung für das Kind nach.

Klassenlehrer im gemeinsamen Unterricht
Reinhold Heimer

In allen Bundesländern existieren Modelle der sonderpädagogischen Förderung an allgemeinen Schulen als gemeinsamer Unterricht für behinderte und nichtbehinderte Kinder und Jugendliche (GU). Was kommt auf mich zu, wenn ich Klassenlehrer einer GU-Klasse werde?

Gemeinsamer Unterricht ist Teamwork
Als Klassenlehrer werde ich im GU von einem Sonderpädagogen unterstützt. Mit anderen Worten: Wir sind ein Team, mit unterschiedlichem Know-how, aber gemeinsamer Verantwortung. Darin liegt eine große Chance. Ich bin nicht allein, ich kann auf Expertenwissen zurückgreifen, Entscheidungen überprüfen, gemeinsam planen und unterrichten. Dies will ich zusammen mit dem Sonderpädagogen auch den Kindern und ihren Eltern vermitteln: Wir sind eure Lehrer, jeder ist Ansprechpartner für jedes Kind, wir grenzen uns nicht ab, wir machen „gemeinsamen Unterricht". Wir sind zwei Klassenlehrer. Deshalb legen wir fest:
* unsere gegenseitige Verantwortlichkeit,
* unsere gemeinsame Rolle als Ansprechpartner für Eltern,
* feste Besprechungszeiten für unsere gemeinsame Unterrichtsplanung.

Gemeinsamer Unterricht ist „normaler" Unterricht
Also: keine Angst vor behinderten Kindern. Als Klassenlehrer wissen wir: Jedes Kind in der Klasse hat eigene Bedürfnisse, geht unterschiedliche Lernwege und braucht dabei so viel als möglich individuelle Unterstützung.

Im GU wird dies augenfällig. Darin liegt aber auch unsere Chance: Nicht antrainiertes Seminarwissen, nicht abgespeicherte Ratschläge sind gefragt, sondern unser ganz persönliches pädagogisches Wissen und Können. Wir nutzen unsere pädagogische Freiheit und lösen uns aus angelernten didaktisch-methodischen Routinen. Im Mittelpunkt steht das Individuum. Jedes Kind ist anders, für uns sind alle gleich bedeutsam. Deshalb gilt für uns als Klassenlehrer:

• Wir haben Freude und Spaß im Unterricht.
• Wir sind mutig bei der Suche nach neuen Lernwegen.
• Wir erleben dabei Enttäuschungen und Rückschritte nicht als endgültig, sondern als unvermeidliche Begleiter in Lernprozessen.

Gemeinsamer Unterricht braucht Verlässlichkeit
Kinder brauchen Rituale. Rituale schaffen den Rahmen für Verlässlichkeit. Als Klassenlehrer im GU bauen wir von Anfang an Rituale in unseren Unterricht ein. Rituale gliedern, Rituale geben Halt, Rituale machen stark, weil alle sich in ihnen wiederfinden können. Deshalb ist es für uns als Klassenlehrer wichtig,

• diese Rituale mit den Kindern und ihren Eltern immer wieder zu thematisieren,
• über diese Rituale auch unsere Kolleginnen zu informieren, damit z. B. im Fall von Vertretungsunterricht unabhängig von Personen eine erlebbare Kontinuität gewährleistet ist.

Gemeinsamer Unterricht überträgt Kindern Verantwortung
Klassenlehrer im GU stellen gemeinsam individuelle Förderpläne auf. Wir haben dabei auch die individuellen Stärken im Blick. Soweit wie möglich übertragen wir Verantwortung. Dies betrifft vor allem den Bereich der Klassendienste. Deshalb beziehen wir alle Kinder ein, jedes Kind soll lernen, Verantwortung zu übernehmen.

Gemeinsamer Unterricht überträgt der Schule Verantwortung
In der Regel findet GU nicht in allen Klassen einer Schule statt, sondern nur in einem Zweig, d. h., die Mehrheit der Kinder und der Lehrkräfte erleben den GU nicht durch eigenes Tun, sondern aus einer mehr oder weniger großen Distanz. Als Klassenlehrer im GU wollen wir vermeiden, dass das gemeinsame Lernen behinderter und nichtbehinderter Kinder ein Nischendasein führt. Deshalb sorgen wir dafür,

• dass das gemeinsame Lernen kontinuierlich Gegenstand pädagogischer Konferenzen ist,

- dass Informationen über Förderschwerpunkte und individuelle Förderpläne einzelner Kinder abrufbar vorliegen (z. B. für Vertretungsunterricht),
- dass der GU und seine Belange in die Fortbildungsplanung der Schule eingehen,
- dass gemeinsame Begegnungen und gemeinsames Tun über den Klassenverband hinaus im Jahresrhythmus möglich werden (z. B. in klassenübergreifenden Projektwochen).

Kooperation mit weiterführenden Schulen
Klaus Metzger

Obwohl gerade der Übergang zu einer weiterführenden Schule für viele Kinder schon lange vorher äußerst belastend ist, funktioniert die Zusammenarbeit zwischen der abgebenden und der aufnehmenden Schule nicht immer reibungslos. Die Gründe dafür sind vielfältig, nicht zuletzt spielt dabei auf Seiten der Lehrerschaft (immer noch) Standesdenken eine Rolle.

Wichtig ist, sich gerade als Klassenlehrerin darüber klar zu sein, dass die Lehrpersonen an aufnehmenden Schule, egal ob Hauptschule, Realschule, Gymnasium, nicht immer darüber informiert sind, nach welchem Lehrplan die Kinder an der Grundschule lernen. Oft gibt es sogar fachliche Brüche, etwa in den Bereichen Texte schreiben, richtiges Schreiben oder etwa beim Subtraktionsverfahren, das sich in manchen Bundesländern in den Grundschulen geändert hat, was aber von den weiterführenden Schulen ignoriert wurde (und wird).

Neben anderen sind folgende drei Schritte für die Kooperation mit weiterführenden Schulen wichtig:

Der erste Schritt der Zusammenarbeit liegt auf der Hand: Es geht um einen fachlichen Austausch zwischen Lehrpersonen. Jeder sollte unaufgeregt vom andern erfahren, „was Sache ist". Das erleichtert auch Grundschullehrkräften die Vorbereitung der Kinder auf die weiterführende Schule – das fordern ja gerade Eltern immer früher immer vehementer ein. Allerdings heißt das nicht, dass sich die Grundschule als Zulieferinstanz zu verstehen hat. Im Gegenteil sollten die genuin grundschulspezifischen Inhalte, Verfahren, Methoden usw. selbstbewusst vertreten werden. Sich im kleinen Kreis kollegial darüber auszutauschen, scheint der richtige Weg zu sein. Vielleicht entsteht aus diesen Treffen eine gemeinsame Handreichung, in der die in der Grundschule zu entwickelnden Kompetenzen und die Erwartungen der aufnehmenden Schule gebündelt werden. Diese Handreichung sollte an die Schüler und die Eltern ausgegeben werden.

Ein nächster Schritt ist das Erkunden der Räume, der Atmosphäre, des Unterrichts an der weiterführenden Schule. Kinder müssen buchstäblich erfahren, was auf sie zukommt. Ein Elternabend oder ein Schnuppertag, an dem sich Hunderte von Kindern und Eltern durch die Schulgänge wälzen und oftmals reinen „Schauunterricht" sehen, reicht nicht aus. Eine Klassenlehrerin, ein Klassenlehrer wird versuchen, mit der Klasse einige der für die Schülerschaft infrage kommenden Schulen zu besuchen; das ist selbst für die Kinder interessant, die nicht an diese Schule wechseln. Am besten organisiert man auch noch einen „richtigen" Unterrichtsbesuch. Oft lässt sich so der, nicht nur von Kindern, auch von Eltern empfundene Bruch zwischen pädagogischen und didaktisch-methodischen Prinzipien einerseits und oftmals immer noch rein fachlicher Orientierung andererseits etwas abschwächen.

Nicht zuletzt sind in einem dritten Schritt die Eltern darüber zu informieren, was die Kinder an weiterführenden Schulen erwartet. Das sollte nicht allein den aufnehmenden Schulen überlassen werden. Es ist günstig, wenn Sie als Klassenleitung die Eltern rechtzeitig einladen, um über diese Dinge zu sprechen. Das scheint selbstverständlich, weil ja gerade Klassenlehrern die Verantwortung für die erziehliche und fachliche Förderung des einzelnen Kindes obliegt, und es dazugehört, die Eltern zu beraten, welche Schullaufbahn für das Kind vorstellbar ist.

Es geht dabei auch darum, sich selbst vom Druck freizumachen, alles vorab fachlich einlösen zu müssen, was eigentlich Aufgabe der weiterführenden Schule ist – gerade Eltern haben da ja oft völlig andere Ansichten. Das gilt es zu klären. Argumentiert man auf der Basis des im jeweiligen Bundesland gültigen Grundschul-Lehrplans, gelingt es, die Besonderheiten des Grundschulunterrichts einsichtig zu erläutern und zu zeigen, in welchem verantwortungsbewussten Maße gute, nachhaltige Arbeit geleistet wird.

Übergang in die weiterführende Schule
Michaela Suermann

Als Klassenlehrerin eines vierten Schuljahres bereite ich im Hinblick auf den Übergang in die weiterführende Schule einerseits meine Schülerinnen und Schüler vor, andererseits berate ich deren Eltern.

Das Elterngespräch fällt im Gegensatz zu den bisher geführten Gesprächen, z. B. an Elternsprechtagen oder aus aktuellen Anlässen, aus der Reihe. Es handelt sich hier nicht um eine Momentaufnahme bzw. eine Rückschau über einen begrenzten Zeitraum (bis zu einem Schulhalbjahr) auf das

Lern-, Arbeits- und Sozialverhalten der Schülerinnen und der Schüler. Vielmehr geht es darum, die Eltern anzuleiten, in einer eigenen Rückschau auf die (Lern-)Entwicklung ihres Kindes die Rahmenbedingungen zu beschreiben, die ihr Kind für die weitere Entwicklung im Hinblick auf das schulische Lernen benötigt. Erst aus dieser Bestandsaufnahme heraus ergibt sich die Prognose für die richtige Schulform.

Für die Beratung der Eltern benötige ich als Klassenlehrerin die Unterstützung der Kolleginnen und Kollegen, die im Laufe der Schulzeit die Schülerinnen und Schüler unterrichtet und kennengelernt haben. Die Schulformempfehlung, die ich als Klassenlehrerin den Eltern im Gesprächsverlauf erläutere, wird durch die Versetzungskonferenz festgelegt.

Der Zeitpunkt für das Gespräch muss zeitlich so abgestimmt werden, dass die Eltern anschließend die Kennenlern- bzw. Begegnungstage an den weiterführenden Schulen besuchen können (rechtzeitig die entsprechenden Termine an den umliegenden weiterführenden Schulen erfragen). Als Klassenlehrerin spreche ich mich mit meinen Kolleginnen und Kollegen ab, die ebenfalls einen vierten Jahrgang betreuen. Organisatorische Aufgaben lassen sich so aufteilen. In einer anschließenden gemeinsamen Absprache mit der Schulleitung wird der Termin für die Beratungsgespräche festgelegt.

Die Beratung schriftlich festhalten

Anders als die Verbalzeugnisse, die sich auf den konkreten Leistungsstand beziehen, stützt sich die schriftliche Empfehlung auf eine Prognose zur weiteren Entwicklung der Schülerin oder des Schülers. Die Begründung dieser Prognose wird durch die Rückschau auf die Entwicklung des Kindes über die gesamte Schulzeit hinweg geleistet.

Die Schülerinnen und Schüler mit einbeziehen

Als Vorbereitung auf die weiterführende Schule für die Schülerinnen und Schüler meiner Klasse organisiere ich den Besuch jeder Schulform vor Ort, sodass jeweils ein ganz normaler Schulmorgen miterlebt und anschließend reflektiert werden kann. Auch hier ist die Zusammenarbeit mit den Kollegen des vierten Jahrgangs sinnvoll, um Aufgaben wie das Vereinbaren von Hospitationsterminen aufzuteilen und Erfahrungen auszutauschen. Das Miterleben eines Schulvormittags stellt eine Momentaufnahme und einen begrenzten Ausschnitt aus dem kommenden Schulleben dar. Um weitere Fragen meiner Schülerinnen oder Schüler zu klären, besteht die Möglichkeit, jetzige Fünftklässler in den Unterricht einzuladen, die von ihren Eindrücken und Erfahrungen beim Wechsel in die weiterführende Schule erzählen und Fragen beantworten.

Am Schuljahresende der vierten Klasse erarbeite ich als Klassenlehrerin mit meinen Schülerinnen und Schülern noch einmal einen Rückblick auf die vergangenen vier Grundschuljahre. Dieser Rückblick kann unterschiedlich gestaltet werden, z. B. in Form von kurzen szenischen Darstellungen, in denen die Besonderheiten der einzelnen Jahre (Einschulung, erste Klassenfahrt) dargestellt werden. Die einstudierten Szenen können auf einem gemeinsamen Abschiedsfest mit den Eltern oder am letzten Schultag aufgeführt werden. Diesem Rückblick schließt sich ein Ausblick auf das neue Schuljahr an, in dem sich die Schülerinnen und Schüler nicht mehr alle in einer gemeinsamen Klasse treffen.

Übergangsberatung: bereits ab Klasse 1
Petra Braach

In einigen Ländern müssen Lehrerinnen und Lehrer die Entscheidung beim Übergang auf die weiterführende Schule treffen. Darüber kann man geteilter Meinung sein: Einerseits können wir als Fachleute entscheiden, müssen uns nicht den Elternwünschen (die nicht unbedingt etwas mit der Leistungsfähigkeit des Kindes zu tun haben müssen) beugen. Andererseits möchte ich diese Entscheidung gar nicht fällen – die Gefahr, mich zu irren, dem Kind zumindest den Start an der weiterführenden Schule zu erschweren, ist mir zu groß.

Klar ist auf jeden Fall eines: Wir sind verpflichtet, die Eltern gut zu beraten. Gutes Beraten setzt voraus, sein Gegenüber als Partner, nicht als Nachrichtenempfänger zu behandeln.

Das geht nur dann, wenn wir die Eltern als Experten für ihr Kind betrachten. Schließlich kennen die Eltern das Kind sechs Jahre länger als wir; sie erleben es täglich außerhalb der Unterrichtszeit. Wir hingegen sehen das Kind nur sechs Stunden am Tag.

Ein partnerschaftlicher Umgang mit den Eltern bedeutet:
• Die Eltern sind Experten, was das Verhalten und die Leistungen des Kindes zu Hause betrifft.
• Wir als Lehrerinnen und Lehrer sind Experten für das Verhalten und die Leistungen des Kindes in der Schule.

Die Bedenken „Das geht nur mit wenigen Eltern. Sie können die Leistungen ihres Kindes doch gar nicht beurteilen", „Was ist mit ausländischen Eltern, die mich nicht richtig verstehen?", „Die Eltern kommen gar nicht erst, um mit mir zu reden. Die wollen nur das durchsetzen, was sie sich ohnehin in den Kopf gesetzt haben" mögen in Einzelfällen zutreffen.

Trotzdem gilt: Es ist das Kind der Eltern. Sie haben nicht nur das Recht, sondern auch die Pflicht der Mitsprache und der Mitentscheidung. Unsere Aufgabe ist es, die Eltern so früh wie möglich mit ins Boot zu nehmen, von ihnen die Verantwortung für das eigene Kind einzufordern – sie aber auch ernst zu nehmen.

Um die Eltern unserer Schülerinnen und Schüler als Partner während der Grundschulzeit anzusehen, gibt es einen einfachen Weg: Schon im ersten Schuljahr erklären wir ihnen an einem Elternabend, nach welchen Grundlagen wir ihr Kind beobachten und beurteilen. Wir bitten sie, ihr Kind im häuslichen Bereich nach den gleichen Gesichtspunkten zu beobachten.

Beispiele:
* Das Kind macht seine Hausaufgaben. Träumt es vor sich hin? Spielt es zwischenzeitlich mit dem Stift, dem Radiergummi? Bekommt es Durst, Hunger, muss es dringend zur Toilette? Sitzt es tatenlos da, wenn es eine Aufgabe nicht erledigen kann? Ruft es sofort nach Hilfe? Verweigert es die Weiterarbeit?
* Die Familie spielt ein Gesellschaftsspiel. Ist das Kind bei der Sache oder lenkt es sich durch Nebentätigkeiten ab? Wie reagiert es, wenn es verliert?
* Das Kind bekommt eine Anweisung („Deck bitte den Tisch für das Abendbrot."). Reagiert es sofort? Wie oft muss die Anweisung wiederholt werden, bis sie vom Kind umgesetzt wird?

Bei jedem Elternsprechtag stehen solche Beobachtungsgesichtspunkte im Mittelpunkt des Gesprächs. Es findet ein Erfahrungsaustausch statt, der für beide Seiten bereichernd ist.

Zeigen sich Unterschiede in der Einschätzung des Kindes (z.B. bei der Konzentration), werden genauere Beobachtungen in den entsprechenden Bereichen abgesprochen. Die Beobachtungsergebnisse stehen dann im Mittelpunkt des nächsten Gesprächs mit den Eltern.

So schaffen wir nach und nach einen Austausch zwischen gleichberechtigten Partnern, in dessen Mittelpunkt das Kind steht.

Die anfangs oft unterschiedlichen Einschätzungen (Grund dafür ist das Wunschdenken mancher Eltern oder auch die einseitige Betrachtungsweise des Lehrers) nähern sich immer mehr an. Das Vertrauen zueinander wächst, der dozierende Lehrer und die zum Zuhören, zum Verteidigen gezwungenen Eltern gehören der Vergangenheit an.

Beobachtungsgrundlagen für Eltern und Lehrer:
- Selbstwertgefühl
Wie sicher ist das Kind? Wie geht es mit Erfolg/Misserfolg um?
- Sozialverhalten
Wie geht das Kind mit Geschwistern/Freunden/Mitschülern um? Wie verhält es sich Erwachsenen gegenüber?
- Arbeitsverhalten
Kann das Kind konzentriert und selbstständig arbeiten? Wie lange?
- Lernverhalten
Übernimmt das Kind Verantwortung für sein Lernen? Versteht es Aufgabenstellungen? Braucht es häufig Hilfe? Holt es sich selbstständig Hilfe?
- Kognitive Fähigkeiten
Kann sich das Kind sprachlich verständlich ausdrücken? Kann es gelernte Dinge behalten? Ist es beweglich im Denken?
- Besonderheiten
Erkrankungen, Motorik, Händigkeit, Übergewicht, Essverhalten, Seh- und Hörfähigkeit, besondere Fähigkeiten und Interessen

Die Beobachtungsgrundlagen werden von Kind zu Kind verschieden gewichtet. Nicht alles muss in jedem Gespräch und bei jedem Kind angesprochen werden. Wichtig ist, dass wir uns im Gespräch mit den Eltern nicht bevorzugt auf negative Dinge beschränken, sondern dass hier die Stärken des Kindes thematisiert werden.

Hilfreich ist es auch, diese Beobachtungsgrundlagen im Kollegium abzustimmen. Dies erleichtert vor allem den Erfahrungsaustausch zwischen den Kollegen und Kolleginnen, die in einer Klasse unterrichten. So kann die Klassenlehrerin die eigenen Beobachtungen relativieren oder verstärken und dies auch im Elterngespräch mit einbeziehen.

Register

Anforderungen (individuelle) 92, 211
Arbeit (selbstständige) 95
Arbeiten (individualisiert) 92
Arbeitsplan 111, 139, 150, 154
Arbeitsverhalten 105, 112, 123, 187, 211
Atmosphäre 24
Aufgaben (gute) 97–101
Aufmerksamkeitsübungen 58
Ausbildung 13, 15, 29

Beobachtungsgrundlagen 222
Beratung (kollegiale) 19, 65, 73, 111
Beurteilungskonzept 166
Beurteilungsmaßstab 167
Bewegungsübungen 55, 61
Bewegungslieder 57
Bewegungsspiele 54
Biografie 13, 25

Deeskalieren 22, 192
Diagnosekompetenz 93
Dienste (in der Klasse) 44–48, 53, 73, 116, 132
Dienstpflichten 31
Differenzierung 98

Eigensteuerung 59
Eltern
  Abstimmung mit 39
  Beratung von 37, 111, 181, 213, 219
  Gespräche mit 192–195
  Kooperation mit 179–181
Elternbrief 186
Elternmitarbeit 197–199
Elternrecht 183
Elternsprechtag siehe Sprechtage
Entspannungsübungen 60
Erste Schultage 137–139
Erziehungsauftrag 31, 36–38, 179, 183, 206
Erziehungskonzept 35–39
Erziehungsmittel 48
Eskalation 22
Ethos (der Schule) 150–151
Evaluation 91, 156, 168, 212

Fachlehrer 12, 72–77, 96, 106, 173, 179
Fachunterricht siehe Fachlehrer
Förderkonzept 108
Förderplan 83, 93–95, 111, 192, 213
Förderschule 203–204, 210–215
Förderung
  individuelle 91, 110, 210–211
  häusliche 111–112
  auf Klassenebene 109

auf Schulebene 109
auf Stufenebene 109
Fragebogen (methodisches Vorgehen) 20
Freie Arbeit 93–94, 102–104, 110, 138
Frontalunterricht 90, 154, 177, 201

Gemeinsamer Unterricht 204, 215–217
Gemeinschaft 17–18, 45–48, 115, 138, 158
Gemeinschaftsflächen 41–43
Gespräche (über Kinder) 172
Gruppenarbeit 48, 110, 116, 119
Gruppenprozess 17

Hausaufgaben 74–75, 86, 110, 186, 221
Hausbesuche 195–196
Helfersystem 107
Hilfspartnerschaften 106–107
Hospitieren (der Eltern) 199–201

Individualisierung 33, 87–89, 110, 206
Informationspflicht (der Schule) 185
Interaktion 19, 50, 196

Jahrgangsstufenkonferenz 67–70
Jahrgangsteam 155
Jahrgangsübergreifende Klasse 175–177, 207

Kindergärten 205
Kindertagesstätten 205
Klassenämter siehe Dienste
Klassenarbeit 31, 167, 169, 203
Klassenfest 17, 145–148, 197
Klassenführung 39, 53, 64, 71–72
Klassengemeinschaft 45–47, 115–116, 157, 162
Klassenkonferenz 209–210, 213–214
Klassenlehrerwechsel 159–163
Klassenleitung 17–18, 31, 111, 172–173, 218
Klassenrat 44, 51, 107, 119, 129–131
Klassenraum 41, 46, 116, 121–129
Klassenregeln 178
Klassensprecher 127, 132–133
Klassenteam 28
Klima siehe Atmosphäre
Konferenz 31, 48, 67–70, 95, 155, 188
Konfliktgespräch 23, 192
Konzentrationsübungen 58
Kooperation (der Lehrer) 65–67, 72, 93, 139, 149–152, 161–162
Kooperationsbereitschaft 150
Krise 18–19
Krisenmanagement 23

Lebenswelt (der Kinder) 182, 195
Lehrerkonferenz 95–97, 190, 196
Leistungsfeststellung 164–165
Leistungsmessung 155, 162–165
Leitbild 16, 153–154, 198
Lerngemeinschaften 26, 199
Lernorte (außerschulische) 76–77
Lernpause 61
Lernstrategien 59, 88, 91, 104, 163, 211
Lerntagebuch 102–105, 138
Lernumgebung 21, 40, 58, 205
Lesen (Elternratgeber) 77–81
Lob 15, 35, 50–51, 171

Mathematik (Elternratgeber) 81–84
Meditation 60, 62, 118
Methodisches Vorgehen (Fragebogen) 20
Mitschüler 107–108, 120–121, 177, 207,
    212
Mitwirkung (von Eltern) 180–184
Morgenkreis 44, 106, 119, 122

Nachdenkstuhl 53
Netzwerk 27–28
Neue Medien 80

Offener Unterricht 91, 94, 110
Ordnungen 45
Ordnungsmaßnahmen 48–49
Ordnungsstrukturen 45–46

Pädagogisches Profil 17, 33, 157, 208
Partnerarbeit 47, 92, 104, 110, 145
Partnerschaften *siehe* Hilfspartnerschaften
Partnerübungen 56
Pausenregeln 131, 170–171

Qualitätsüberprüfung 19

Rahmenrichtlinien 31
Rechtschreiben (Elternratgeber) 84–86
Rechtsvorschriften 28–29
Reflexionsbogen 15
Rhythmisierung 135, 144–145, 162
Rituale 15, 45, 59, 140–145
    bei Konflikten 23
    im gemeinsamen Unterricht 216
    zum Schulbeginn 137–139, 162
Schulanfänger 118, 136, 177, 203, 208
Schulbeginn 119, 136, 138, 160, 206
Schuleingangsphase 66, 206–207
Schulentwicklung 152–153, 156
Schülerbeobachtung 139, 166
Schülerrat 127–128, 131
Schulgarten 42, 158
Schuljahresbeginn 69, 139, 154, 162

Schulleben 38–39, 64, 71, 157–159, 219
    außerschulisches 117
Schulleitung 67, 76, 160, 196, 210
    Zusammenarbeit mit 28, 31, 39, 137,
    169, 184, 214
Schulprogramm 16, 32, 51, 119, 127, 152–
    154, 209
Schulqualität 152
Sekretariat 43, 133
Selbstreflexion 12, 19, 150, 153–154
Selbsttätigkeit 33, 91, 104–105
Selbstverständnis 12, 19, 35
Sitzenbleiben 206–209
Sitzordnung 46, 51, 125, 160
Soziogramm 17
Sprechstunden 185, 190–191
Sprechtage 85, 185, 187, 190–191
Standards
    allgemeine 97–100
    professionelle 12, 150
Stationenlernen 109
Steuergruppen 24
Stille 62
Stillezeichen 142

Tadel *siehe* Lob
Teamarbeit 26, 66, 96, 176
Teamfähigkeit 38
Telefongespräche (mit Eltern) 188–189

Übergänge 146, 203–204, 210, 218
Übergangsberatung 220–222
Überspringen 207–210
Unterricht (guter) 14, 63–65, 71, 152
Unterrichtsbesuch 156, 158, 199–200, 218
Unterrichtsentwicklung 24, 26–28, 152
Unterrichtsvorbereitung 150, 157, 161

Veränderung 24–27, 36–37, 59, 204
Verantwortung übernehmen 44, 106, 159
Verhaltensstrategie 19, 23
Versetzungskonferenz 31, 188, 219
Vorbilder 15–16, 78
Vorbildfunktion 41
Vorgaben 16, 29, 39, 76, 89, 160
Vorschriften 28–29, 49, 160, 180

Weiterführende Schulen 185, 217–220
Werkstattunterricht 110
Wochenabschluss 117, 142, 162
Wochenbeginn 142
Wochenplan 92, 110, 112, 200

Zeugnisse 31, 69–70, 168–170, 219
Zieldifferentes Lernen 89
Zurückstellen 206, 208